周清怀

吕存伟 著

古代杞人的忧思

——杞人忧天民俗文化研究

河南人民出版社

图书在版编目（CIP）数据

古代杞人的忧思 / 周清怀，吕存伟著. —郑州：
河南人民出版社，2012.12
ISBN 978 - 7 - 215 - 07960 - 1

Ⅰ. ①古… Ⅱ . ①周… ②吕… Ⅲ. ①文化史 – 杞县 –
古代 Ⅳ. ①K296.14

中国版本图书馆 CIP 数据核字 (2012) 第 071631 号

河南人民出版社出版发行
（地址:郑州市经五路 66 号　邮政编码:450002　电话:65788063)
新华书店经销　　　郑州美联印刷有限公司印刷
开本　680毫米 × 960毫米　　1/16　　印张　17.5
字数　300千字
2012年12月 第 1 版　　　2012年12月第1次印刷

定价：98.00元

"杞人忧天"传说是流传在中原地区的"女娲补天"神话传说的遗存,是中原地区远古史实的"活化石",是华夏民族思想文化的源头之一。我们应该珍爱它、保护它、利用它,让它成为杞县对外宣传的一张名片,为杞县的物质文明和精神文明建设服务。

中共杞县县委书记　阮晓峰

杞人"忧天"精神给我们的启示是：居安思危，未雨绸缪，在承平中预见危机。不管什么时候，我们都要枕戈待旦，警钟长鸣，超前地预见和预防那些可能发生的危害，这样我们才能有备无患，减少危害，才能永远立于不败之地。这是杞人"忧天"精神高贵的忧患品德。我们应当大力弘扬这种忧患精神，为杞县经济发展和社会进步做出更大贡献。

杞县人民政府县长　李凹哲

目 录

古
代
杞
人
的
忧
思
——
杞
人
忧
天
民
俗
文
化
研
究

序一

　　"杞人忧天"是与先秦时的杞国连在一块的。杞人忧天的传说或典故,来源于《列子·天瑞》。原文为:

　　　　杞国有人忧天地崩坠,身亡所寄,废寝食者。又有忧彼之所忧者,因往晓之曰:"天,积气耳,亡处亡气。若屈伸呼吸,终日在天中行止,奈何忧崩坠乎?"其人曰:"天果积气,日月星宿,不当坠耶?"晓之者曰:"日月星宿,亦积气中之有光耀者,只使坠,亦不能有所中伤。"其人曰:"奈地坏何?"晓者曰:"地积块耳,充塞四虚,亡处亡块。若躇步跐蹈,终日在地上行止,奈何忧其坏?"其人舍然大喜,晓之者亦舍然大喜。

　　《辞海》对杞人忧天的权威解读为:"《列子·天瑞》:'杞国有人,忧天地崩坠,身亡所寄,废寝食者。'后因称不必要的或无根据的忧虑为'杞人忧天'。李白《梁甫吟》:'白日不照吾稍诚,杞国无事忧天倾。'"《汉语成语大词典》认为:"杞国有个人担心天要塌下,比喻无根据的或不必要的忧虑。"由此可知,杞人忧天源自《列子》书中的一段文字,也成为后人比作无理由担心与忧虑的象征。

　　杞人忧天的典故来自于杞国。《史记》一书中专列有《陈杞世家》,其文字量极少,关键词句有:"杞东楼公者,夏后禹之后苗裔也。殷时或封或绝。周武王克殷纣,得东楼公,封之于杞,以奉夏后氏祀。"所列杞国宗室谱系为:东楼公—西楼公—题公—谋娶公—武公—靖公—共公—德公—桓公—孝公—文公—平公—悼公—隐公—厘公—滑公—哀公—出公—简公,以上谱系为19位。《史记》明确记载"谋娶公当周厉王时"，也就是说在西周武王至厉王间的 205 年时间中，杞国的宗室谱系仅有 4 代，这显然与实际情况相差甚远。《史记》"集解"徐广引用《世本》对该谱系进行补充与修正，《世本》王谟辑本云："杞共公生惠公，惠公立十八年，生成陈公及桓公，成公立十八年，桓公立十七年。"该书又有注释："按《史记·杞世家》，惠公作德公，又脱成公一代。"也即是将德公改成"惠公"，又在其后补"成公"，当然，也有可能"德公"、"惠公"为二代，即使如此，杞国宗室谱系也仍是有缺环的。《中国历史地名辞典》也有"杞国"的专条：杞国，"即今河南杞县。商方国，后绝。周武王克殷又封东楼公于此。杞成公迁都缘陵（今山东昌乐县东南），杞文公又迁都淳于（今山东安丘县东北）。公元前 445 年为楚所灭"。

杞国的历史，既是这么悠长，又是这么简单，悠长的历史至少达1500 年（杞国于夏代之国至战国初灭亡）以上，而文献的记载，也仅仅数百字。周清怀、吕存伟先生将文献所记十分简略的历史，书写成煌煌数十万字，这便是该书的成功所在。

该书的架构有两大特点：一是从神话学的角度，或者说从传说的历史研究杞国历史与杞人忧天。二是从历史学的角度考察杞国历史，辩证认识杞人忧天传说的真实内涵。

人类早期的历史就是神话与传说的历史。丁山先生在对上古与三代历史进行研究时，在他的专著《古代神话与民族》中写道："细读二十四史，在那群四裔民族的起点，都充满神话意味，假使给我们机会完全摘录出来，再加以分析研究，可以成为神话大观。"袁珂先生专治古代神话，在他的《中国古代神话》一书中，得出了这样的结论："在本质上神话也和别的艺术一样，是反映一定的社会生活的，是产生在一定的社会基础之上的上层建筑，是一种概念形态的艺术。"他从上古的史实分析，提出了"神话转化做历史"的观点。徐旭生先生以研究上古历史而著称，他提出了"应当对神话与传说认识清楚并加以区分"的观点。他在《中国古史的传说时代》一书中认为，"神话是基于社会生活的艺术夸张与渲染，并夹杂着空想与幻想，但也或多或少地反映着历史的影像。然而它不太可能转化为历史"。他认为，用"口耳相传"的方法而流传下来的传说，"大都有其历史的核心，也都有其史实渊源。它是未经后人加工过的零散资料，它比经过加工的系统化的'正经'或

古代杞人的忧思——杞人忧天民俗文化研究

'正史'中的史料更为质朴。我们应当把掺杂神话的传说与纯粹神话加以区别"。正是基于以上的认识，他不仅提了中国古史有"传说时代"，而且传说时代由"华夏集团"、"东夷集团"与"苗蛮集团"所支撑。从以上的权威观点中，可以看出神话与传说，在古史研究中具有独特的地位与作用，时代愈久远其作用就愈明显。

　　本书所提供的杞人忧天的传说，其学术启示有三：一是从神话学角度，收集了杞人忧天传说的正本，以及五个异本，还收集到从相关传说比对的样本，从而为学者研究该则传说的流变，提供了资料。实际上，我们从张振犁、程健君两位先生编辑的《中原神话专题资料》中可知，在20世纪80年代进行的神话调查中可知，杞人忧天的传说仅存在于杞县，这说明杞县是该则传说的典型地区，传说也具有唯一性。这种样本，如与文献所载杞县为古杞国的所在地印证，可知传说内核的真实性与合理性。二是从上引"资料"中孟宪明先生所整理的杞人忧天的传说中可知，传说中有"中天镇"，使我们联想到中原为"天下之中"；三个儿子叫共工、祝融、气人，闺女叫女娲，将古史中最重要的三个人物（部族首领）有机地联系起来，并与共工怒触不周山、女娲补天的传说有机地联系在一块，从而形成了神话传说中的有关链条，也为"气人"、"天塌了"的忧患意识的产生提供了可信性，这也从某种意义上，对《列子·天瑞》中杞人忧天的传说提供了补充以及比对材料。三是在古史中，杞国始君东楼公，为大禹的后裔，大禹为姒姓，我的同事阎德亮先生在他的《中国古代神话的文化观照》一书中，对黄帝谱系列表，由此理出了黄帝—昌意—高阳—大禹—东楼公的基本谱系。就目前的古史研究而言，黄帝之前，与伏羲、女娲之间的关系，仍是待解之谜。徐旭生先生则将与女娲相近的太昊，列为东夷集团，尽管古今学人多将"伏羲太昊"联读，但是"太暤（昊）在后来与伏羲成了一个人，是齐、鲁学者综合整理的结果，较古的传说并不如是"。因此，杞县杞人忧天的传说，将杞人之祖与女娲有创意地结合一起，也是学术界应当关注的。近年来，山西省太行山地区的女娲传说，引起了学术界的极大关注。我省的女娲传说主要集中在豫西北的太行山区，以及豫东的西华等地，杞县正好处于两个地区流传的中间连接点，其学术价值，值得关注。

　　自20世纪80年代兴起的杞国与杞人忧天传说的研究热，何光岳、程有为、金国祥、李向平、朱俊瑞、金争、屈光歧、孟世凯、李运冈、程恺等学人，均有成果问世。这些成果除一些是考述杞国的历史之外，更多地是对"杞人忧天"典故的辨正，有的学者认为："杞国遭受的灾难众多而深重并屡屡迁徙，是杞人多忧的重要原因。"也有的学者认为中国的文化根基中缺少对天的"忧患"之情，因此"很难产生出一种向外向上的超越精神"。实际上，杞人忧天典故中折射出的是"居安思危"以及"古代辨正的忧患意识"。从杞人之忧而开启了中国忧患意识文化的先河，也从对自然的忧虑，而"算得上是真正先天下之忧而忧"，即达到了忧患的最高境界，以至历代有志之士将"以来为杞人"（龚自珍语），作为一种追求的境界。从某种意义上讲，杞人忧天的误解，也是中国文化中缺少理性思维与科学精神的折射。

周清怀、吕存伟先生的大作《古代杞人的忧思——杞人忧天民俗文化研究》，从这样一个典故、传说，论述出与之有关的历史、文化，也为我们从一个角度展示了中原文化的丰满与厚重。先睹为快，我也由此产生了一些认识与想法，谈出来与大家共勉。

是为序。

河南省社会科学院历史与考古研究所所长、研究员，中国先秦史学会常务理事，河南省历史学会副会长　**张新斌**

2012 年 2 月 26 日

序二

解读杞人忧天传说　探究杞国历史文化

　　文化是一种意识形态,是产生在一定社会生活实践经验之上的艺术。中华民族在形成和发展的过程中,曾创造了许多光辉灿烂的文化。然而,由于历史的久远,这些创造并流传的下来的文化(诸如神话和民间传说等),它们所反映的社会生活的原貌大多被湮没在历史的深处,不易被解读,致使很多文化的内涵为一代又一代的人所误读。所以解读远古时期的历史文化,成为当今人们文化研究的一项重要工程。周情怀、吕存伟先生编著的《古代杞人的忧思——杞人忧天民俗文化研究》一书,就是一部以前瞻性的眼光来解析杞县“杞人忧天”这一富有地方特色和独特魅力的文化现象的专著。作者通过对“杞人忧天”传说的解读,进而探究了“杞人忧天”传说源发地－－杞国(今开封杞县)的历史文化,使杞国的历史文化研究有了新突破、新进展,竖起了杞国历史文化研究新的里程碑。

一、解读“杞人忧天”传说,考证“杞人忧天”内涵

　　传说“杞人忧天”,系一则典故,为列子写的寓言哲理散文,在中国可谓家喻户晓,妇孺皆知。从战国中晚期“杞人忧天”典故的形成到至今的大约2500年的时间里,大家都将文中的“杞人”定位在“杞国本无事,庸人自扰之”的不光彩的形象里,被人们嘲讽。而“杞人忧天”的源发地在哪里? 其形成的历史文化背景和精神文化内涵是什么? 则鲜为人知。该书作者就是从考证“杞人忧天”的文化内涵出发,对“杞人忧天”的源发地,“杞人忧天”形成的历史文化背景,“杞人忧天”的文化内涵、功用及影响等进行了全方位的考察和分析。在该书里,作者将“杞人忧天传说”放到历史、地理、宗教、神话、考古等学科里进行研究和分析，揭秘了"杞人忧天"传说产生的原因和真正的文化内涵。如，将"杞人忧天"放在历史学科中研究，可以帮助我们分析"杞人忧天"产生的历史环境和产生的时代；将"杞人忧天"放到地理学科中研究，可以帮助我们分析"杞人忧天"产生的地理条件、气候原因及两者在远古时期对神话传说的产生所起的重要作用；将"杞人忧天"放在考古学科中研究，可以帮助我们了解"杞人忧天"产生的时代及人类的生产、生活的基本状况和面貌，有助于印证历史文献记载与当时生活在此处的部落成员活动的区域；将"杞人忧天"放在神话学科中研究，有助于我们揭秘"杞人忧天"反映的历史时代，"杞人忧天"与"精卫填海"、"女娲补天"和"愚公移山"等诸多历史典故之间的渊源关系，探索上古杞氏部族的谱系；将"杞人忧天"放在宗教学科中研究，有助于我们了解和掌握"杞人忧天"时代人们早期的宗教信仰及其功用、影响乃至演变状况。通过对"杞人忧天"这一传说多方面的考证分析，提炼出了其文化内涵是"对大自然积极进取、勇于探索的追求精神和对人类生存的自然和社会环境的忧患意识"之结论。

二、探究杞国历史文化，杞国历史研究有了新突破

"杞人忧天"的传说产生于杞国。加大对杞国历史文化的研究，对于揭秘"杞人忧天"的文化内涵具有非常重要的意义。杞国自夏代立国至战国初期为楚国所灭，先后延续了1500余年。对此文献记载只有二百七十多字，并且也只是对周代杞国的记载，至于夏、商时期的杞国在历史文献中基本上是一片空白。商代杞国在甲骨文中尚有"杞侯"字样及商王和"杞侯"交往的一点记述，而夏代杞国则找不到一点历史信息。自上世纪八十年代以来，一些专家学者如何光岳、程有为、金国祥、孟世凯、李运冈、程恺等先生对杞国历史与"杞人忧天"传说的研究成果陆续问世，这些成果除一些是考证杞国的历史之外，更多的是对"杞人忧天"典故的考证。而该书的作者却依据历史文献的记载，借助考古资料对杞国的历史进行了考察，他们根据夏代杞人、商代杞人、周代杞人活动的区域，尤其是依据近年来杞县境内的夏、商、周文化遗存中的考古资料进行比较分析，从而对夏代杞国、商代杞国、周代杞国的历史经济、文化面貌进行了大致轮廓的勾勒，取得了新的突破。一是对夏代杞国的存国年代进行了界定。作者根据夏、商、周断代工程中夏朝建立的时间，又从太康失国，东夷集团在杞地建立戈国始，推

古代杞人的忧思——杞人忧天民俗文化研究

算出夏代杞国在杞地立国时间为160余年;二是对杞县的一些文化现象进行分析和研究,找到了这些文化现象产生的真正原因。如,历史文献记载的"杞东娄公者,夏后禹之后苗裔也,殷时或封或绝"的历史现象,作者认为"商王朝中期以前杞一直是商的诸侯国,绝的可能性小,商末可能迁徙或与商王朝关系恶化才被认为'殷时或封或绝'";再如,夏、商、周三代,夏代杞国、商代杞国在杞地均有文化遗存发现,而周代杞国(西周时期)却没有发现一点文化遗存。对于这种文化断档现象,作者认为是气候的原因造成的。因为西周初期,黄河中下游地区的杞国进入了温带气候的寒冷期(小冰期),此时杞地人类生存环境恶劣,杞地民众纷纷外徙,造成在杞地生产生活的民众非常少,以至于形不成人类生活遗留下来的大面积的文化堆积层,这应该是杞县境内没有发现西周时期文化遗存的断档现象最为合理的解释。三是分析研究了杞国积贫积弱的原因。杞国从夏代立国,先后三次分封,至西周末时先后断断续续延续了1200余年,按道理说应该成为综合国力较强的诸侯国。然而,杞国历经1200余年的积累,却为一个积贫积弱的诸侯小国。那么,积贫积弱的原因是什么呢? 作者对夏、商、周三代时期的杞国经济、政治、文化状况进行了剖析,认为有客观和主观两个方面的原因。在客观上,杞国受封,是商、周时王借重(表示对先圣王的尊重),目的是维护商、周奴隶主贵族的统治。实际上,杞国在商、周时期没有什么政治权利可言,只是它们的"政治橱窗"内的展品而已;在主观上,杞国有感恩戴德的心理和安贫乐道、墨守陈规的心理。作者通过主观和客观方面的分析,从而为杞国积贫积弱的原因找到了一条历史答案。

　　周情怀、吕存伟先生的《古代杞人的忧思——杞人忧天民俗文化研究》通过对"杞人忧天"传说的研究,进而探究了杞国的历史文化;同时又通过对杞国历史文化的研究,进一步深入地挖掘杞人"忧天传说"的文化内涵,取得了丰硕的成果,为"杞人忧天"传说的研究具有锦上添花之效,可谓是这一领域研究的力作。当然,该书也有一些不尽人意的地方,如该书对杞国东迁后的文化遗存和历史传说的资料收录得较少;对"杞人忧天"的文化内涵挖掘的深度还不够,定位不够准确等等,建议他们在以后的研究中要拓宽研究视野,增补杞国东迁后的区域研究,积极吸纳周边省份尤其是山东省乃至全国的相关研究成果,更准确、更理性地定位和挖掘"杞人忧天"传说的思想文化价值,以光大这一非物质文化遗产。以上是我读了该书之后产生的一些认识和想法,谈出来与大家共勉。

是为序。

开封市文物公园局党委书记、局长,研究员　刘顺安

2012 年 6 月

序三

"杞人忧天"寓言传说的人文思想价值

　　当今时代,在经济发展之中文化元素越来越具有重要性,成为经济发展的重要资源、动力和机会。重视文化在经济发展中的功用,利用和开发文化资源,增强文化的软实力,让文化资源产生社会与经济效益,已经成为人们关注和重视的问题。我国的民族文化丰富多彩,也正在成为许多地方促进经济发展与繁荣的重要资源。丰富多彩的中原文化已经成为河南各地发展地方经济的文化资源,而且有了许多成功的范例。"心事浩茫连广宇"、"挥笔弄彩向天说",杞县的周清怀、吕存伟两位先生也以前瞻性的目光研究当地特色的、有影响的杞人忧天传说文化,以促进杞县的物质文明和精神文明建设,撰写了《古代杞人的忧思——杞人忧天民俗文化研究》一书,阅读后,激发了我对当今文化的一些思考;放言之,和杞县的文友与研究者切磋之、交流之。

　　杞县的杞人忧天传说已列入河南非物质文化遗产名录,如何让其科学地、有效地促进当地的政治、社会、经济、文化建设,我认为首先要从历史文化的视野,认知杞人忧天传说的思想内涵、基本特点和文化魅力,去认识其当代的文化价值和人文精神价值。

　　杞人忧天传说包含杞人忧天神话传说、杞人忧天历史传说、杞人忧天寓言传说三种文学形态。杞人忧天神话传说是上古时期黄河中下游一个古老的神话传说,是关于共工与祝融之战,"共工怒触不周山"引起灾祸的"女娲补天"的神话遗存。它是杞人忧天传说的源头。杞人忧天历史传说是以西周末至战国初这一段时期内有关杞国自身发展和灭亡的传说。而杞人忧天寓言传说则是列子根据杞人忧天神话传说和历史传说的内容,用隐喻的手法写成的一则寓言故事。所以杞人忧天寓言传说隐含着杞人忧天神话传说和历史传说的许多信息。因此,在这里我从《古代杞人的忧思——杞人忧天民俗文化研究》一书里关于"杞人忧天"寓言传说的思想内涵、基本特点和文化魅力的论述谈一下"杞人忧天"寓言传说的人文思想价值。

寓言是用想象和假托的传说故事,或对自然事物运用拟人、比喻或象征手法,寓意、警示和说明一定道理的文学体裁;利用含有讽喻和教育意义的传说故事,达到劝诫、教育、启示、寄托或讥讽的目的。传说故事中的形象可以是人,可以是动物,也可以是无生物。其表达方式,或借古喻今,或借物喻人,或借小喻大,或借此喻彼,多是透过具体的、浅显的生动故事,寄寓深刻的道理、深奥的意识。

"寓言"之名,最早见于《庄子·寓言》篇,"寓言十九,藉外论之",与《天下篇》的"以重言为真,以寓言为广"。一是指出寓言假借外物以立论的技巧,二是视寓言为传达思想意念的文学样式。寓言早期还有不同的异名:如《韩非子》称"储说",刘向《别录》称"偶言",魏晋南北朝称"譬喻"。宋王谠《唐语林·补遗一》记:"元祐献诗十首,其词猥陋,皆寓言嬖幸,而意及兵成。"明王琼《双溪杂记》记:"后世山林隐逸之士有所纪述,若无统理,然即事寓言,亦足以广见闻而资智识。"可知寓言异名之多。

我国古代寓言历史悠久、源远流长,原为民间口头创作,早在先秦时已有雏形。后经历了先秦的说理寓言、两汉的劝诫寓言、魏晋南北朝的嘲讽寓言、唐宋的讽刺寓言和明清的诙谐寓言等不同时期的发展与演变。在先秦诸子百家的著作中,经常采用寓言阐明道理,保存了许多当时流行的优秀寓言,如"揠苗助长"、"自相矛盾"、"守株待兔"、"刻舟求剑"、"画蛇添足"等。我国民间寓言极为丰富,短小精悍、言简意深,反映了民众的朴实思想、聪明智慧。

寓言最初源于民间,流行于民间,后来的文人学习借鉴与模仿这种形式,创作出了许多新的寓言,作为论证或辩论的事例。民间传统的寓言和文人创新的寓言,在历代的文献文本中被保存下来,成为我国文学遗产的宝贵财富,融入到民族文化精神之中,备受人们的喜爱,广为传颂。

我国的经典寓言是丰富的,在影响深远的寓言中,如"愚公移山"、

"坐井观天"、"纪昌学射"、"两小儿辩日"和"杞人忧天"等。寓言"杞人忧天"记述的是：古代杞国有个人担心天会塌、地会陷，自己无处存身，便食不下咽，寝不安席。另外又有个人为这个杞国人的忧愁而忧愁，便去开导他说："天不过是充满了空气的。你一举一动，一呼一吸，整天都在空气里活动，怎么还担心天会塌下来呢？"那人说："天是气体，那日、月、星、辰不就会掉下来吗？"开导他的人说："日、月、星、辰也是空气中发光的东西，即使掉下来，也不会伤害什么。"那人又说："如果地陷下去怎么办？"开导他的人说："地不过是堆积的泥块罢了，堆满了四处，没有什么地方是没有泥块的，你行走跳跃，整天都在地上活动，怎么还担心地会陷下去呢？"经过这个人的解释，那个杞国人才放下心来，很高兴；开导他的人也放了心，也很高兴。

寓言"杞人忧天"是一则益智寓言，描写了忧天者与忧人者两个人。寓言后来被人们引申成"杞人忧天"的成语，表现的是杞国有个人惧怕天会塌下来，比喻不必要的或缺乏根据的忧虑和担心。寓意是要提倡"顺乎自然，无为而治"。后来人们便常用"杞人忧天"来形容不必要的忧愁、无根据的忧虑，是在提醒人们不要为一些不切实际的事情而忧愁。"世上本无事，庸人自扰之。"它与"庸人自扰"的意思基本相同。

寓言"杞人忧天"的原见于《列子·天瑞》中。该书作者是列子，又名列御寇，是东周威烈王时期郑国圃田人（今河南省郑州市管城区），是战国时期著名的思想家和文学家。那时的人们习惯在有学问的人姓氏后面加一个"子"字，表示尊敬，所以列御寇又称为列子。唐玄宗于天宝年间诏封列子为"冲虚真人"。庄子在《逍遥游》中，提到列子可以"御风而行，泠然善也"。因为庄子常常虚构一些子虚乌有的人物，如"无名人"、"天根"，故有学者质疑列子是否实有其人。《战国策》、《尸子》、《吕氏春秋》等诸多重要文献中均明确记有列子，在其故里至今仍保存有其坟茔和许多遗迹，所以列子应该实有其人。

列子生活在公元前450年至公元前375年，由此可知，杞人忧天的传说可能早在战国时就有了。该传说在漫长的传承过程中，不断变异和丰富，在杞县民间又有了同一母体不同异文的传说。如《杞人名字的由来》、《杞国的传说》、《高高山的传说》、《气人、启人、杞人的传说》、《气人得忧天症的传说》等。从传说内容审视，可分为杞人忧天的神话传说、杞人忧天的历史传说、杞人忧天的寓言传说三种文学形态。这些传说与杞县的自然与文化遗址密切相关，相互映照，如高高山、鹿台岗、娄公庙等。在杞县有的民众还认为，远在夏商周时代就有许多杞人、杞国的传说，其中杞人忧天传说最具代表性。

文化的存在价值在于文化必须高度关注和重视文化思想。文化的价值是文化自身价值和社会价值的统一。这种价值的统一，使人们努力创造文化的自身价值，丰富文化的自身价值，发挥文化的自身价值；有益于社会，有益于人民，从而实现文化的社会价值和思想价值，实现文化的存在价值。时至今日，杞人忧天内涵的传说忧患精神对我们处理人与自然、人与社会、人与人之间的和谐相处的关系仍具有非常重要的现实意义。

"你若要喜欢自己的价值，你就得给世界创造价值。"（歌德）文化的存在价值、创新价值始终是学者们研究的重要理论。"杞人忧天"的寓言传说价值的研究，长期以来并没有引起更多的关注和重视。《古代杞人的忧思——杞人忧天民俗文化研究》重视了这个问题，取得了可喜的研究成果。通过梳理，该书从不同的视觉、不同的层面，阐述了"杞人忧天"寓言传说的历史、精神、审美、文化、文学等诸多价值，促进了、启发了、深邃了、提升了人们对"杞人忧天"这个寓言传说的认知。现在我谈谈对"杞人忧天"寓言传说的几种价值的认识和理解。

价值之一："杞人忧天"寓言传说的历史价值。

"杞人忧天"寓言传说长期以来广泛地传播，说明了其价值意识的历史性回归，烙下了历史的胎记。在历史科学中，历史有狭义和广义之分，狭义的历史是指有文献记载的历史，也包含民间口头传承的历史，如神话传说故事。"杞人忧天"寓言蕴含着历史的信息，释放出了历史的光彩。这种文化现象，使人们看到"杞人忧天"寓言文化，至今仍具有历史文化的魅力，其传承的意义并没有被淡化和消解。

文艺作品只有真实反映历史、深刻反映历史，对历史现象给予存在价值的判断，诠释其蕴涵的历史价值意义，文艺作品才能充满活力，具有生机。"杞人忧天"寓言的历史价值，至今仍有一定影响，就充分证明了这一文化现象。

价值之二：“杞人忧天”寓言传说的精神价值。

作为文学特殊体裁的寓言传说，除了拥有外在的、实用的、功利的价值以外，它还拥有内在的、看似无用的、超越功利的精神性价值。

何为“精神”？不同的学者有不同的解读和定义。一般认可、认同的“精神”概念是指人内在的一种意向性存在，是人的理性与感性诸多心理因素的有机统一，是人们不断超越自我、完善自我的一种心理活动过程。因而，精神的价值不同于物质的价值，它是内在的、本体的、不断超越自身的。文学作品的创造活动是文学艺术家的精神活动，文学作品属于人类的精神产品，对文学艺术的接受鉴赏也属于人们精神领域的活动，所以，文学艺术的精神性价值应当是其自身最为内在的、基本的价值所在。正如有的学者深刻指出的，“在艺术作品中，存在着一些构成其价值的确定的特性。那就是艺术的精神性价值的特性”。否则就无法全面理解艺术。“这些价值是作为存在于作品之中，作为被包含在艺术作品之中的特性而被人们体验的。”

文学作品在实现教育功能时，有时反而忘记了自身的价值，并影响了其精神价值的存在与影响，使作品失落了“艺术的精神”。文学作品是高于生活的反映，在本质上是一种生存方式、生活态度、生活内涵。对文学的价值可从两个方面认识。其一，它的价值是外在的，经理论家解读、诠释，从而认识文艺家的创作目的、创作特征，这种价值随着理论的发展、时代精神的变化、文学潮流的演变等而变化。其二，这种价值则是内在的，它是作品自身对生活的真切感受与思考，并以艺术的形式表达出的精神内容。时过境迁的作品，虽愈来愈久远，但其蕴含具有生命力的精神价值是不会消失的，甚至是永葆青春的。“杞人忧天”寓言传说长期仍鲜活在人们的口头上，栩栩如生；拂去历史的尘埃，追忆它的传承，其原因就在于它具有启示人们、警示人们的精神价值。时至今日，“杞人忧天”寓言传说内涵的忧患意识对我们处理人与自然、人与社会、人与人之间的关系仍具有非常重要的现实意义。

价值之三：“杞人忧天”寓言传说的审美价值。

文学具有审美价值，同时也具有审美教育的功能。审美教育是一种情感教育，是教育性与审美性的结合，是“潜移默化”的过程。对人们实施审美教育,用精美的文学作品引导人们体味文学的语言美;以丰富的想象,感染人们品味文学的意境美;以艺术人物的性格,让人们感触文艺人物的形象美,认知文学的思想美,增强人们的审美能力和鉴赏能力。

美是客观存在的,世界无处不存在美。"美的本质存在于各种具体的审美对象中",尤其存在于人类的创造性活动中。文艺作品均是文艺家创造的美的结晶。这说明文学作品具有审美教育的功能,有助于提升读者鉴赏美、创造美的能力,使人们获得欣赏愉悦。"夫文者情动而辞发,观文者披文以入情"(《文心雕龙·知音》),让人们在审美活动中产生情感共鸣,爱其所爱,憎其所憎,使文学作品达到审美教育的效果。

文学作品是真、善、美的结合,作品是作者用至真至善的心灵之笔创造的美,并以此来感染读者,使读者获得思想教育和审美愉悦,它不同于抽象的理论思考或直接的道德教训。"艺术欣赏活动,使得欣赏者在欣赏活动中不仅认识了事物的本质,而且生动具体地把握了丰富多彩的感情世界,激发了对事物的理性认识相一致的情感态度,推动欣赏者走向实践"(《美学概论》)。让人们被作品创造的美濡染了,不知不觉地受到陶冶、净化与提高。

文学作品的审美精神,意在唤起人们的审美意识,增强人们的审美能力,陶冶人们的道德情操,提高人们的鉴赏能力,引导人们自觉按照美的规律去塑造自我,从而达到文化审美精神的社会效果。"杞人忧天"寓言传说是中原具有代表性的文学寓言,表现了中原人的文化思维和意识,表现了中原文化的风尚,它植根在中原的社会生活之中,并吸收了民间民俗文化的营养,所以具有了中原民俗文化厚重、朴实、亲和、乐观和忧患等意识和风格,使其具有中原民间民俗文化的审美精神。

价值之四:"杞人忧天"寓言传说的文化价值。

中原是中华文化的主要发祥地之一,中原文化所表现的文化精神,也是中华文化的基本精神之一。中原历史悠久,文化积淀丰厚,可以说是中华文化的缩影。人们常说:得中原者得天下,知中原者知天下。中原文化是民族的、多元的审美文化,除了它具有的历史性、多意性、愉悦性、哲理性、伦理性、审美性等特征和价值，认知中原文化的特征和价值，对于认识中华文化的特征，具有重要的理论价值和现实意义，这从源于中原的经典寓言传说"杞人忧天"中得到了充分的表明。

"文化"也就是"文而化之"的意思。它不是静止的、凝固的。"文而化之"的人类化过程——文化就是人类历史本身。在这个过程中，文化的精神价值，就在于它将"文"通过"化"的方式赋予到人的生命中，赋予到一切物品、一切思维、一切生活中，自然地，也赋予到文化作品之中。在我国古代，"文化"原来并没有多少深奥和玄妙，据《辞海》的解释，最早就是很实在的"文治"加"教化"的意思，也就是修身、齐家、治国、平天下过程中的"文而化之"的内容和方式。《易经》中说："观乎人文，以化成天下。""文"是内容、是实质，而"化"则是方法途径，天成化育的境界，有造境，有化境，化境是"文"的要求和境界。

"文而化之"的结果，就是"文化"一词的另一种解读，也就是今天用来解释"文化"概念的主要含义，即把文化视为人类社会发展过程中所创造的物质成果和精神成果的总和；"文化"的含义也用来专指人类精神财富的总和。文化的价值就有了厚重的分量。而"文而化之"的过程，也正是"人文"阐述的过程，即：文化了，也就是人化了，这是文化价值的实现过程。

文化的价值，首先要重视人文价值。把人"文而化之"就成为"人文"。这是用"文而化之"，以养性修身而成的。《易经》说："刚柔交错，天文也；文明以止，人文也。"同时，"以文化人"，在于让人知道什么应当做，什么不应当做；文而明之，明之以止，让人们具有自觉、自尊和自我强健，使文化附丽于人产生的价值，即文化价值。

文化的价值还可以从"文物"观照，即从"文而化物"的角度来衡量。"文而化之"的立人，使"文"之风"化"取万物，而人作为一种"物"，是"万物之灵长"，首先要以"文"化之，成为"人文"。人们一般将"文物"仅限在"文治教化"的"礼乐典章制度"的制定与实施上，"文"更加重要与突出。处理好"文与物"或"人与物"的关系成为人们的价值选择。"杞人忧天"寓言传说的原创就是这种价值选择的文化结晶。

面对现代化社会转型为"物质社会"的趋势，面对越来越丰富的物质产品，文化并不能超然物外。物质提供功用，而文化为物质活动提

序三 『杞人忧天』寓言传说的人文思想价值

7

供价值。在文化的价值视野中,所有的物质活动和产品,都是特定文化的产物。正是在对"文"与"物"的关系上,中华文化形成了自己的独特智慧:如"万物有则","近取诸身,远取诸物","物物而不物于物","物极必反",等等。人既要在"物"之中寻求生活的需要,寻求厚重的物质生活,同时也必须保持清醒,具有忧患意识,居安而思危,追求物质但不能盲目做物的附庸。人们虽然生活在"物"之中,同时也应当生活在文化之中,生活在精神之中,经过"以文化物"的生活,让人成为有文化智慧的社会文化人,有精神教养的人;从这个角度认知"杞人忧天"寓言传说,其文化价值是多么重要啊!

价值之五:"杞人忧天"寓言传说的文学价值。

杞人忧天传说是关于古代杞县人,认识自然和生存环境、具有忧患意识的相关民间传说,已在杞县流传了千余年,家喻户晓,妇孺皆知;杞县人为有这样生动的历史民间寓言文学传说而感到高兴。

杞人忧天的民间文学寓言传说从内容审视,由杞人忧天的寓言传说,又演变出《杞人名字的由来》、《杞国的传说》、《高高山的传说》、《气人、启人、杞人的传说》、《气人得忧天症的传说》等,可分为杞人忧天的历史传说、杞人忧天的寓言传说、杞人忧天的民间传说三种文学形态。这些传说和杞县的自然环境与文化遗址密切相关,相互映照,如高高山、鹿台岗、娄公庙等。它内容丰富,情节完整,细节典型,言语生动,既具有深邃的思想内涵,又具有人文精神的魅力。

杞人忧天寓言传说演绎千余年,传承至今,有其深厚的民众和社会根基。在我国民间传说中,其题材与思想内容具有唯一性。传说表达了中原先民对宇宙认识的信息,是民族优秀文化遗产的重要内容,具有很高的历史价值和宝贵的文化价值。传说体现了人们对生存环境强烈的忧患意识,"杞人"是杞县人民的一个缩影,并成为杞县的一个文化符号;因传说蕴含先民观察自然的信息,表达了人与自然和谐的思想意识,又具有较高的思想和精神价值。杞人忧天寓言传说在杞县代代相传,丰富了杞县人的精神文化生活;因其具有强烈的忧患意识,目前仍对人们的思想意识产生积极影响,具有思想警示作用。因此,杞人忧天民间寓言传说的文学价值是难能可贵的。

《古代杞人的忧思——杞人忧天民俗文化研究》不仅阐述"杞人忧

天"传说的来源及其相关的文化内涵,更为重要的是用大量的篇幅,从自然、历史等方面对"忧"进行了阐述,进而引发我们对忧患意识的进一步思考。忧患意识是中华民族自古以来的思想精神文化传统之一,忧患意识作为一种文化传统,渊源至深。

忧患意识是人们意识或认识的一种形式,忧患意识是指人内心的关注和超越自身的利害、荣辱、成败,而把世界、社会、国家、人民的前途命运萦系于心,对人类、民族、社会、国家、人民可能遭遇到的困境和危难持有警惕并由此激发出坚强意志、奋发图强、战胜困境的决心和勇气。它是一种清醒的防范意识和预见意识,多是源于自觉的危机感、紧迫感、责任感和使命感;忧患意识同时表现出的是对社会的一种精神自觉。它因此成为重要的精神动力。忧患意识往往还与祝福意识相联系又相区别。忧患意识不满足于现状,均是人的理性追求的表现,是社会的反映。

忧患意识表现的是一种居安思危的超前智慧。当今,我们所从事的事业是文化强国的伟大事业。今天,所取得的成就越辉煌,就越不能骄傲自满,懈怠停滞,仍需清醒地看到改革开放发展面临的不少矛盾、困难和问题,唯有保持忧患意识,增强爱国热情,弘扬艰苦奋斗的精神,才能不断创新,加快发展。忧患意识有助于科学判断我们所处的历史方位,既要把握优势和强势,也要看到弱势和不足。从而自强不息、自力更生、自信、自强,让我们的民族屹立于世界民族之林。

以上是我对杞人忧天寓言及其演绎出的丰富传说的理论认知。《古代杞人的忧思——杞人忧天民俗文化研究》一书对杞人忧天文化现象,既有历史演变的探究,又有变异环境的考查;既有宏观的广阔视野,又有微观的细节认识。通过科学而缜密的解读和阐释,从不同的层面进行了详细考证和论证,有新见,有突破,取得了可喜的成果,为杞人忧天寓言传说的研究锦上添花。这对该寓言传说的保护、保存、利用及深入研究必将会起到促进作用。

该书除了激发人们对寓言传说的人文精神价值的认识以外,该书还有几个鲜明的特色,其一,是对历史史料的分析,比较细致而精当,言之有据,空泛之言甚少,表现出编著者利用了不少的文集、笔记、传记等文献。基本达到了以史论文,以文叙史,论从史出。其二,论著结构完备,语言精练流畅;重民俗,并作为论证的依据,夹叙夹议,由丰富博大到细致细密，在前人研究的基础上作出了新的判断和结论。其三，该书具有前瞻性，在史料的考据和运用方面具有新的解读和阐释，并形成新的认知，具有较高的学术价值。

"天心浩荡而厚德，天眼洞明而存真。"通读《古代杞人的忧思——杞人忧天民俗文化研究》一书，我认为该书取得了有新见、有突破、有品位的新成果。但我也感觉到对其研究，尚有一些空白需要继续进行深入的思考与研究。如对杞县寓言传说在民间的广泛历史传承，发掘不够、整理不够；通过对其专题性的田野作业将会扩大线索，取得意想不到的收获。如对杞人忧天寓言传说的研究视角，仍需拓展与拓宽，并力求吸纳周边乃至全国的相关研究，更理性地定位其思想文化价值。再如，如何增强文化自觉、文化自信，如何把杞人忧天寓言传说文化，作为重要的文化资源加以合理地利用、科学地开发，使其有效地服务于当地的经济建设，促进当地文化产业的发展，仍需进行充分的论证与探索。

在春天辛勤耕耘，到秋天一定会有收获。历史文化的脚步虽然已经远去，但历史文化仍然会闪耀自身的光彩。综上所述，杞人忧天寓言传说是我国农耕文明的精神文化结晶，随着社会现代化进程的加快，我国的文化生态发生了变化，农耕文化的生活生产方式，以及传统的风俗习惯逐渐淡化，传说的传承人没有得到有效保护，相关传说也没有得到及时的整理与整合，使杞人忧天寓言传说面临濒危的境地。保护该传说已引起杞县人民和有关单位的高度重视，并制定了切实可行的保护措施。思想深邃的杞人忧天寓言传说，已列入河南省非物质文化遗产名录，研究正在深入，深信它一定会得到很好的传承，其蕴寓的忧患思想意识也会得到科学的继承与传播。

以上是读了该书之后，启发我对忧患意识的精神文化之思考，以及对该书的一些感言与放言，不当之处，敬请作者和专家指谬，诚谢之。

是为序。

郑州大学教授、人文学者、民俗专家　高天星

2011 年 11 月 29 日

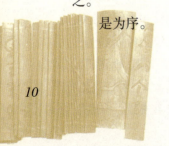

序四

　　周清怀、吕存伟两位同志于行政事务繁忙之余,不为物役,不为名累,有志于学,潜心考证,对杞人忧天的传说旁征博引,钩沉探微,去伪存真,深思而慎取,编著了《古代杞人的忧思——杞人忧天民俗文化研究》一书。为保护杞县非物质文化遗产、弘扬杞县传统文化做出了积极贡献。其胆可贵,其志可嘉,其意也远矣。

　　该书阐释忧患意识之先声,解读爱国忧民之深情。内容从民间神话传说、历史传说和寓言传说三种民间文学形态的形成和变迁,对忧思进行全方位、多角度考证论述,史料翔实,观点明确,论之有据。从书中可以窥见春秋时期各诸侯国之间交往的基本情况;诸侯小国对人民生存环境的忧虑和忧国保民的忧患心态;以及诸侯人民对"小国寡民"理想社会的期盼。书中还蕴含着杞国先民观察自然以及人类由对宇宙的原始崇拜,向积极探索自然规律的思想转变的信息,具有独特的文化内涵和特殊的人文精神。作者将杞人忧天传说与相关的文化遗存一并叙述,为杞人忧天传说是中原地区"女娲补天"的神话遗存提供了实物佐证,给本书增添了历史的厚重感和现实的启示力。

　　世人不知道"杞国"者有之,但不知"杞人忧天"典故者鲜矣。"生于忧患,死于安乐"、"先天下之忧而忧,后天下之乐而乐"、"位卑不敢忘忧国"、"居安思危"等。古代仁人志士的警言名录,无一不是杞人忧天传说的演绎与升华,其忧国忧民情怀无一不是忧患意识的注释和解读。由此可见,"杞人忧天"传说的思想价值和精神作用已无可估量,已成为中华民族思想文化的精髓。在建设文化强国的大潮中,作为杞人的后代,我们理应多一些文化自信和文化自觉,多一些热爱杞县、建设杞县的热情;在中华民族伟大复兴的进程中,作为杞人的后代,我们理应具有天下情怀,多一份忧患意识,多一份责任担当;善于仰望天空,脚踏实地,多一些对自然奥妙的探索和对科学知识的渴望,多一份人与自然和谐、人与人之间和谐的社会追求。

文化是一个民族的灵魂,是社会发展之基。经济大发展,社会要和谐,文化必须作为支撑。"杞人忧天"是杞县最为宝贵的精神财富和文化遗产,也是对外提高社会知名度的一张名片。《古代杞人的忧思——杞人忧天民俗文化研究》给力打造杞县这张名片,功莫大焉!

是为序。

杞县高中校长、河南省优秀高级教师、教育专家　乔幼轩

概　　述

　　杞县位于河南省中东部,历史悠久、文化灿烂。杞人忧天传说是杞县人认知自然和生存环境的具有忧患意识的相关传说,已在当地和周边地区流传几千年,家喻户晓,妇孺皆知,具有很大的影响。

　　杞人忧天传说内容丰富,有杞人忧天的民间神话传说、杞人忧天的历史传说和杞人忧天的寓言传说三种民间文学形态。其民间神话传说是根据我国原始社会末期黄河中下游部落及部落联盟的一些史实,加上大胆的想象创作而成的,它是我国中原地区"女娲补天"神话传说的遗存之一。历史传说是根据杞人、杞国的生存环境为主要内容而创作的传说。寓言传说是以《列子·天瑞》记载的传说内容演变而成的。这三类传说在漫长的传承过程中,不断变异和丰富,在杞县民间产生了同一母体的许多生动传说,如《杞人名字的由来》、《杞国的传说》、《高高山的传说》、《气人、启人、杞人的传说》、《气人得忧天症的传说》等。这些传说和杞县的自然景观与文化遗址密切相关、相互映照,如高高山、鹿台岗、娄公庙等,使该传说具有独特的文化内涵和特殊的人文精神,是我国宝贵的民间文化遗产。

　　杞人忧天的民间神话传说是中原地区"女娲补天"神话传说的遗存之一。它反映了我国原始社会部落及部落联盟的一些史实。大约在距今4000多年至5000多年的1000年间,我国从黄河流域到长江流域的先民大都进入部落、部落联盟的"英雄时代"。"英雄时代",英雄辈出,黄帝、炎帝、蚩尤、大禹、后羿等便是这一时期的杰出英雄人物。这一时期黄河中下游地区成为各氏族部落交往、角逐和融合的中心,各氏族部落在不断地扩张和交往中,为了各自的利益时而结盟,时而分化,时而发生冲突。这种斗争有时非常激烈,甚至演化为大规模的部落战争,据传"共工怒而触不周之山,天柱折,地维绝,天倾西北,地

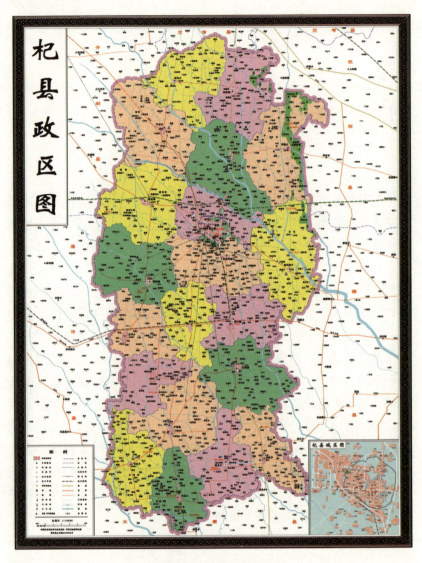

杞县地理位置图和政区图

不满东南",可见战争激烈的残酷程度。杞地属黄河中下游地区,自然成了各部落、部落联盟的争夺之地。生活在杞地的先民因为战争不能正常耕作和生产,非常渴盼能有一个安定祥和的生活环境。当时的人们对日、月、星、辰、天、地等物体了解还甚少,认为它们是主宰人间一切万物的神灵,天是人间的主宰者,能俯视人间的一切,是最高权威者的偶像,决定着人间的祸福,甚至有生杀予夺之权。他们觉得人间生

原始社会部落战争图（摘自《创世在东方》）

活和战争在冥冥之中由神灵在控制着，于是他们渴望上天神灵尽快结束部落之间的征伐，让人们过上幸福安稳的日子。于是他们根据日、月、星、辰等物体的功能，幻想了一个个神灵主宰世界的神话传说。这便是杞人忧天民间神话传说的来源。通过杞人忧天民间神话传说，我们可以窥见杞氏部落在向国家过渡阶段社会发生重大变革的大致情况和过程，同时我们还可以窥见杞氏部落人民的心理和精神状态。

杞人忧天的历史传说是以杞人、杞国生存的历史环境为主要内容的传说。杞人忧天的历史传说与杞人、杞国的生存环境有关，主要反映了西周末至春秋战国时期杞国在诸侯国之间艰难生存的历史。春秋时期是奴隶制社会结束，封建地主阶级开始登上历史舞台的新旧社会交替的历史阶段，是社会动荡的时期。这一时期，周王室衰微，对其分封的国家也管不了那么多了，"礼乐征伐自天子出"的时代已经结束。大国为加强国力，开始拉着"尊王攘夷"的大旗，对小国进行欺凌和掠夺。综观整个春秋史，其实就是小国饱受大国欺凌的血泪史。仅据《春秋》记载，在242年间，列国进行的战争共483次，朝聘盟会450次，这些军事行动和朝聘盟会实际上是大国对小国的掠夺。晋国规定各附属国"三岁而聘，五岁而朝，有事而会，不协而盟"，借此从小国那里榨取财物。以鲁国为例，春秋时期鲁君朝周仅3次，而朝齐、晋、楚竟达33次之多。小国通过"聘而献物"的办法免于大国的欺凌，所以小国在大国之间，总是"唯强是从"、"职贡不乏"、"玩好时至"。鲁叔

3

孙穆子说:"今我小侯也,处大国之间,缮贡赋以共从者,忧惧有讨。"此外,小国人民还得为大国统治阶级服兵役和劳役。小国对于大国简直到了"无岁不聘、无役不从",战战兢兢,不敢"忘职"的地步,有时不仅向一个大国奉献,还要同时受几个大国的宰割,所谓"牺牲玉帛,待于二境","敬共(供)币帛,以待来者"。杞国方圆不过百里,是一个标准

东周列国战争图

的小国,积贫积弱。春秋时期,杞国地处郑、宋、陈三国之间,这三个国家都是杞的恶邻,都有灭杞之心,对杞侵伐之事时常发生。为了逃避郑、宋、陈三国的侵伐,杞不得已东迁山东淳于,但春秋时期没有一块安定的净土。杞国东迁后,可谓是才出虎穴,又入狼窝,又与鲁、莒、齐、徐、滕等国为邻,也时常遭到他们的侵伐和侮辱。杞国在这些国家中采取"和亲"、"朝贡"等措施艰难周旋,苟且存国,过着"血泪"般的生活。此时的杞国国君和杞人过着朝不保夕的日子,整天胆战心惊,忧心忡忡,逐渐形成了强烈的忧患意识。通过杞人忧天的历史传说,我们可以窥见整个春秋时期国家与国家之间交往的基本情况以及小国在大国中的生存地位和小国人民为求保国的忧患心态。

杞人忧天的寓言传说是以《列子·天瑞》记载的寓言在民间创作而成的。列子生活在公元前450年至公元前375年,是春秋末战国初

古代杞人的忧思——杞人忧天民俗文化研究

4

人。列子生活在动荡的春秋战国时期,但他是道家的代表人物,他反对战争与征伐,他不喜欢春秋时期诸侯争霸的社会,他向往的理想社会是"至治之极"的"小国寡民"的世界。杞人忧天的寓言传说反映了春秋末战国初的社会经济形势和列子的政治思想和主张,包含了以下三个内容:一是杞人忧天寓言传说反映了列子"顺其自然,无为而治"的政治思想。二是杞人忧天寓言传说是古人对天体认识由唯神论向唯物论转变后,对一些自然现象讨论的记录。三是杞人忧天寓言传说隐含了春秋战国时期杞国等诸侯小国对自己的国家和人民生存环境的忧思以及对"小国寡民"理想社会的渴盼。通过杞人忧天寓言传说,我们可以窥见春秋时期一些隐士对社会的看法和评价以及古人对天体的一些认识。

古人忧思图

杞人忧天传说的形成和发展,是一个漫长的历史过程,经过长期的演变和传承,逐步形成了以下文化特征:一是深厚的民众文化心理特征。杞人忧天神话传说内含有上古先民对宇宙天体上、中、下空间和东、西、南、北方位的认识,这些思想认识已扎根在人民群众的生活意识中,对人类的思想情感、文化心理和行为方式有着极大的作用和影响,具有深厚的民众文化心理的特征。二是鲜明的地域文化特征。

杞人忧天传说蕴含着先民观察自然以及人类由对宇宙的原始崇拜向积极地探索自然的思想转变的信息,"杞人"已成为当地(杞县)人民群众的一个精神文化符号,谈到"杞人"时人们自然会想到杞县,所以它具有鲜明的地域文化特征。三是鲜明的乡土特色。杞人忧天传说在几千年的发展和传承中,已与当地(杞县)的地貌、景观、古建筑等联系在一起。如杞人忧天传说中的高高山体现了杞县的地貌,杞人忧天传说中的望天宫就是禹祠(夏后行宫),杞县每年三月十五日的庙会,便是为了纪念女娲而流传下来的风俗。有古迹相伴,有习俗相传,富有鲜明的乡土特色。四是独特性和唯一性的文化特征。杞人忧天传说在长期的演绎和传承过程中,影响较大,不仅在杞县周边流传,全国各地也广为流传。但不管在哪里流传,均把杞县、杞人作为标志,具有独特性和唯一性的文化特征。

杞人忧天传说内容丰富、情节完整、细节典型、言语生动,作为农耕文明的口头文学形式,既有深邃的思想内涵,又具有人文精神的魅力。经过多年对该传说的研究,发现该传说的重要价值主要体现在以下几个方面:一是珍贵的历史价值。杞人忧天神话传说是中原"女娲补天"的神话遗存之一,传说反映了原始社会末期部落和部落联盟之间的战争状况,具有很重要的史料价值。杞人忧天传说中的历史传说是以杞国的生存发展为主题的传说,传说向我们传递了春秋时期杞国在各大诸侯国之间艰难生存的真实信息,是较为难得的珍贵史料。所以说杞人忧天传说具有较高的历史价值。二是独特的思想精神价值。杞人忧天传说在长期流传过程中,体现了对社会灾难、困危的"忧患"意识。这种地域性的忧患品德,有着独特的思想精神价值。三是重要的科学文化价值。杞人忧天传说表达了中原上古先民对宇宙认识的信息,蕴含了先民对生存的自然环境、生态状况、社会情景的认知和理解,并探寻人与自然和谐相处的关系,从科学知识角度看,具有较高的科学文化价值。四是重要的警示价值。杞人忧天传说在当地代代相传,不仅丰富了人民群众的精神文化生活,还因其具有强烈的忧患意识,目前仍对当地人们的思想产生着积极的影响。能够使人们清醒地认识到:当今社会,人与社会、人与人、人与自然充满了矛盾和不和谐因素。科学虽发展,文明虽昌盛,但许多不可抗拒的危害时有发生,居安思危,才能有备无患,减少危害。因此具有一定的思想警示作用。

古代杞人的忧思——杞人忧天民俗文化研究

杞人忧天寓言传说因为列子的"顺其自然,无为而治"的政治思想,向人们传达了"杞国本无事,庸人自扰之"的这样一个信息,使古代杞人蒙上了"庸人自扰"的不光彩形象。但是杞人忧天传说在几千年的传承中,由于其自身独特的思想内涵和人文精神魅力,被后来的文人志士给予了极高的评价。孟子曰"生于忧患,死于安乐",他用大量的史实首先对"忧"给予了积极评价和论述。他认为有忧才有思,有思才有发展,而一切灾祸的根源都源于安逸享乐。唐代大诗人李白《梁甫吟》中的诗句"白天不照吾精诚,杞国无事忧天倾"引用"杞人忧天"这则寓言抒发了他对国家大事的关心,从关心国家大事角度对"杞人忧天"进行阐述。宋代政治家、文学家范仲淹《岳阳楼记》中的"居庙堂之高,则忧其民;处江湖之远,则忧其君;是进亦忧,退亦忧。然则何时而乐也(耶)"的千古绝唱,抒发了他"不以物喜,不以己悲"的忠君爱民的思想情怀。宋代书法家黄庭坚《次韵子瞻武昌西山》"谪去长沙忧鹏人,归来杞国痛天摧"的诗句,抒发了他不能为国分忧的痛苦心情。南宋民族英雄文天祥《赴阙》中的诗句"壮心欲填海,苦胆为忧天"也引用"杞人忧天"这则传说,表达了他愿以身捐躯挽救宋室江山的爱国思想,从忧国忧民方面对"杞人忧天"进行阐述……通过千万年的流传,从某种意义上说杞人忧天传说应该向"愚公移山神话传说"一样要大力推崇和发扬,因为它包含人类对自然征服的不屈不挠的精神和忧国忧民的爱国情怀,这对我们人类的发展和社会的进步是大有裨益的。

　　杞人忧天传说是我国农耕文明的精神文化产物,随着社会现代化进程的加快,我国的文化生态发生了变化,农耕文化的生活、生产方式,以及传统的风俗习惯逐渐淡化,由于传说的传承人没有得到有效保护,相关传说也没有得到及时地整理与整合,使该传说面临濒危的境地。为了有效地保护该传说,1990 年,河南农民出版社出版的《河南省民间文学三套集成·杞县故事卷》收录了两篇"杞人忧天神话传说"和一篇与"杞人忧天神话传说"相关的传说《高高山》,使该传说得到了有效保护。近年来,杞县人民政府和杞县文化局为加强对杞人忧天传说的保护和利用,组织专门人员对杞人忧天传说深入地开展普查,进一步挖掘杞人忧天传说的文化内涵,丰富杞人忧天传说的内容,同时开展了杞人忧天传说的研究工作,拓展杞人忧天传说的文化内

涵,提升对杞人忧天传说独特精神价值的认可。2009 年,杞人忧天传

"杞人忧天的传说"市级保护名录牌

"杞人忧天传说"省级保护名录牌

说被列入开封市非物质文化遗产保护名录和河南省非物质文化遗产保护名录……随着对杞人忧天传说的深度挖掘和研究,杞人忧天传说作为杞县对外宣传的一张名片,必将为提升杞县的知名度和发展杞县的经济建设作出一定的贡献。

第一章 杞人忧天传说所处的地理、历史环境

神话传说是人类最古老的一种文学形式，是华夏民族在形成过程中留下的口头文献资料，是远古农耕文明的产物。杞县位于黄河中下游地区，是早期华夏民族活动的中心，也是华夏民族与周边各（民）部族交往、角逐、融合的交会地。杞人忧天民间神话传说便产生在这里。可以这样说，神话传说产生的条件与人类所处的区域环境和人类的活动情况有关，而人类活动的自然地理环境是重要因素，因此研究杞县上古时期的历史地理环境对研究杞人忧天传说的产生、发展和流传具有非常重要的意义。

第一节 杞人忧天传说所处的自然地理环境

杞县地处黄河大冲积扇之东南翼，在地质构造上位于华北地区的南缘，是华北地台的重要组成部分。在距今约 300 万年的第四纪初，其地貌轮廓已基本形成。这里地表广阔平坦，松散堆积深厚。地势呈西高东低，北隆南伏的趋势，这就决定了杞县周围的自然河流及水系的走向自西向东或向东南作扇状注入淮河及其水系。黄河余水或汛期泛滥，也是向同一方向奔流，把原有的自然水系变成它的一些支流。杞县的这种地理条件是经历了漫长的地质变化之后才形成的，特别是随着地质变化、气候变暖和冰川解冻之后，大河东流、泥沙冲积，经年累月、沧海为田，从而形成了杞县周围河、泽、陆相间的地理面貌。

水是生命之源，水资源是人类文明的源泉。有了水，才有草，才有农业，才有畜牧，才有了文化和文明。杞县的水资源非常丰富，它为人类在杞县的生存发展提供了很好的条件。

一是雨水充沛。据文献记载和考古资料表明,杞县在仰韶文化时期属暖温带大陆型气候的温暖期,夏商时期,杞县仍较温暖。西周气候寒冷,标志着本区域全新世中期温暖气候的终结,春秋时期本区域又变温暖。总的来说,上古时期杞县温暖湿润,全年四季都有降水,雨水非常充沛,这是上古时期杞县水资源丰富的一个原因。

二是上古时期杞县河流众多,交叉密布。上古时期杞县境内的河流主要是由其西高东低、北隆南伏的地势形成的自西向东或向东南作

伊水故道(今圈章河)

扇状注入淮河及其水系的自然河流。杞县河流属淮河水系。淮河水系的特点是以淮河干流为轴线,北岸支流众多,流程长,河道纵比降小,汇水面积大;南岸支流少,流程短,河道纵比降大,汇水面积小。这些河流为雨源型河流。据历史和传说记载,上古时期杞县较大的河流有伊水、汴水、睢水、涣水、文水、鲁渠等。其中伊水故道是现今的圈章河,夏以前就有此河流,商代贤相伊尹就出生在伊水河旁;汴水,亦称汴渠,泛水,邲水,古人以为泛、反同音为不祥,改从汴。其源出浪荡渠,春秋以前由中牟分支而东,下达于淮,经杞之道于县北部;睢水,春秋战国时期汳(汴)水支流,《水经注》记载"故道由陈留东南入杞,折东北,行高阳亭(今高阳)北,又东北,行雍丘故城北,又东趋襄邑(今睢

汴水故道(今惠济河)

睢水故道(今小蒋河、铁底河)

县)、宋(商丘)、亳……由下邳入泗";涣水,春秋时期即有此河流,由陈留东入杞之空桑又经县南,东出睢县,在杞县流经60里。《绘水述异记》称:"睢、涣二水波纹皆呈五色,其(地)人能文章。"鲁渠,又称鲁沟、宋沟,亦源出浪荡渠,春秋以前沙水之自然河段。《水经注》:"河水东南流经牛首乡东南,鲁渠出焉,亦谓之宋沟。又东行陈留故城南,圉城故城北,又经鲁沟亭,东至阳夏(今太康)故城西……"

这些河流为上古时期杞人的活动提供了便利。杞人利用这些河流或乘木排,或驾小舟,顺河而下,便于上古时期杞人相互间的交往和联系。同时杞人还可以利用这些河水资源进行灌溉,促进了上古时期杞县农业的发展。这些河流还为上古时期的杞人提供可以饮用的淡水,且暴露在地表,取用方便,这些河流成了古代杞人生命的泉浆。这些河流两岸,生物资源繁庶,可为人类提供较丰富的食物来源。河流两岸林木茂盛,有丰盛的植物果实可供采集,种类众多的禽兽出没其间,河水中有大量的鱼、蚌等水产品,这些都是杞人狩猎捕捞的对象,为杞人提供了源源不断的衣食之源,这里成了人们适宜的生存环境。河水泛滥冲积后往往形成成片的谷地或大块的平原,这些土壤系冲积层土壤,肥沃疏松,易于垦耕,为上古时期杞地农业的产生和发展创造有利的条件。

三是湖泊、沼泽众多,且面积较大。上古时期杞县的湖泊和沼泽由自然降水和河流之水积于洼地而形成,这也是由上古时期杞县的地形决定的。据史料记载,上古时期杞县境内湖泊主要有白羊陂、奸梁陂、莲花坡等,其中白羊陂亦作白杨陂。《魏书·雍丘注》:杨乃羊之误,古称肥泽。大禹治水曾在泽北筑肥阳城(今西寨)。《水经注》:睢水经雍丘故城(今县城)北,又东北,积水成湖,谓之白羊陂。方四十里,春秋以前白羊陂的面积可能还更大。奸梁陂在白羊陂之右,今杞县赵大湖一带,下入白羊陂,后因上源汴水改道,黄河泛滥渐废,今尚可辨其遗迹。莲花陂,后称莲花坡,后因黄河屡泛其地淤,今遗迹可辨。

丰富的水资源为人类的生存提供了有利的条件,但是水满则溢,水多则为患。在上古时期,全世界都发生了大洪水,成了世界的灾难。同时也流传了有关洪水灾害和治水的神话传说。在古伊朗、古印度,甚至包括中国的其他少数民族,诸如藏族、回族、傣族和苗族等,在他们的创世神话中,也都有发生洪水的故事。英国著名哲学家和自然学家赫胥黎曾做了一句著名的有关洪水传说的解释:"古代的传说,如果

白羊陂遗址(今杞县西寨乡至裴村店乡一带)

奸梁陂遗址(今杞县西寨乡赵大湖村一带)

用现代严密的科学方法检验,大都是像梦一样的平凡地消失了。但奇怪的是,这种像梦一样的传说,往往是一个半醒半睡的梦,预示着真实。"一年后,在英国皇家人类学会赫胥黎周祭纪念会上,针对上述赫胥黎有关洪水的传说指出:"一般认为,流传于全球的洪水传说渊源于真实发生过的水灾的记忆,或多或少包含着历史的真实。"中国关于上古时期的大洪水,不少古代文献中都有记载。如《尚书·尧典》:"汤汤

古人治水图

西肥城遗址(今杞县西寨乡西寨村北)

洪水方割,荡荡怀山襄陵,浩浩滔天,下民其咨。"《山海经·海内经》记载:"洪水滔天,窃帝之息壤以湮洪水,不待帝命。帝令祝融杀鲧于羽郊。鲧复生禹,帝乃命禹卒布土以定九州。"《孟子·滕文公下》也说:"当尧之时,水逆行,泛滥于中国,蛇龙居之。民无所定,下者为巢,上者为营窟。"面对洪水的灾害,上古时期的先民一是对水患治理,二是趋利避害,寻找适宜人类居住的有利地势。上古时期豫东地势低洼,处于河流决溢,湖泊泛滥的威胁之中,故上古居民皆"择丘陵而处之"。这也是豫东地区普遍流行堌堆、岗陵遗址的根本原因。

杞县"一溜十八岗"西北东南走向之于堂岗

　　杞县处于豫东地区,上古时期,杞县也处于洪水的泛滥中,至今杞县仍流传着大禹治水的传说,位于杞县西寨的肥阳城遗迹就是当年大禹治水时在此留下的遗迹。杞县虽处于洪水的危害之中,但上古时期杞县的地形地貌不像今天这样一马平川,而是岗陵起伏,很适宜人类的生存。岗,据《现代汉语词典》解释:坡度较缓的丘陵。杞县的岗陵很多,从文献记载和考古资料表明,这些岗陵就是上古人类的居住地,一个个岗陵如同一本本书一样,记录着上古时期人类在此发生的故事。由于黄河多次泛滥淤积或人为平整,这些岗陵有的仅为略微隆起

杞县"一溜十八岗"西北东南走向之荆岗

杞县"一溜十八岗"西北东南走向之丁堂岗

的小土丘,有的已荡然无存,只能存在于历史文献的记载和民间的传闻中。目前,杞县地貌仍可见岗陵地形的走向,共分两支。一支由高阳之郦生冢南延,经沙沃、湖岗、圉镇至竹林岗、庄林岗,尚有残丘10

杞县"一溜十八岗"西北东南走向之庄林岗

杞县"一溜十八岗"西北东南走向之八里庙

余处,相对高度一二十米,尤其郭屯(丁村岗)以南至庄林岗连绵 10 余里,谓之"十里长岗"、"一溜岗",其终点庄林岗(俗称老党寨)岗高 20 余米,顶部面积数百亩,巍然屹立,气势雄伟。

杞县"一溜十八岗"东西走向之陶陵岗

杞县"一溜十八岗"东西走向之李岗

　　另一支西起葛岗,沿惠济河两侧东延,经行葛岗、城关、五里河、裴村店 4 乡(镇),亦有残丘 10 余处,称为"一溜十八岗",其中陶陵岗、李岗、许岗、周岗、翟岗、鹿台岗清晰可辨,余仅略有隆起。

　　神话传说产生的条件是优越的自然地理环境和频繁的人类活动

杞县"一溜十八岗"东西走向之许岗

杞县"一溜十八岗"东西走向之周岗

情况。在远古时期，自然环境决定着人类的活动情况。黑格尔在谈到地理环境对人类文化形成所起的作用时指出"筑成民族精神的产生的那种自然联系，就是地理基础，自然的联系似乎是一种外在的东西，但

我们不得不把它看作是'精神'所从而表演的场地,它也就是一种主要的,而且必要的基础"。马克思也认为:"在人类社会的早期,人类的各种活动都受到地理环境的制约,越早越是,在文化早期……自然资源具有决定性的意义。"英国地理学家海格认为"聚落是人类占据地表的一种具体表现,因此它们形成地形的重要组成部分"。聚落的密度大小表明了人当时的活动情况,也反映了当时的自然地理环境情况。因为在上古时期,由于自然环境对人类活动的制约力强,早期人类总是趋利避害,以求与其所处生态系统相适应。

杞县优越的自然地理环境为人类的生存创造了良好的条件。因此在上古时期,各部族都竞相向杞地发展。杞地也自然成了东西南北交通之要冲,四方文化的荟萃地。在原始社会末期,在走向文明社会的冲击中,杞地也成了部落和部落联盟角逐、交流、融合的中心,这一时期也是神话传说产生的时期,杞人忧天神话传说便在杞地孕育产生了。

第二节　杞人忧天传说的人文历史环境

　　杞县历史悠久,文化底蕴深厚。杞县为《禹贡》中的豫州之域,夏代杞氏之居。早在距今 6000 多年前原始社会的仰韶文化时期,这里就有先民在此繁衍生息。目前杞县境内发现的竹林仰韶文化遗址、鹿台岗文化遗址中的仰韶文化遗存和伯牛岗文化遗址中的仰韶文化遗存都是远古先民在杞县活动的佐证。生活在这里的先民是从陕西姜水之滨迁移过来的炎帝族的一支部落。从仰韶文化时期到龙山文化时期,在近 2000 年的发展中,炎帝族的部落与北部的黄帝族的部落及东部的东夷部落相互交流、相互融合,又派生出了许多新的姓氏部落。至原始社会末期(龙山文化晚期),生活在杞地的部族为华夏族的姒姓部落。夏禹治水功成建立夏国后,将生活在这里的姒姓部落分封为杞氏,也就是夏代杞国。夏代杞国是亲夏势力范围,曾作为夏王室东部的屏障,阻东夷部落于杞县鹿台岗一带,且未向前前进一步。商初,汤又封夏禹之后于此。据《大戴礼记·少间》记载:"成汤卒受天命……故乃放移夏桀,散亡其佐,乃迁姒姓于杞。"《路史》:"汤封少康之后于杞,以郊禹。"《史记·留侯世家》:"昔者汤伐桀而封其后于杞者。"周初,武王又封大禹之后于此。据《陈杞世家》:"杞东楼公者,夏后禹之后苗裔也。殷时或封或绝。周武王克殷纣,求禹之后,得东楼公,封之于杞,以奉夏后氏祀。"《汉书·梅福传》:"故武王克殷……封殷于宋,绍夏于杞。"《世本》:"殷汤封夏后于杞,周又封之。"

　　"杞"于殷墟卜辞和晚商铜器铭文中屡见,如"已卯卜,行贞:王其田亡灾? 在杞"。《杞妇卣》铭文:"亚丑,杞妇。"据《路史·国名记丁》和王国维等考证,商代杞国即今杞县之所在。

　　夏代杞国因是夏朝亲封的诸侯国,属亲夏势力范围,自然"行夏道","用夏礼","守夏时"。商和西周时的杞国,皆因赖先王余荫,商王和周王因尊重先王之后,允许杞国"行夏道","用夏礼","守夏时",对大禹祭祀。因这种特殊的历史文化环境,杞国在近千年的时光里一直保持着古朴的民风,过着"顺其自然,与世无争"的"小国寡民"的理想社会。夏、商、周时期的杞人还善于观测天象,并将天象观测和从事的农业活动结合起来,用于指导农业生产,当时已能将一年分成 12 个月份,每个月份的物候活动情况都有了详细记载。西周末至春秋初期,杞人根据传承的夏历和观测的天象记录编撰了一部天文历法专著《夏小正》。《夏小正》是按月份将物候与人的活动情况详细记录的历法文献资料,是中华民族极其宝贵的文化遗产。

杞国于春秋初年迁至山东安丘、诸城一带,《春秋·隐公四年》:"莒人伐杞,取牟娄。"杜预《春秋经传集解》隐公四年曰:"杞国本都陈留雍丘县。推寻事迹,恒六年,淳于公亡国,杞姒并之,迁都淳于。"春秋时期,杞国处于鲁、齐、莒、宋、卫等国之间,因杞国弱小时常遭受这些国家的欺凌和侮辱,为求保国,杞国在与这些国家的交往中处处小心,仰人鼻息,如履薄冰,过着胆战心惊的日子,唯恐稍有不慎,便会招来灭国之祸。就这样还经常以"莫须有"的罪名遭到攻伐、降爵甚至遭受胁迫违心地做出"以怨报德"的事来。杞人忧天历史传说便是杞国为了民族和国家的生存环境而具有的强烈忧患意识的情况下产生的。

杞地(今杞县)在夏、商时期均是杞国之领土。西周时期,杞地被杞、陈、宋三国分治。杞国分治今杞县北部;陈国辖围邑,约当今杞县南部,治围城,即今杞县城南25公里围镇;宋国辖黄邑,约当今杞县东北部及民国17年(1928)划入民权之地,治黄城,在今县城东北30公里的内黄集南,今属民权。春秋时期,杞武公东迁山东淳于后,杞地入郑,公元前486年又属宋,均被置为雍丘邑。战国时期,杞地先属郑,后属魏,秦始皇五年(前217)秦取杞地置雍丘邑。汉代以后,雍丘、圉、外黄三县并存,至唐贞观元年(627)三县合一,统称雍丘县。其后,五代一度改称杞县,魏晋南北朝时期的汉、北周及北宋复称雍丘,至金大定十四年(1174)改称杞县。元时,杞县先隶属于河南江北行中省南京路,后又隶属于河南江北行中省汴梁路。明时,杞县隶属于河南中书分省开封府,后隶属于河南承宣布政使司开封府。清时,杞县隶河南行省开封府。民国初属豫东道,1927年废道后直隶河南省政府。1949年属陈留专区,后又划归郑州专区、开封专区,1983年后属开封市辖区。

第二章　杞人忧天传说的基本内容

杞人忧天传说是古代杞县人认知自然和生存环境的具有忧患意识的相关传说。杞人忧天传说包括杞人忧天神话传说、杞人忧天历史传说和杞人忧天寓言传说等三种民间文学形态。它内容丰富、情节完整、细节典型、言语生动，既具有深邃的思想内涵，又具有人文精神的魅力。目前，我们已收集整理共 24 篇杞人忧天传说。其中杞人忧天神话传说 6 篇，杞人忧天历史传说 11 篇，杞人忧天寓言传说 7 篇。

第一节　杞人忧天神话传说的内容

1. 杞人忧天传说

据说在很久以前，杞县叫中天镇。上边住着中天镇伯，他的大儿子叫共工，二儿子叫祝融，三儿子叫气人，闺女叫女娲。共工虽长个人头，却是青面獠牙，一头红发，身子像个大黑蟒，他经常去大海里和老龙王在一块玩耍，人称他"水神"。祝融长得也很出奇，大脑瓜足有一丈八尺多长，火红火红的脸膛，一对比狮子还大的眼睛，鼻子像座小土丘，嘴大得像个圆圈门。他一急躁，嘴里鼻孔里直喷火。所以，大家都叫他"火神"。气人和女娲却是眉目清秀，论性格，共工和祝融都是火燎毛脾气，动不动就发麦秸火。气人却不然，胆小、怕事、量狭、温柔。女娲又别具一格，善良、勤奋、勇敢，而且聪明手巧。

有一次，共工和祝融抢着吃一个天鹅蛋，你争我夺，打了起来。你一锤，我一刀，一连打了几十天，不分胜败，但是，谁也不认输，二人越战越恶。共工一吸气，喷出大水淹祝融。祝融一鼓气，喷出烈火烧共工。共工被烧得疼痛难忍，拔腿就向西跑。兄弟俩，一个在前边跑，一个在后边追，一直到西方顶天柱——不周山下。前边有大山拦路，后

23

边是祝融喷火追来,共工走投无路,一头撞在不周山上,只听见"轰隆"一声巨响,好端端的顶天柱,被共工撞了个粉碎。接着,又是一声巨响,大地抖了几抖,西方的天塌下来了。顷刻间,残片碎石填满了大江、大河。江河里的水,奔腾咆哮着涌向东方。一时三刻,中天镇变成一片黄汤。胆小、量狭的气人,被这突来的情景吓傻了,他大叫一声,双手抱头,跑了起来。他一边跑着,一边喊着:"天要塌下来啦!天要塌下来啦!"

女娲补天图

女娲看到大哥把西天撞塌了,多少人受灾遭难,就赶紧去西方补天。她用辛勤的劳动采来五色石,终于补住了天。可是气人从此吓傻了,整天一个劲儿地兜着圈子,跑着、呼喊着:天要塌下来了,天要塌下来了!⋯⋯闹得人们不得安宁,并且把东娄公的宫殿也撞塌了,弄得世上所有人都恼他、恨他、讨厌他，文武官员都认为："气人不除，有失国体。"于是他们便一齐朝奏，请求东娄公把气人杀死。恰在这时，东娄公新筑起的"望天宫"又被气人撞塌了，老母亲也被砸死了。东娄公勃然大怒，"呼啦"一声抽出宝剑，朝着撞来的气人奋力砍去，气人被砍死了。高高山，就是气人尸骨的风化物。

自从斩了气人，世上再没有人吵嚷"天要塌啦"。

讲述人：尹守礼，男，汉族，19岁，农民。

搜集整理：王怀聚，男，汉族，47岁，中专毕业，1989年12月整理。

2. 杞人忧天传说（异文一）

盘古开天地，神农分五谷，天下地上的生灵觅食嬉戏，巢居自由，人类男耕女织，高枕无忧，太平盛世过了很多年。忽有一天，天倾西北，地陷东南，四极废，九州裂，天不兼覆，地不周载，太阳也不见了。天下又都变黑了，野火熊熊，淫水漫漫，还出现了很多妖魔鬼怪，生灵和人类都惊慌失措，非常害怕。当时居住在杞国的一对老夫老妻，膝下有一双儿女。老大是男孩，乳名叫气人，老二是女孩，取名叫女娲。气人虽然长得五大三粗，性情暴躁，但是他胆小好哭，遇见个不值当的事物都非常惧怕；女娲虽说是个女孩，遇见啥事胆大而又有心计，并且长得苗条标致，心地善良。气人一看到天塌地陷，水火怪兽猖獗，心里惧怕，天天吓得连口大气都不敢出，时候一长，得了"忧天症"。气人患了"忧天症"以后，完全丧失了理智，经脉错乱，神智失常。不吃不喝不睡，傻乎乎地东奔西跑，嘴里一个劲儿地疯喊呼号："天塌啦，地陷啦，人不能活啦。"他越狂越疯，越癫越傻。谁都记不清他疯傻喊叫了多少年，最后还是因为得"忧天症"死在了杞国城都西二里的地方。气人死后，变成了一座高大雄伟的土山，杞国人称"高高山"，看那高高山势，大有重分天地的劲头哩。

再说气人的妹妹女娲，见哥哥终日疯癫傻狂，哭喊吆喝，终因"忧天症"而死。再看看黎民百姓仍处在水深火热当中，过着暗无天日的煎熬生活，心里非常难过和痛苦，她决心拯救人类。于是她打点了行装，拜别家中父老乡亲，不畏艰难险阻，远上昆仑山上，采捡五色石子，修炉筑灶，熔炼七七四十九天，终于熔炼成了五色彩云和一柄阴阳斩妖除魔剑，而且自己也修炼成为一位法力无边的女神。她用五色彩云以补苍天，用阴阳斩妖除魔剑，断鳌足以立四极，杀黑龙以济神州，积芦灰以止淫水,使天下重现光明。

由于女娲拯救了人类和生灵,有功于天下,黎民百姓都尊称她是重整乾坤的伟大母亲,福国庇民之正神,并为她修建一座金碧辉煌的"火云宫",塑以金身,常食人间香火。尤其是岁年三月十五日,女娲神圣诞之日,"火云宫"殿前,善男信女接踵而至,川流不息,烟火冲天,烟雾缭绕,供果如山,世人祷奠祭祀,福拜叩首女神。

讲述人:李少白,大学历史系讲师,已故。

搜集整理:李国富,男,26岁,干部,高中,杞县城关镇文化站,1989年11月整理。

3. 杞人忧天传说(异文二)

在杞县当今还流传着"天会塌下来"的传说。这是很久很久以前的事了,那时候杞县是天地的中心,天是由四根大柱子撑起来的巨大天篷,因此,中心离地面很低,坐落在地中心的镇子叫中天镇,现在的杞县也就是那时的中天镇。

镇首有三个儿子,一个女儿,大儿子叫共工,二儿子叫祝融,三儿子叫气人,闺女叫女娲。大儿子和二儿子整天舞刀弄枪,弄得人心不安,小儿子胆小怕事,整天忧心忡忡,闺女女娲长得可漂亮了,又很懂

原始社会部落战争图

事,常常劝她的两个哥哥不要无事生非,劝她的三哥啥事都要想得开,别疑神疑鬼的。话说古时候那一年,蚩尤搬恶雾大战黄帝。天地间,黑雾弥漫,一片混沌。天穹上战鼓冬冬响,怪叫震天地,天地直抖动,天上下黑雨,电闪雷鸣,把气人吓得神智模糊,经脉错乱,在雨中跑着喊着:"天要塌啦,天要塌啦……"把妹妹女娲心疼得直掉眼泪。

最后气人还是因神智模糊,经脉错乱,在奔跑中累死的。自从气人死后,世上再没有人吵嚷"天要塌下来啦"。可是"杞人忧天"的故事却在杞县流传开了,家喻户晓,人人皆知。

讲述人:周玉民,男,53 岁,初中,农民,杞县泥沟乡后官屯村人。

整理地点:杞县文物管理所。

搜集整理:周清怀,杞县文物管理所干部,1990 年 11 月整理。

4. 杞人忧天传说(异文三)

当今,仍流传着杞县人担忧天会塌下来的传说。其实这只是很久很久以前的事了。

常听长辈们讲,古时候,杞县是天地的中心,天是由四根大柱子撑起来的巨大天篷,因此,中心离地面很低,那时候,坐落在地中心的镇子就叫中天镇,现在的杞县也就是那时的中天镇。

镇首有三个儿子,一个女儿。有一次大儿子和二儿子因争夺妹妹拾到的一只天鹅蛋厮打起来,不幸的是,镇首的大儿子一不小心撞断了顶天的大柱子,眼看天就要塌下来了,这可吓坏了胆小怕事的三儿子,他高呼着:"天塌啦!天塌啦!"后来镇首的女儿女娲炼五色石补住了天空。

据说,一直到周朝,中天镇才改名叫杞国,老百姓日子安稳了,可镇首的三儿子仍然忧心忡忡,不停地喊:"天塌了",老百姓非常气愤,都埋怨他"无事忧天倾",于是,"杞人忧天"的说法就慢慢地流传下来了。

讲述人:外祖父(去年故)。

搜集整理:何萍,河大中文系 86 级 5 班,河南省杞县邢口乡何寨村人,1989 年 12 月整理。

5. 高高山

高高山,位于杞县城西约二里的地方——杞县粮油加工厂所在地。在古时候,那地方曾是一个游览观光,避暑赏玩的好去处。游人到此,无不因高高山的鸟啼蝉鸣,花香树茂,小桥流水,高姿雄峰,白雾缭绕的迷人景色流连忘返。

据说,那地方原来也是一马平川的肥沃良田。挥汗辛勤的农夫,一年四季乐滋滋地收获着镶金镀银的五谷,滴水流翠的瓜果。

可谁又能够料想到:一个晴朗朗的天,太阳突然间不见了,天倾西北,地陷东南,天塌地陷啦。

高高山遗址

要说被吓破了胆的,那就是一个名叫气人的人了。一时间,他神智模糊,经脉错乱,乱跑乱喊着:"天塌啦,地陷啦,人不能活啦!"最后还是被"忧天症"给折磨死了。在气人死的地方,突然,平地起了一座非常高大的土山,占地足有一二百亩恁大。人们往山尖上一看,掉帽子高。都说这山掉帽子还看不见顶哩,就给他取个名字叫高高山吧。从此,高高山的名字就这样被传开了。

多少年代,不知不觉地过去了。历史发展到了唐朝时期,高高山被大自然妆点得像情窦初开的二八少女,更加楚楚动人。从高入云端的山顶,到山地相联的矮坡,松涛阵阵,樱花映辉,小桥凌空,瀑布飞云,奇禽异珍戏嬉争鸣,风景如画的大自然,吸引着如织的游人情侣、伙伴和诗家骚客。但它让人们观赏的时间毕竟是太短了,当然这不是她的过错,因为它被来杞屯兵驻扎的兵马司张柔给抢占了,并且还给它改了一个新的芳名,叫西山。从此,西山就成了张兵马自己的住宅和花园,世人只能是望而叹气。几十年后,张兵马终于被世人所恨死,多少人拍手称快,因为大家又能上山游玩观景了。

到了宋朝,西山鬼斧神工,被大自然修饰得更加俊秀丽质,姿色迷人。远看她:壑之观岩,谷之素秀,峥嵘浩荡生质;近细瞧,青装素裹,依松捧樱,粉团弄骚,秋波流情。难怪墨客杨侃皇到此观赏后,感怀不已,叹然赋句:"县之西郊山曰谷林;其或花迎野望,烟禁春深,景当妍丽,俗众登临移市,竟日倾城赏心","朱樱宜于谷林,今其山夷矣"。西山因此又被叫成谷林山。

清代,杞县知县周玑又将谷林山改称为西岗,并列为杞县八景之一"西岗挺翠"。赋诗云:"翠霭连云起,西岗列古松;霜皮溜雨黑,黛影入天浓;挺作高城荫,居然秀气钟;莫言培楼上,不似大夫封。"举人苏尔翼也题诗曰:"西天岚气挂岗腰,隔岸深烟结小桥;遥听笛声人不见,孤松盘郁入云霄。"

讲述人:李少白,大学历史系讲师,已故。

搜集整理:李国富,男,26岁,干部,高中,杞县城关镇文化站,1989年11月整理。

6. 高高山(异文一)

传说很久很久以前,我们的杞县当时是杞国,虽说杞国是一个国家,可是却人烟稀少,这是因为当时杞国地理状况不像现在是一马平川,而是丘陵起伏,四周是湖泊和沼泽,一片洪荒,很不利于人民居住,当时丘陵上住着一户人家,就兄弟二人,大哥叫禹,兄弟叫气人。大哥禹是一个心地善良的人,处处为别人着想,兄弟气人是一个胆小怕事、整天忧心忡忡的人,天上电闪雷鸣他害怕天会塌下来,地下地震他害怕地会陷下去。大哥禹看到人们生存在这样的状况下,便决心挖沟挖渠,将湖水引到其他地方,便于人们出行。禹起早贪黑,不知干了多少年,也没将湖水引到其他地方,反而又天降暴雨,水越涨越高,将丘陵上的村庄都淹没了,看到这种情况,胆小的气人不停地自言自语:"这咋办呢,这咋办呢……"最后得了"忧郁症",疯疯癫癫地在丘陵上跑,一边跑一边喊"天塌了,地陷了,人不能活了",最后给"忧天症"折磨死了,在气人死的地方,突然平地上起了一座非常高大的土山,将湖泊和沼泽给填平了,方便了人们的出行,这座土山占地足有一二百亩,人们往山尖上一看,掉帽,都说这山掉帽还看不见顶哩,给这座山取名叫高高山。后人说这是上天的旨意,说气人是为了救助杞人才死的,后来的杞人每到气人死去的那天都去高高山上香火,以感恩气人。

讲述人:吕维仁,男,55 岁,教师。

搜集整理:吕存伟,男,22 岁,杞县广播电视局记者。

第二节　杞人忧天历史传说的内容

1. 杞国的传说

话说很久很久以前,杞县这个地方是杞国。杞国的国王及臣民是大禹的后代。杞国是个不足百里的小国,却因为是大禹的后代从夏至商、又从商到周先后延续了 1500 余年。

杞武公时,历史已进入了春秋时期。当时周朝国力衰微,而分封的诸侯王国却不断变大变强。郑国国君郑庄公蓄谋已久,和周王朝交恶,并打败了周朝军队,坐上了春秋霸主的首位。周王朝从此一蹶不振,自身不保,开始东迁,它分封的诸侯小国也一个个倒了霉,被大国一个个吞并掉了。郑庄公成了春秋霸主之后,开始不断扩张。在向东扩张中,郑国灭掉许多小国后,势力范围已到了杞国边境,开始对杞国下手。

有一年春夏之交,郑国的军队向杞国发了兵,理由

东周列国战争图

古代杞人的忧思——杞人忧天民俗文化研究

是杞国老百姓偷盗了郑国的麦子。这显然是莫须有的罪名,杞国的臣民经夏、商、周三代教化,百姓们循规蹈矩。不管咋说,狼想吃羊的时候,羊就是有千张嘴也逃不掉被吃的命运。

郑国的军队很快兵临杞国城下,杞武公急忙召集文武大臣商议对策。杞武公说:"咱们杞国都是托周王之福,百姓才安居乐业,咱也没有想着扩张和打仗,没有训练和发展军队,现在郑国军队兵临城下,如何是好啊?"大臣们你看看我,我看看你,谁见过这样的阵势,一个个也都说:"咋办呢,周王是咱杞国的天,现在周王都自身难保,天塌了,天塌了,咋办呢?"有的大臣说:杞国的东边是宋国,南边是陈国,咱们咋不向这两国求援兵呢? 杞武公慌忙派使者前往宋国和陈国,这两个国家都耍滑头,没有利益不上,谁也不肯发一兵一卒。杞武公又召集大臣商量办法,一位老臣说:"臣听说郑庄公嗜好美女和珠宝玉帛,我们如向郑国进贡,可解燃眉之急。"杞武公从宫里选了两位美女,又拉了两车珠宝玉帛送往郑国,郑国才退了兵。不久,郑国又罗列一个罪名,再次发兵杞国,杞武公又派人送去美女和金银玉帛……如此三番五次,民不聊生。郑国的胃口越来越大,杞国已被郑国折腾得国库空虚,杞武公的眉头越皱越紧,吃不好饭,睡不好觉,天天做噩梦,老是梦见郑国军队攻进城里,城里百姓尸首一片。看到杞武公的情况,杞国的臣民也一个个跟着提心吊胆。

杞武公身边的一个妃子看到杞武公天天愁眉苦脸的样子,对杞武公说:咱惹不起,咱不会走吗。杞武公问:咱往哪走啊? 妃子说:咱杞国东北边楼地不是咱们的同宗同支! 以前还来往过呢? 咱不如去避避难。杞武公认为这是好主意,便召集大臣商议此事,再怎么说呀,也是故土难离,一些大臣一听说向东避难,当场就哭了,死活都不愿意离开杞国这块土地。杞武公说:"我们不走,早晚都会被郑国、宋国、陈国所灭,不如我们先避避难,等将来壮大了再回来。为了能安全东迁,咱将杞国划分三块,分别献给宋国、陈国、郑国,让他们在这里来回纠缠吧!"于是杞武公带领杞国臣民向东转移,开始颠沛流离的生活。杞国这一诸侯小国遭受大国欺凌的遭遇是非常有代表性的,民间流传了一个个传说和故事,列子根据传说和故事写成了寓言《杞人忧天》。

讲述人:王鸿鹏,男,汉族,26 岁,大专,干部,杞县裴村店乡文化站。

搜集整理：周清怀，男，汉族，20岁，大专，干部，杞县文物管理所，1990年1月整理。

2. 杞人忧天历史传说之武公东迁

夏禹立国之后便有了杞国，殷时或封或绝，到了周武王灭殷建立周朝后，寻禹之后，得东楼公，并将东楼公封之于杞，同宋、陈并称三公之国。

周初杞国当时可以称得上上得周天子器重，下得百姓爱戴，同时还让邻国羡慕。国君仰仗大禹的庇荫，整个杞国可谓是风调雨顺，阴阳和谐，百姓安居乐业，国君衣食无忧，邻国和平相处，王室代代相传。常言道：天有不测风云，人有旦夕祸福。杞国传五世至武公。武公二十八年盛夏的一天，天气突变，北风呼啸、乌云密布、飞沙走石、天昏地暗、鸟急归巢、人忙返家。转瞬间，电闪雷鸣，顿时倾盆大雨浇向人间。大雨连下七七四十九天，当时整个杞国成为一处黄汤，房屋倒塌，良田被毁，百姓死伤无数。大雨停过之后，太阳就是不肯露脸儿，整日里昏昏暗暗，植物得不到阳光的照射也日渐枯萎，可以说当时整个杞国是一片死气沉沉。

春秋战国时期古人讨论天象物候变化图

武公看到这一切，整日里都是郁郁寡欢，人也瘦了一大圈，文武百官也是看在眼里，急在心里，都想替武公分担忧愁，而一时半会儿也想不出好的法子来。

　　一日早朝，有个叫贤良的大臣奏请武公说道："吾君武公，咱杞国先遭暴雨之灾，再遭无日之难。这是上天对我们君臣的惩罚，也让百姓跟着我们受罪，我们应该祈祷上苍，让老天爷宽恕我们，睁开眼救救杞国人民吧。"武公听罢贤良的建议，立马命令大臣摆案设坛，带着满朝文武大臣登上高高山，向老天上香求拜，连拜一月，老天就是不肯睁眼，太阳躲在云层里一直没有露面儿。夏日里人们感觉似深秋一样，冷森森的。武公看祈祷上苍无望，终日里茶不思、饭不想，彻夜睡不着觉，不日便卧床不起生起病来。这时候，满朝文武大臣更是玩把戏的躺地上——没招啦。

　　最担心武公的就是他的夫人鲁女啦，鲁女终日里劝解夫君均未见效，无奈就说："夫君，你为了解救杞国人民倒是也尽心啦，也努力啦，但还是得不到上苍的原谅。眼下，整个杞国也无法让咱的百姓再生活下去了，为了保全杞国人民要不你向我父亲求救，让他老人家给咱点土地，咱带着杞国人民东迁吧。"

　　躺在床榻之上的武公听夫人这么一说，心想也没有比这更好的法子啦，只得这样吧。于是，武公立即让人通知满朝文武大臣上朝议事。朝堂上武公将夫人东迁的意思说了一遍，问大家意下如何，文武百官是你看看我，我看看你，因为找不到更好的解决方法也只好说就这样吧。

　　朝事结束后，武公让人马上修书一封，十万火急送往鲁国。鲁君因为怜悯女儿，同意割出一片土地让杞国迁来。

　　武公得到老泰山的回信之后，找人在杞国境内四处张贴告示，告知全国人民将择日东迁。

　　武公在煎熬中到了来年农历三月初三。是日带领子孙及文武百官来到宗庙祭奠列祖列宗，然后告别故土踏上了东迁之路。

　　这日，杞国城东门洞开，东迁的队伍长达几里长，东迁的人群哭声震天，泪如雨下，上至国王大臣，下到黎民百姓，他们是一步三回头，三步九叩首，依依不舍地离开了这片生于斯长于斯的故土。行人的眼泪滴湿了整个杞国大地，泪水叫醒了杞国的国宝——杞柳。从此，杞国的大幕在这片土地上落下,杞国的后半部历史在齐鲁大地上上演。

从那以后,杞国遍地生碱,只有一种植物能在这里生存,那就是杞柳。杞柳用它那顽强的生命力固守着老杞国人的家园。现在杞县的老人还说碱土是杞国东迁时人哭的眼泪变的,杞柳叶上有一绺红是杞国人东迁时哭出的血染上的。有一句顺口溜如是说:农历三月三,杞王武公向东迁。行人眼泪化碱土,柳叶红是用血染。

讲述人:王鸿鹏,裴村店乡文化站站长。

搜集整理:周清怀,杞县文物管理所干部,1990年1月整理。

3. 杞人忧天历史传说之杞国东迁

杞国始封于夏代,从受封的那天起,就一直"行夏道、守夏礼",保守着远古早期奴隶制时期的风俗,是个安分守己的国家。史书上对杞国有个正确评价为:"徒守夏时,无益保邦。"但无论如何,从夏朝到西周末在夏、商、西周诸王的庇护下,杞国安荣享贵了一千多年。西周末期,周王室衰微,礼崩乐坏,周王无力保护它的诸侯小国,而一些做大做强的诸侯王国,开始对一些小国进行侵伐和欺凌。杞国为方圆不足百里的小国,从西周末期就开始了受人欺凌的噩梦。

春秋初期,杞国地域虽然不大,但杞国这个地方却是土地肥沃、阳光充足、水草丰茂的理想家园,其他诸侯国都想吃掉这块肥肉。当时,杞国的周围有郑、陈、宋三个国家,这三个国家都野心勃勃,有称霸中原的梦想,是杞国的恶邻。杞国国君杞武公,是个非常仁义的君主,非常希望能够带领杞国的人民过上太平安稳的日子。但有些事情并非按照人的意愿去发展。你不想打仗,仗还是打到家门口了。首先向杞国发难的是郑国。郑国国君郑庄公为了实现称霸中原的梦想,积极向外拓展国土。郑国向杞国发兵的理由是说杞国人偷割了郑国的麦子,这显然是莫须有的罪名。郑国扬言必须让杞国交出偷割麦子的人,否则就攻打杞国国都雍丘城,郑国国力强大,军队兵强马壮,杞国根本不是对手。这如何是好呢?杞武公犯了愁,在宫殿里走来走去。这时,他的大臣杞人说:"大王,郑国到底是啥意思,不如让微臣去探个明白。"杞武公见别无它法,对杞人说:"那就麻烦爱卿走一趟吧!"杞人领旨来到了郑国的军队中,郑国的统帅说:"如果你们找不到偷割麦子的人,杞国就得割一块土地给我们,对你们进行惩罚。"杞人回去复命,无奈割让了杞国西边的一些土地。

春秋战国形势分析图

　　郑国刚刚罢兵,陈国又向杞国发了兵。理由是陈国的牛、羊丢了,怀疑是杞国人偷的,要求杞国交还偷去的牛、羊并赔礼道歉。杞武公又派杞人到陈国交涉,给陈国送去了一些金银财宝和牛、羊,并向陈国赔礼道歉,才算息事宁人。

　　陈国撤兵后,宋国又向杞国发兵了。理由是宋国的一个人失踪了,怀疑是杞国人杀了宋国人,这简直是无理取闹。宋国是商的后代,杞国是夏的后代,两个国家本来就有旧仇,挑事找茬经常发生。但宋国强大,杞国弱小,每每都是杞国以赔礼道歉而告终。这次宋国要求杞国必须找出杀死宋国的杞国人,这简直是欺人太甚,但有啥办法呢?杞武公召集群臣商议此事,大家面面相觑,不知如何是好?此时杞人站起来说:"大王,微臣有一计不知可行不?"杞武公说:"爱卿快说!"杞人说:"大王,宋国是无事找事,来者不善,目的是想灭我杞国,必须妥善应付才是,宋国不是要找杀死宋国的那个人吗?我们只有从我们的臣民中找个替死鬼送过去,我们再对那个愿意去死的人的家属好好安抚,方可使宋国退兵。"无奈,杞国在臣民中找了个愿意为国而死的人送给了宋国,才使杞国免了此劫。

　　面对杞国的这种积贫积弱和郑、宋、陈三国无理侵伐的的现状,杞

东周列国战争图

武公整日忧心忡忡、愁眉不展、茶饭不香。杞武公知道郑、宋、陈三国是不会罢休的,不吃了杞国他们是不甘心的。这该如何是好呢? 杞武公的一个妃子是东方邾国的女子,她看到杞武公这种状况,对杞武公说:"大王,有句话不知当说不当说?" 杞武公说:"有话就说!" 杞武公的妃子说:"大王,郑、宋、陈三国咱惹不起,咱躲得起,妾听说在咱们的东方都是姒姓的同姓国,咱可以带领咱们的臣民去避难,总比让这三个国把咱灭了好。" 杞武公觉得她说得有理。第二天早朝,杞武公将这种想法说了出来,有的大臣愿意东迁,有的大臣认为故土难离,不愿东迁,杞武公说:"愿意留下的我也不勉强,愿意随我东迁的我感谢,总比在这儿等着灭国好啊,等将来我们的国力强大了再打回来。"于是杞武公带着和他东迁的臣民往东方避难去了。这一走再也没有回来,杞国东迁后,郑、宋、陈很快将杞地瓜分了。杞国在山东淳于、缘陵等地飘荡了三百年后,被楚国所灭。

讲述人:吕维仁,男,55 岁,教师。

搜集整理:吕存伟,男,22 岁,杞县广播电视局记者。

4. 杞人忧天历史传说之杞桓公嫁女

杞国在雍丘时处在郑、宋、陈三国之间,这三国乃虎狼之国,对杞国这块肥肉都有想吃掉的野心，经常对杞国侵伐和欺凌。杞武公在三国的强大威逼下，不得不忍痛含泪离开了自己的国土，踏上颠沛流离的迁徙之路。一路上扶老携幼，子哭妇嚎，其情景惨不忍睹，好不容易到了其岳父家——邾国。邾国也是东方的一个小国，积贫积弱，日子过得也不怎么好。杞武公带着很多人老是寄居在他岳父家也不是办法，于是又向东北行进，准备投靠杞的同姓之国淳于国，恰巧淳于公在淳于也经营不下去了，看到杞武公带着许多人奔这儿来，以为是来打他呢，慌忙带着他的臣民逃往鲁国，再也不回来了。杞武公得了淳于城，有了立身之所，便在这儿又建立了杞国。当时杞国的周围有鲁、齐、莒、邾等国，为了使杞国能够生存，杞武公决定找东方的强国鲁国为靠山，好对杞国进行照顾。为了能够靠上鲁国这个大国，杞武公将从雍丘时带来的许多珍奇异宝都献给了鲁桓公，以博得鲁桓公的欢心，同时杞国还主动要求和鲁国通婚，好结成亲戚之国，杞武公主动要求当鲁国的女婿，但是鲁国不是仁义之国，不拿杞国当国来看，尽管杞国极力讨好鲁国，还以各种手段拿捏它。

有一年，杞武公朝拜鲁国，也就是到鲁国去送礼。可杞武公朝鲁回到淳于城没多长时间，鲁国就发兵攻打杞国。杞武公忙让大臣杞人去鲁国问情况，才知鲁国国君鲁桓公认为杞武公看不起他，对他不恭敬，原因是杞武公朝拜时带的礼物有点少。无奈，杞武公又赶紧备上厚礼前往鲁国向鲁桓公赔礼道歉，这才罢兵。有时杞国国君去朝拜鲁国国君时，鲁国国君根本不正眼看杞国国君，甚至不按正常的礼仪接待他。这且不说，最让杞国没面子的是杞国国君娶来的两个鲁国女子，让杞国蒙受了奇耻大辱。

杞国为靠上鲁国这棵大树，主动向鲁国求婚。鲁庄公将女儿嫁给了杞惠公，称杞伯姬。鲁国的这位公主根本没有把杞惠公看在眼里，经常我行我素，不经杞惠公同意便私自非礼出访，让杞惠公大跌面子。按照春秋的礼节，女子如果出嫁就不能走出国境，而杞伯姬居然来到鲁国，这是不符合礼仪的，说明了杞伯姬的傲慢与放肆。杞惠公的杞伯姬不符合礼仪的出访，大不了受到其他国家的谴责和史学家的批评。而杞桓公的夫人杞叔姬却使杞国蒙上奇耻大辱。杞桓公娶的第一位夫人是鲁僖公的女儿，史称她为子叔姬。但叔姬未过门就死在娘家。杞桓公为了不断绝杞鲁的婚姻关系，要求再娶一位鲁女为妻，鲁文公就把他的妹妹嫁给他。这位女子也叫叔姬,嫁到杞国后称杞叔姬,说明她是杞国国君的夫人。但这位叔姬来到杞国后,不安心在杞国过日子,以有病为由要求离婚回娘家。于是杞桓公就将杞叔姬休出。两年之后,杞叔姬死在她的娘家,鲁国竟无理要求杞国到鲁国迎娶杞叔姬的尸体,把她安葬在杞国。杞国害怕鲁国,于是按照鲁国的命令办了。

鲁国对杞国的这种卑礼寒了杞国人的心,杞国人有了摆脱鲁国的束缚,寻求新的靠山的想法。

有一年,鲁成公出使晋国,当时晋国已是北方崛起的诸侯大国,鲁成公回国后,杞桓公赶紧到鲁国慰劳访晋归来的鲁成公,好借机打听晋国的有关情况。鲁成公见杞桓公非常殷勤,就把晋国的主张告诉了他。杞桓公回到杞国后,就和大臣们商议寻求晋国这个靠山的事。如何才能靠上晋国这棵大树呢?这些年来事鲁,杞国的家底已空,已经没有什么珍奇珠宝能去送给晋国了。大臣杞人说:没有物,我们只有靠人和晋国拉关系,可四下征选杞国美貌女子,说不定能靠上晋国这棵大树。可上哪儿去寻找美貌女子呢?回到寝宫,杞桓公在屋里蹀来蹀去,茶饭不想,唉声叹气。杞桓公有一个女儿叫杞姒,长得如花似玉,美若天仙,而且又善解人意。杞姒听说这件事后,找到父亲杞桓公说:"父亲,女儿愿意去晋国。"杞桓公说:"女儿,那晋悼公已是老头了,我不能牺牲女儿的青春去陪那个没有感情的老头。"杞姒说:"父亲,谁的女儿不是父母身上掉下的肉,谁的女儿不和父母心连心,难道你就看着别家骨肉分离吗?为了咱杞国的安宁,女儿愿意去晋国!"别无选择之下,杞桓公只能忍痛带着女儿和大臣去朝见晋悼公,晋悼公看到如此美貌的杞姒,很高兴地答应了这门婚事,并封杞姒为"晋悼夫人"。晋悼夫人到晋后,很快就博得晋悼公的宠爱,将晋国的实权牢牢掌握在手里,为杞国以后的生存做了很大贡献。在以后的六十年里,杞国虽然不再朝鲁,鲁国也不敢再对杞国用兵。而且晋悼夫人还帮助杞国要回了鲁国侵占的杞国的土地,还组织鲁、齐、宋等 11 个国家对杞国的淳于城进行修复。这两件事在历史上影响很大,一件事为"治杞田",一件事为"城杞",在几千年的历史中传为美谈。

讲述人:周玉民,男,汉族,53 岁,杞县泥沟乡后官屯村农民。

搜集整理:周清怀,男,汉族,20 岁,杞县文物管理所干部,1990 年

5. 杞人忧天历史传说之杞人以怨报德

杞国东迁后,杞国在与其他诸侯国的交往中,曾发生过以怨报德的事。

齐国是东方的超级大国,杞国东迁后,与齐为邻。齐国对杞国没有侵伐之事,也没有蔑视之事。相反,齐国曾多次救杞国于危难之中。杞国东迁后,以鲁国为靠山,结好鲁国,这引起了宋国的不满,于是出兵讨伐杞国。齐桓公知道此事后,派使者拿着重礼,出使宋国,劝说宋国不要攻打杞国。但是宋国不买齐国的账,仍然我行我素,继续攻打杞国。于是齐桓公就命大将曹孙宿率军队阻止宋国的进攻。还有一年,南方的淮夷侵犯杞国,齐桓公得知情况后,忙召集鲁、宋、曹、陈、卫、郑、许等 7 国之君,在鲁国的咸地会盟,研究打击淮夷,救援杞国之事。同时,齐国还参与帮助杞国修建了缘陵城。为了保护杞国,齐国还赠送给杞国兵车 100 辆,甲士 1000 人,用于抗击淮夷。

齐国对杞国有救国之恩,按理说,杞国对齐国应感恩戴德,永远听命于齐国,来报答齐国。然而事实却相反,杞国以怨报德,参加了以晋、鲁为首的"围齐"、"伐齐"的军事行动。这个中的缘由只有杞国知道,因为当时晋、齐、鲁三国之间矛盾很深,三国之间曾多次发生战争,由于晋、鲁是姬姓之国,在对齐作战时,晋鲁联盟,联合攻齐。此时晋国是中原诸侯的盟主,杞国又刚刚靠上这座大山,所以在对齐的战争中,身不由己,违心地参加了围齐的军事行动,但这并不是杞国的本意。

讲述人:周玉民,男,汉族,53 岁,杞县泥沟乡官屯村农民。

搜集整理:周清怀,男,汉族,20 岁,杞县文物管理所干部,1990 年11 月整理。

6. 莒人伐杞侵占牟娄,鲁国调停迫杞求和

莒国为东夷土族方国,国号莒,己姓,子爵。周初封于胶州西南的界根,春秋初迁到莒,即今天的山东省莒县,与杞国为邻。莒虽然是个小国,但势力很强,很好战,常与齐、鲁争雄角逐。它为达到抗衡齐、鲁和对外扩张的目的,就远交晋国,要挟鲁国,震慑邻国,侵略小国。为打通与晋国交往的通道,于鲁隐公四年(前 719),首先伐杞,侵占了杞邑牟娄,首开春秋诸侯相伐取地的先河,自此杞、莒关系非常紧张,对

杞威胁很大。为不使杞、莒关系继续恶化,矛盾不断升级,鲁桓公以大国之君身份出面调停,解决杞、莒之间的矛盾,于桓隐公十二年(前711)召集杞、莒两国之君在曲池会盟,强迫杞国承认莒国侵占牟娄的既成事实;令莒国不再侵占杞国。由于杞、莒都害怕鲁国,就接受了鲁国的调解,杞国与莒国签订了丧权辱国的城下之盟。承认莒人侵占牟娄的合法性。

春秋战国时期的战争图

时过 163 年之后,即鲁昭公五年(前 537),莒国的地方官员牟夷带着牟娄、防、兹三地的老百姓叛逃到鲁国,于是鲁国就以此为由把牟娄归为己有。莒国知道后,就到晋国告状,说鲁国欺负他们。晋平公一听,非常恼怒,说鲁国贪得无厌,不仅不尽归杞田,又占新地,竟然又从莒国手中窃取杞地,就想把正在晋国朝拜的鲁昭公抓起来。晋国大夫范鞅建言说不可,鲁昭公在晋国朝拜期间逮捕他,恐有失晋国的盟主形象,不如找借口寻机报复他。又过了两年,即鲁昭公七年(前535),鲁昭公应楚灵王之邀赴楚国参加华台落成典礼活动,晋国就复治杞田,强迫鲁国归还侵占杞国的全部土地,重新划定了杞鲁边界线。晋国一箭双雕,既报了私仇,又帮助杞国收回了土地。

讲述人:邢树恩,退休干部。

搜集整理：常峰，县党史办副主任。

7. 武公朝鲁进贡太少，鲁以不恭讨伐杞国

杞国的始封地在古豫州雍丘，也称杞，即今河南杞县。西周末周王室衰败，自身难保，已经管不了天下诸侯了，于是诸侯之间相伐取地，掠地灭国，大批小国因此被灭亡。杞国虽为上公之国，备位三恪，但它只有弹丸之地，国小民寡，长期在周王室的庇护下生存不能自强自立。到了西周末周王室对杞国的庇护已名存实亡，这就从根本上动摇了杞国的地位，在小霸郑国、殷之后宋国（今河南商丘）的东西夹击下，终被宋国所灭。

春秋战国战争场面图

当时杞国的君主是杞武公，为继续生存，重新复国，他率领杞国的臣僚，姒姓贵族，于周平王三十一年（前740），东迁到当时东夷族聚居的地区，古青州之地，即今山东省安丘县杞城村。与鲁国、齐国、莒国、徐国为邻。这些国家对初来乍到的夏人之后杞国，都另眼看待，甚至都想欺负它。特别是莒国，它扼杞之弱，首先动武讨伐杞国，侵占了杞邑牟娄。于是杞国欲寻求姬姓东方大国鲁国的保护，杞武公便于鲁桓公二年（710）首先朝见鲁桓公。

古代诸侯朝聘都要按爵号（国格）高低拿贡品，爵高礼重，爵低礼轻，拿什么，拿多少，都有明确的规定，一般说要拿麋鹿皮、鹿皮、虎皮、豹皮、丝织品（帛）、马、玉器，另附珍贵奇货，还要用100辆车，派1000

人护送。如果贡品达不到受贡国的要求，就要被讨伐，把人民抓去当奴隶，填塞水井，毁坏庄稼，砍光树木，要遭灭顶之灾。

当时杞国虽为上公之国，是王室的贵宾，但在迁徙之中财产尽失，一贫如洗，甚至连镇国宝鼎都丢失了，怎么还能按公爵身份纳贡品呢。而这时的鲁桓公是一个霸君，又非常贪财，一贯看不起小国，不知天下有小字之辈，以老大自居，没有一个小国的使者受到过他的尊敬和礼待，他一看杞国未按爵号纳贡品，非常恼怒，说杞武公朝见他用的是外国人、野蛮人的"夷礼"，是对鲁国的不恭、不敬，便以此为借口讨伐杞国，等杞武公走后就开始谋划攻打杞国的事。杞武公7月份朝鲁，9月份鲁就出兵讨伐杞国。面对鲁国的进攻，杞武公不仅没有以牙还牙进行抵抗，而是低头认罪，忍辱负重，并于次年（前709）再次朝见鲁桓公向他谢罪，请求鲁国停止军事进攻。

此事发生后，不少史家都为杞国鸣不平，批评鲁国借同姓（姬）周王室的势力欺负小国。说欲加之罪何患无辞，"鲁人之所谓不恭与礼者，直以其玉帛之不备尔"，所以才会出兵伐杞。

讲述人：邢树恩，退休干部。

搜集整理：常峰，党史办副主任。

8. 惠公惧内伯姬放肆，叔姬被休死后葬杞

杞国弱小，势力单薄，无力与大国抗衡，在国与国交往中常常逆来顺受，曲意逢迎，受制于人。为了缩小大小国之间的差距，取得超越国际关系的外交成果，杞国积极开展联姻外交，和大国攀亲。

回顾历史，商时"杞侯"是商王武丁的岳父；周武王之母太姒是杞国姒姓之女；鲁襄公、鲁定公的母亲也都是杞国人；杞惠公（德公）的夫人伯姬、杞桓公的夫人叔姬均为鲁国公主；杞桓公的女儿是晋平公的母亲。总之，杞国和殷、周、鲁、晋都有亲戚关系。在国家民族危机的时候，都曾得到亲戚的支持和帮助。但杞国在开展联姻外交的同时，也遇到一些麻烦和问题，甚至蒙受了奇耻大辱。

（1）杞惠公惧内伯姬放肆

鲁庄公二十五年（前669），鲁庄公的长女伯姬嫁给杞惠公为夫人，称杞伯姬，她来到杞国后，为发展杞鲁两国关系曾做出了一定贡献。但也暴露出她飞扬跋扈、放荡不羁的作风，大国公室之女瞧不起小国的君主，无视杞惠公的君主地位，以妇人对诸侯行朝会之礼。由

于杞惠公惧内,没办法能管住她。按古代礼节,女子已经出嫁就不能随便越过夫家的境界,只有一年一度的"归宁"才可以回娘家看望父母,这是符合礼仪的。但是杞伯姬不是这样,她可以不顾礼节随便出访,随便会见诸侯。自从她嫁到杞国曾三次非礼出访:

鲁庄公二十七年(前667)会鲁庄公于洮(春秋时曹地,今山东濮县南);鲁僖公五年(前655),她带着不满10岁的儿子(即后来的杞成公)朝见鲁僖公,受到史家的"见讥"(嘲笑和讽刺)。于礼,外孙初冠(男子20岁)有会见外祖父的礼节,但杞伯姬才嫁到杞国13年,其子不满10岁,不能行朝见之礼,伯姬居然这样做,是违反礼仪的;鲁僖公三十年(前630),杞伯姬又违礼来到鲁国为她次子(即后来的杞桓公)求婚。史家曾批评她说,为君主的儿子求婚是大夫们的事情,不是她伯姬能干的事,她连起码的礼仪都不懂,不配做君主的夫人。

春秋时期诸侯会盟宴享图

(2)叔姬被休死后葬杞

继杞伯姬之后,鲁国又有两个叔姬与杞桓公有婚姻关系,一个是鲁僖公的次女,叫子叔姬,一个是鲁文公的妹妹,叫叔姬,嫁到杞国后从国号叫杞叔姬。杞桓公在位70年,是杞国在位时间最长、最有作为的国君。但是他的夫人杞叔姬,却使他颜面无光、焦头烂额,甚至蒙受了奇耻大辱。杞桓公的第一位夫人子叔姬，订婚后未过门就死了。杞桓公为重续外甥之盟，请求再娶一位鲁女为夫人，鲁文公就答复了他的请求，把自己的妹妹叔姬嫁给了他。鲁文公十二年（前615）杞叔姬来到杞国，但她看到杞国又小又穷，就不安心在杞国过日子，托病回娘家。社会上还有一些流言飞语说她行为不端，操守不贞。于是杞桓公就朝鲁说明情况，取得鲁国的同意后把她休了（赶回娘家）。鲁成公五年（前586）叔姬回到鲁国，三年后，到了鲁成公八年（前583）10月，叔姬死在娘家。这时鲁国竟无理地要求杞桓公去鲁国迎取叔姬的尸体。对此杞桓公想不通，敢怒不敢言。但由于杞畏鲁，又离不开鲁国的支持，害怕不听命令会再次遭到讨伐，于是就逆来顺受，俯首听命地到鲁国迎取了叔姬的尸体，并把她安葬在杞国。

对这件事，春秋时诸国都批评鲁国在亲戚之间发号施令，专横跋扈，不讲道理，叔姬已被休出，断绝了与杞的关系，为什么要安葬在杞国？况且叔姬不安于杞，行为不端，鲁不以为过，反要杞为她厚治其丧呢？

讲述人：邢树恩，退休干部。

搜集整理：常峰，党史办副主任。

9. 杞国被迫参加会盟，悼公伤心死在会上

鲁定公四年（前506），晋定公假周王之命，并请周王室派其上卿刘文公（刘岆）参加，召集16个国家的君主在召陵（今河南郾城县东）会盟，商量攻打楚国的事情。原因是蔡国的国君带两个玉佩和一件皮衣献给楚灵王，楚灵王穿上皮衣带上玉佩设宴款待蔡昭公。楚国大夫子常看到后很喜欢这两件礼品，于是就向蔡昭公要另一个玉佩和皮衣，蔡昭公不给，气坏了子常。因此就把蔡昭公拘禁了三年之久。蔡昭公非常生气，就到晋国向盟主告楚国的状，并把儿子作为人质，请求晋国出兵伐楚，以报仇雪耻。于是晋国就令晋、楚两个军事集团中的一部分国家的君主在召陵会盟。

对这次会盟，诸侯都不愿意参加，也不抱什么希望，都说楚国大而不讲道理，蔡国小而不顺，他们为一裘一佩闹矛盾，想让我们去打仗是不行的。但迫于晋国的压力，还是来了16个国家的君主。卫国大夫子行敬子在与会之前对卫灵公说，这次会盟很难取得一致的意见，谁也说服不了谁。晋国的大将荀寅为此向蔡昭公索要财物，蔡昭公不

给,荀寅就公开散布不满意的言论,他对晋国大夫范献子说,现在国家正处在危机关头,在这种情况下要我们去打和我们势均力敌的楚国很难取胜。另外,在与会国家中还有几个原楚属集团的成员国,他们不会甘愿跟随晋国去打楚国。还有一向和楚国关系比较好的齐国、宋国、郑国、莒国,也不会死心塌地地听从晋国的指挥。因此诸侯会而不决,不战而散。

诸侯会盟图

　　杞国很小很穷,军队也很少,况君主又患重病,应该说参加不参加这样的会盟意义不大。但盟主晋国为借会谋财,勒索诸侯,逼着小国参加。尤其是杞国,它是晋的保护国,也有人说他是晋的“己细”(亲密的伙伴),又是王者之后,因此每会(战)必借重让杞国参加。面对晋国的压力,杞国只有俯首听命,看晋国的脸色行事,杞悼公带病参加召陵之会。

　　古代诸侯会盟的排名顺序是按国家大小、出兵多少、拿贡品多少确定的,杞国在16个会盟诸侯中排名第15位,它后面只有附庸(不够封国资格)小邾子。会盟开始时,诸侯都对号入座了,只有杞悼公和小邾子“敬陪末座”,连个座位也没有,于是杞悼公伤心落泪,病气交加死在会上。诸侯按当时礼制,祭悼了杞悼公。

45

讲述人：邢树恩，退休干部。

搜集整理：常峰，党史办副主任。

10. 晋人城杞诸侯会盟，鲁人恼怒降杞之爵

晋悼夫人掌握实权后，为了使她的娘家杞国不受他国欺凌，便将杞国都城从缘陵迁到淳于，置于她的保护之下。淳于都城由于杞国东迁缘陵后，在长达一百多年的时间里无人管理，早已破败不堪，需要修

古人修筑城墙图

缮。晋平公根据他母亲的旨意，决定帮助杞国修复淳于城。晋国在鲁襄公二十九年（前544）派大夫司马女齐"治杞田"的同时，又派荀盈召集12个国家的大夫会盟，部署帮助杞国修筑国都淳于城之事，史称"城杞"。参加会盟的大夫有晋国的荀盈、鲁国的仲孙羯、齐国的高止、宋国的华定、卫国的世叔仪、郑国的公孙段以及曹人、莒人、滕人、薛人、小邾子。杞文公考虑到此会关系到"治杞田"和"城杞"的成败，就未派大夫参加，而是亲自参加了大夫盟。鲁国看到杞文公亲自来参加会盟就很反感，说他要借晋国的势力要土地、修城池，于是就降他的爵，称他为"杞子"（本为伯），并用接待子、男国国君的礼仪接待他。但鲁国对晋人"城杞"不敢抗命，大夫仲孙羯亲自率工役施工，按晋国的要求提前完成了任务，立了头功，受到了晋平公的母亲悼姒的表扬，

于"城杞"的次年,还专门派范献子到鲁国宴请招待城杞者。

但是,与晋国同姓的姬姓之国,对"城杞"都很不满意,批评晋国不经周王同意私自召集大夫会盟"城杞",晋悼母子对修筑杞国城墙这件事做得太过头了,甚至说晋国抛弃同姓,亲近异姓。参加工役的鲁国大夫孟孝伯和郑国大夫大叔文子的对话很能说明姬姓之国对晋国"城杞"的不满。子大叔见了大叔文子就议论起来,文子说为杞国修筑城墙这件事也太过分了。子大叔说,那有什么办法呢,晋国不关心周王室的衰败安危,却去为杞国修城墙,保护夏朝的后裔杞国。如果晋国把姬姓各国都抛弃了,还有谁愿意亲近他呢? 根据我的经验,抛弃同姓,亲近异姓就叫离德。《诗经》也说过亲同姓国家,亲戚就会和他友好相处,如果晋国不把姬姓诸侯当成亲人看待,还有谁愿意和它友好往来呢?

晋平公之所以不顾姬姓国家的反对我行我素地坚持"城杞",除了他是杞国的外甥自然要关心杞国的安危以外,还有一个重要原因是:晋、鲁两国虽然都是周王室之后,但他们之间的矛盾很大,为争夺中原他们曾多次发生战争,同室操戈互不相让。再就是杞国虽然是个小国,但它是王者之后,是小国中的佼佼者,在诸侯中有重要的地位和影响,所以它是齐、鲁、宋、莒、淮夷等国争夺的重要目标,晋平公出于打造霸业的需要,绝对不允许鲁国把杞国吃掉。

讲述人:邢树恩,退休干部。

搜集整理:常峰,党史办副主任。

11. 晋治杞田非出公义,鲁归杞田很不诚心

杞、鲁两国是近邻又是盟邦,鲁国抓住杞国微弱、离不开鲁国支持的弱点,巧取豪夺,侵占了杞国许多土地,鲁国孟孙氏所封的郎邑就是侵占杞国的土地,杞国虽多次要求归还,鲁国就是赖着不给。晋厉公八年(前573),杞桓公朝晋,当他看到鲁国日益衰弱,晋国崛起的时候,就决心脱离鲁国,倒向晋国,把自己的女儿(史称悼姒或晋悼夫人)嫁给"复霸"晋悼公,建立杞、晋联姻之盟,抗衡鲁国,利用晋、鲁两个姬姓大国之间的矛盾,收复被鲁侵占的土地,历史上叫"治杞田",对这个事《春秋左传》鲁襄公二十九年(前544)记载甚详:晋悼公死了以后,其子晋平公即位,他秉承其母悼姒的旨意,派晋国大夫司马女齐去鲁国办理归还杞田的事,结果鲁国未全部归还,只给了一部分。悼姒知

春秋时期诸侯朝拜图

道了以后很不高兴地说司马女齐真是个没用的人,不会办事,甚至还怀疑司马女齐受了鲁国的贿,故不全部归还。晋平公听了后就把母亲的这番话告诉了司马女齐。司马女齐听了就很不服气地向晋平公诉说了对治杞田的看法。他说滑国、霍国、韩国、魏国、虞国、虢国、焦国都是姬姓之国,与晋国同姓,晋国就是依靠这些国家才强大起来,假如不去侵略他们,晋国又可以从哪里取得这么多的土地?自晋武公、晋献公以来历代先君都占过小国的土地,这些小国有谁得到过归还的土地?杞国是夏朝的后代,他们亲近的是东边的夷国。鲁国是周公的后代和晋国友好,把杞国的奉送给鲁国还说得过去怎么能要求把鲁国的土地归还给杞国呢?先君如果知道了不会允许夫人这样做,你也就不会让我这个没用的老臣去办这件事了。

晋平公对司马女齐的话不仅听不进去,反而对鲁继续施压,要求鲁国全部归还。在晋的强大压力下,鲁把侵占的土地全部归还了杞国。

讲述人:邢树恩,退休干部。

搜集整理:常峰,党史办副主任。

第三节 杞人忧天寓言及其传说

1. 杞人忧天

《列子·天瑞》载:杞国有人,忧天地崩坠,身亡所寄,废寝食者;又有忧彼之所忧者,因往晓之,曰:"天,积气耳,无处无气。若屈伸呼吸,终日在天中行止,奈何忧崩坠乎?"其人曰:"天果积气,日月星宿,不当坠耶?"晓之者曰:"日月星宿,亦积气中之有光耀者;只使坠,亦不能有所中伤。"其人曰:"奈地坏何?"晓者曰:"地积块耳,充塞四虚,无处无块。若躇步跐蹈,终日在地上行止,奈何忧其坏?"其人舍然大喜,晓之者亦舍然大喜。

长庐子闻而笑之曰:"虹霓也,云雾也,风雨也,四时也,此积气之成乎天者也。山岳也,河海也,金石也,火木也,此积形之成乎地者也。知积气也,知积地也,奚谓不坏? 夫天地,空中之一细物,有中之最巨者。难终难穷,此固然矣;难测难识,

杞人忧天传说 务海涛、毛成利作

此固然矣。忧其坏者,诚为大远;言其不坏者,亦为未是。天地不得不坏,则会归于坏。遇其坏时,奚为不忧哉?"

子列子闻而笑曰:"言天地坏者亦谬,言天地不坏者亦谬。坏与不坏,吾所不能知也。虽然,彼一也,此一也。故生不知死,死不知生;来不知去,去不知来。坏与不坏,吾何容心哉?"

2. 启人的传说

很久很久以前,在中原腹地有一个古老方国叫杞国,杞国有一个

年轻人叫启人,这个人天资聪慧,凡事总爱打破砂锅——问(纹)到底。比如说天地是如何形成的?风雨雷电是怎么回事?天会不会塌下来,地会不会陷下去?天塌地陷了人往哪儿去?风雨雷电会不会伤人?这些稀奇古怪的问题搅得他吃不好饭,睡不好觉。他的邻居都笑他傻、笑他疯、笑他神经,说:"天、地都是由神主宰着的,你操啥心?只要咱供奉、祭拜他,神就会保佑咱。"启人没见过神,他见过巫师祭拜神时的模样,听了人们的话,启人更觉得有些理不出头绪。当时在杞国有个叫长孙子的智者知道这件事后,来到启人的村庄对启人说:"天由阴、阳二气所组成,日月星宿也是发光的气体,天不会塌下来。地是由土、石块组成,不会坏的。"启人听了智者的一番话,心里顿时清朗了。启人的思想发生了转变,他相信天地不是由神主宰的,而由阴、阳二气组成。他开始研究日、月、星、辰、风、雨、雷、电等自然现象的规律,并向村里人讲这些自然规律,用于人们的出行和农耕生产。

古人观测天象和物候变化图

有一年秋末,杞国发生了地震,震塌了许多房屋。地震将地面撕裂成一条条大沟,许多人都非常害怕,慌不择路,一个个都掉进了沟里,活不见人,死不见尸,而且从地震开始,暴雨就下个不停,杞国上下一片恐慌。杞国国君杞伯召集群臣商量对策。群臣们你看看我,我看看你,谁也不知道这事该咋办。前段时间,宫外流传着天地由阴、阳二气组成,不是由神主宰的说法。这使巫师姒公至高无尚的地位受到了挑衅,巫师很是恼火,这时他想利用这次地震做做文章。于是他走到杞伯面前说:"大王,咱们境内发生的地陷和暴雨下个不停,是上天对我们的惩罚。这一段时间,在大王的国境里流传着天、地是由气和块组成,不是由神主宰的,天神发怒了,所以降罪于我们。"杞伯问巫师姒公:"那该如何是好呢?"巫师姒公说:"天神发怒了,要让天神宽恕我们,可将全城的百姓集聚在望天宫(杞国宫殿)门口祭拜天神,方可保黎民百姓平安。"杞伯说:"只要神能宽恕我们,就这么办吧。"

让黎民百姓冒雨在望天宫门前祭拜天神的消息很快传到民间,启人认为这又是巫师姒公的主意,目的是让人们认为天地仍是由神主宰,好维护他神权的地位。这种做法,不把黎民百姓淋死、冻死在望天宫门前才怪哩。启人决定冒雨来到望天宫前劝阻杞伯。望天宫里群臣们仍在商量着大事。启人向把门的卫兵说明来意,把门的卫兵急忙向杞伯禀报说:"门外有个叫启人的年轻人前来见大王,向大王解释地陷和暴雨之事。"杞伯说:"传他进来!"启人进到宫殿里向杞伯说:"大王,天、地由阳、阴二气组成,地陷、天下暴雨乃是阴阳失调所致,不是天神发怒。现在这么冷的天,让百姓冒雨去祭拜天神,受罪的是咱黎民百姓。天地有它们的运行规律,地陷过后地会恢复原样,雨会停下来的!"巫师姒公一听这话,忙对杞伯说:"大王,这个年轻人是魔鬼。他的话都是胡言,快降旨把年轻人拿下,杀死他以祭天神,可保我杞国黎民百姓平安啊!"宫内大臣们也随声附和,喊道:"大王,他是个魔鬼,杀死他吧!"杞伯看看启人,再看看群臣,不知该咋办。启人跪拜说:"大王,我死不足惜,但是千万别让老百姓雨中祭拜天神,千万别让老百姓遭殃。"巫师及群臣说:"大王,不要听他胡言,杀死他,杀死他……"杞伯一时不知所措,但他也觉得启人的话有点怪异,在巫师和大臣的逼迫下,杞伯只好派卫兵将启人推到望天宫门外杀了。不过杞伯也认为在雨中祭拜天神遭罪的是黎民百姓,没有再听从巫师的建议。地震过后,大雨也停了,杞国大地又出现了祥和安乐的局面。启人死后,老百姓感恩他的大德,将他埋在城西二里处,每年都有百姓为他添坟祭拜。日久天长,启人的坟越堆越高,就成了后来杞县有名的景区"高高山"。

讲述人：王鸿鹏，男，汉族，26岁，大专，杞县裴村店乡文化站站长。

搜集整理：周清怀，男，汉族，20岁，大专，杞县文物管理所干部，1990年1月整理。

3. 气人、启人、杞人名字的由来

相传很久以前，杞国城西南二里的地方，住着一户人家。一对老夫妻生下一个白白胖胖的小子。他从小就聪明伶俐，处处留心，勤奋好学，甚得父母疼爱。当他长到十三四岁时，父母双亡，便自己操持家务，日出而作，日落而息。

他在劳作间隙，看到天上的云彩千变万化，有时像大山，有时像奔马，有时白如雪，有时黑如炭。晚上睡不着觉时，起来抬头看看天，一颗颗星星就像一只只眼睛，向他一眨一眨的，好像要和他说话。于是，他养成了白天看云彩，夜晚看星星的习惯。每到下雨的时候，他看到家里的门墩就会挂满水珠儿，每当快刮风时，天上的月亮会有一个风圈，并且昏昏的，可能这就是人们常说的"月昏而风，础润而雨"吧。从此以后，他更加坚定了观测天象的信心。经过长年累月的观察，他积累了很多气象知识，无数次的验证都很灵验。

杞人忧天　祁惠民绘

一次，他看到家中木桩的影子，经过一年的观察，影子有长有短，影子长的时候，白天长，黑夜短；影子短的时候，白天短，黑夜长；影子不长不短的时候，白天和黑夜正好相当。又经过十多年的观察，他把影子最长的那天叫夏至，把影子最短的那天叫冬至，把影子不长不短的那两天，一个叫春分，一个叫秋分，就这样一年被分成春、夏、秋、冬

四个季节。他用自己掌握的知识,指导自己的农耕生产,春种、秋收、夏管、冬藏,一年四季小日子过得也算富裕。

古人观测天象和物候变化图

一天,他在观察天象时,发现天上的云彩变化异常,夜晚看星象时也发现自己从来就没有见过这种星象,再看动物们是鸡飞狗跳、蛇窜鼠跑。当时,他被看到的这些现象吓坏了,他料定近期将会发生大的天灾。于是,他就进城向东楼公报告:"据我观看到的天象得知,最近将要发生大灾难,天将会塌,地将会陷,河水会泛滥。"东楼公一听大怒道:"好好的天,怎能会塌呢。你是睁着眼睛说瞎话,这是扰乱民心,罚你四十大板,以后不要胡言。"他被毒打一顿,推出门外。第二天,他再去求见东楼公,被拒之门外。第三天,他便在杞国城内奔走呼喊:"天要塌了! 天要塌了!"一连几天的呼喊,吵得人们不得安生,同时也惹恼了文武百官,一齐上奏东楼公要严惩他。东楼公说,"这人真是气人","气人"的名字就这样传开啦。

"气人"的奔走呼喊,不但没有引起东楼公的注意,就连街上的行人,见了他也躲得远远的。"气人"一气之下,用头将杞国城西门撞塌啦。东楼公正好出巡,快马来禀报说"气人"把城西门撞塌了,东楼公勃然大怒,叫人将"气人"绳捆索绑押到车前。这时,"气人"又挣脱众人之手,一头向东楼公撞来,东楼公随手抽出宝剑将"气人"刺死,顿时天昏地暗,"气人"的尸体瞬间化成了一座大山,有一二百亩怎大,往上看,掉帽子还看不见顶哩,人们都叫它"高高山"。

杞人忧天传说　务海涛、毛成利作

"气人"死后不久,杞国就下起了陨石雨,大地被砸出许多大坑,一连几天,大雨不停,河水泛滥,房倒屋塌,杞国城成了一片汪洋。这场灾难过后,人们都说"气人"的奔走呼喊是想告诉咱、启发咱哩,只不过当时咱们没弄明白,以后咱不能再叫他"气人"啦。为了纪念他,人们都称"气人"为"启人"。又过了多少年,人们说:"启人"是咱杞国的一个智者,是咱杞国人的形象,就叫他"杞人"吧。从此"杞人"便在千百年的流传中被传了下来,这便是由"气人"、"启人"变成"杞人"的由来。

杞人虽然死了,但他总结的经验一直被延续保存下来,至今还在人们的生活生产中起着影响作用。只要是杞县人,随便问他们都能说几句气象农谚。如"月昏而风,础润而雨","东风雨,西风晴,一刮南风下不成","天上鱼鳞斑,晒谷不用翻",等等。

讲述人:王文声,男,汉族,61 岁,高中,教师。

搜集整理:王鸿鹏,男,汉族 26 岁,大专,杞县裴村店乡文化站

古代杞人的忧思——杞人忧天民俗文化研究

1990 年 1 月整理。

4. "杞国"名字的由来

很久很久以前,杞地也是遍地洪荒,当时的人们只能生活在几个高岗上。后来,经过大禹治水,凿龙门以治水,将河水引入东海,杞地才恢复了生机,大地开始变得郁郁葱葱。

大水退后,杞国遍地长出很多杞柳。人们发现杞柳条非常有韧性,弯曲自如,不易折断,非常适合编织,便把杞柳当成宝物。禹之子启建立夏朝后,将姒姓部落迁到杞地,在杞地建立部落联盟王国。因杞地多产杞柳,姒姓部落便以物为地名,将部落联盟王国称为"杞国"。久而久之,"杞"便成了这个地方的名称。据《杞县志》载:"杞地古多生杞柳,因名为杞。"

讲述人:吕维仁,男,55 岁,教师。

搜集整理:吕存伟,男,22 岁,杞县广播电视局记者。

5. 杞人与坐井观天

很久以前,杞国有一个叫杞人的人,他是一个天文观测迷,白天看风云,夜晚观星象,不论春夏秋冬,长年不辍。

古人观测天象和物候变化图

每当夜幕降临,他都登高观测星象,看着满天繁星,心里别提多自在啦。由于天上星星多如牛毛，无法将它们划成一个固定的区域，杞人终日为此事烦心。

一个冬季的夜晚，妻子让杞人到地窖里拿菜，杞人在爬出菜窖的一瞬间，抬头看见天空中的星星，被菜窖口分成一个个圆圈固定起来，后来他又根据菜窖的深浅来观测天象把天空划成大小不同的区域。于是，杞人就在高地上挖出地井，根据不同的深度，坐在井里观察星象，从此掌握了星象在一年四季中不同的变化。

后来，杞人坐在井中观测天象的事被广为传播，人们便笑话杞人是坐井观天，目光短浅，而真正意义上的坐在井里测星象的事却被人们淡忘了。

讲述人：潘孝玉，男，汉族，84岁，私塾，农民，邢口镇潘屯村。

搜集整理：王鸿鹏，男，汉族，40岁，大专，干部，杞县裴村店乡文化站干部。

6. 杞人是如何得忧天症的？

相传很久以前，杞国有个名叫杞人的人，熟读经书，但此人却爱钻牛角尖。

有一天，杞人坐在院内大树下乘凉，一阵风刮落了片片树叶。他当时就想，东西都是从上往下落，如果哪一天天要塌了可咋办呢？于是，杞人提笔在墙上题下一首诗，曰："远看大树绿葱葱，忽然刮来一阵风；片片树叶落在地，为何不刮向空中；有朝一日天要塌，地上砸出一个坑；人间吾辈该受苦，黄泉路上一命终。"

杞人自题诗后，终日担心天塌会把自己砸死，茶不思，饭不想，坐卧不安。邻居们听说这事都来安慰他，也无济于事。最后，杞人因此事抑郁而死。

这正是：

杞人无事忧天倾，
轻信空穴有来风。
命丧黄泉抑郁死，
千古流传落话柄。

讲述人：段国臣，男，汉族，73岁，私塾，农民，杞县五里河镇段岗村。

古代杞人的忧思——杞人忧天民俗文化研究

搜集整理:王鸿鹏,男,汉族,40岁,大专,干部,杞县裴村店乡文化站干部。

7. "杞"地名的来历

天地初分,宇宙洪荒。娲始造人,尘世涣涣。尧禅让位,舜接权杖。

话说天地混沌初开的时候,宇宙间一片荒凉。到了女娲开始造人,世间才出现了生机。尧开始禅让权位,舜接替尧的位子。

舜接尧位的时候,世间洪水泛滥,猛兽横行,人们的生活环境十分恶劣,舜率人们同大自然作十分顽强的斗争。为了解救在洪水中受难的人们,舜命鲧治理水患,而鲧采用堵水的方法,也只能维持一时,时常是堵住这,洪水就会从其他地方溢出来。虽然经过多年的治理,其结果仍未见好转,人们意见很大,最后鲧因治水不力被舜治罪,舜将鲧处死。鲧死后,舜任命鲧的儿子禹为治水官,继续治理洪水。

大禹治水图

禹上任后,总结了父亲的治水经验,经过多方实地调查,变堵为疏。于是禹带领人们凿龙门以泄洪,挖沟河引水入海。在凿龙门的工地上,禹变成熊亲自破石参战,被当时送饭的妻子看到,受到惊吓的妻子化成了石头,人们称它为"望夫石"。大禹从龙门里出来后,看到妻子变成了石人,听到石人腹中有婴儿啼哭,当他走到石人近前,石人腹中突然迸出一女婴来,大禹给女儿起名叫"杞",并将女儿带在身边,继续天南海北治理洪水。寒来暑往,日月如梭,转眼间杞已长成十五六岁的少女,既聪明伶俐,又楚楚动人,被人们称作贤惠的大美女。

一日,大禹治水来到肥泽(现在杞县这个地方),带领人们开沟挖河疏导洪水,这时接到舜的命令,让禹在规定的时间内完成引水入海的工程,如果在规定的时间内不能完成引水入海的工程,就要将禹处死。杞看在眼里,急在心里,总想给父亲帮点忙。当时的生产条件十分落后,人们开挖沟河疏水时,只能将土一掀一掀地挖出来,再用锨把挖出来的土再端到外边,所以治水进度十分缓慢。

人们常说:人点背的时候,喝口凉水都能塞牙,放个屁会砸住脚后跟。就在这治水的关键时刻,天公不作美,暴雨连下七日,地上的洪水上涨很快。站在高处四下一看,遍地是波涛翻滚,治水的民众也被洪水卷走了不少。杞看到这一切,十分担心父亲治水的进度,万一完不成任务,舜就会治父亲的罪。于是她跪在地上,祈祷上苍,愿以身祭天,希望老天停住暴雨,说完纵身跳入水中,转眼不见了人影。大禹和治水的人们慌忙寻找杞,大声呼喊着杞的名字。而此时暴雨骤停,云开雾散,洪水波澜不惊,遍地长满了条状灌木植物,枝条在微风中摇摆着就像是杞的婀娜身姿。

人们便用这种条状植物编成筐篓用来运土,很快一条大河在舜规定的时间内挖成了,大河将洪水引流入大海。中原大地洪水退去,生机盎然,人们日出而作,日落而息,男耕女织,生活其乐融融。

大禹治水有功,舜将权位禅让给了他。人们为了纪念禹的女儿,将她投水祭天的地方叫做"杞",将她化身的灌木植物叫做"杞柳"。几千年来,人们为了纪念杞的忠孝,一直也没有忘记她,杞地这个地名一直延用了几千年。

讲述人:王鸿鹏,裴村店乡文化站站长。

搜集整理:周清怀,杞县文物管理所干部,1990 年 11 月整理。

第三章　杞人忧天传说的历史考察

第一节　杞人忧天神话传说的历史考察

一、国内外学者对"神话"概念的理解

"神话"这个术语是舶来品。在古希腊,"神话"被认为是"寓言"和"远古史话",指的是人类童年时代对天地宇宙、人类种族、万事万物来源的探讨和对祖先伟大功业、重大历史的叙述。关于神话的概念,各国学者对它的理解不同。马克思在 1857 年写的《政治经济学批判》导言一文中指出:"任何神话都是用想象和借助想象以征服自然力支配自然力,把自然力加以形象化;因而,随着这些自然力之实际上被支配,神话也就消失了。"同时他还指出:"神话也就是已经通过人民的幻想用一种不自觉的艺术方式加工过的自然和社会形式本身。"马克思从政治经济的角度对"神话"进行了阐述,他认为古代神话这种原始宗教的形态所反映的内容,首先是人们对于外部大自然的认识和人与自然的斗争,而且主要是人们对自然界的认识和斗争。只是到了后来,才增加了社会斗争的内容。考古学家们对神话的理解为:"神话,不过是变了形的人类的'远古史话'。"德国考古学家亨利·施里曼早在 19 世纪晚期就曾根据古希腊神话找到《荷马史诗》中所说的特洛亚城,此后他又在希腊南部找到了迈锡尼城堡。20 世纪早期,英国学者亚瑟·伊文思又在希腊神话中神王宙斯的诞生地克里特岛上发掘到了米诺斯王宫的遗迹和大量的文物,包括使用象形文字的文物和两种线形文字的泥版文书。与此相似的还有研究我国"夏商周断代工程"的科学家们,他们根据"武王伐纣"神话资料中记载的十余项天象,确定了"武王伐纣"年份必须满足的七项天象条件,再根据考古学、天文学方法,推算出"武王伐纣"的日程表为:公元前 1045 年 12 月 4 日,武王的军

队开始出发;次年1月3日,武王的军队渡过孟津;1月9日,牧野之战爆发,武王的军队决战取胜。但是考古学家们理解的神话,对"女娲补天"、"夸父追日"、"精卫填海"、"刑天舞干戚"这类原始朴野的神话就不能解释得通。考古学家们就不能找到这些神话的历史文化遗迹。哲学家和民俗学家们则认为神话是原始初民用隐喻的思维方式对世界的起源作出解释,它是原始初民的世界观和神圣信仰,具有语言巫术和原始宗教的功能。这里的隐喻思维是以自然的人化和人化于自然为基础的。它产生于人与万物间的移位变形,幻生互化。国内一些学者的看法是:"隐喻是在彼类事物的暗示之下感知、体验、想象、理解、谈论此类事物的语言行为、心理行为和文化行为,人类正是在'人'这个彼类事物的暗示下,感知、体验、想象、理解、谈论外部世界这个此类事物的。隐喻思维是所有神话得以产生的内部源泉。"学者们从人的心里的主观能动性对神话概念进行了阐述。针对"远古史话说"和"征服自然说"对神话的解释带来的缺陷,袁珂先生引用高尔基的话给"神话"进行了定义:"一般说来,神话乃是自然现象,对自然的斗争,以及社会生活在广大的艺术概括中的反映。"所谓"自然现象,对自然的斗争",就是"征服自然"的意思。所谓"社会生活",大概是指较晚的神话,如氏族战争神话、农神神话等,也就是"远古史话"的意思。他的这种解释就显得科学化和合理化。总之,神话是原始先民们在生产力水平低下,为争取生存,提高生产能力而产生的认识自然、支配自然的积极要求。透过神话的幻想的折光,从神话人物的作为和斗争,可以约略看到当时人的作用和斗争。

不管学者们对神话是如何认识和理解的,但是,在大约3万多年前的旧石器时代晚期(中石器),几乎全世界的人类都进入了神话时代。从旧石器时代晚期至新石器时代末期(文明社会的前奏)的四万多年里,全世界的先民们创造了丰富多彩的神话故事。如:在亚洲,人类创造了中国神话、越南神话、日本神话、印度神话、泰国神话、柬埔寨神话、古巴比伦神话、美索不达米亚神话等;在欧洲,人类创造了北欧神话、罗马神话、希腊神话、斯拉夫神话等;在非洲,人类创造了埃及神话、印第安神话、玛雅神话、阿兹特克神话、印加神话等。在这些神话中,较为有名的有我国的盘古创世神话,该神话保留在《淮南子·览冥训》中;希伯来神话,该神话记载在《圣经·创世纪》中;古埃及赫利奥波利斯创世神话,古巴比伦创世神话,该神话保存在《恩怒马—艾利希》中,以及保存在冰岛史诗《埃达》中的北欧创世神话等。这些神话故事历经几万年一代一代传下去,成为后来民族、国家的宝贵史料和文学艺术的渊薮,甚至成为科学技术的光辉起点,对后世的整个宗教文化都产生了极其重大的影响。

神话是在不断变化的,随着生产力的不断进步,社会生活的不断发展,原始先民的智能不断进化,他们认知自然和创造的神话也不断发生变化。刘稚、秦榕曾这样概括神话演变的规律:"最初的神话是把客观的人类与自然的关系主观化为神与人的关系,或神、人、物三者的关系;随着社会历史的发展,又逐步演化为半人半神、人、物的关系;最后因社会生产力的进步而逐渐失去神性,还原为人与物、人与人的关系,即人类与自然、人类与社会的关系。"从神话的演变规律我们可以看出,如果我们的祖先仅靠采集和渔猎便可以生存,那就永远没有农业神话,永远不会有神农;如果种族之间没有关系生死存亡的大决斗,便不会有远古氏族战争神话,不会有蚩尤和刑天。所以说不同的神话传说所反映的自然现象和社会现象是不同的。

二、杞人忧天神话传说产生的历史条件

据考古资料和历史文献记载,上古时期黄河中下游地区的杞县是人类生存较为适宜的地区。当时这里属于温带气候的温暖期,气候温润,雨水充沛、森林茂密。特殊的自然地理环境为黄河中下游地区古文明的发展提供了较好的条件。所以这里成了华夏、东夷、先商等几个古族交流、融合的地方。当时,生活在我国的西部地区(今陕西境内)的黄帝族的姬姓部落和炎帝族的姜姓部落由于人口的长期繁衍,氏族部落的不断增生,原始居住的地域已经容纳不下,于是两个部族都开始了迁徙活动,他们自然将目光瞄准了适宜人类生存的黄河中下游地区。黄帝氏族东迁的路线偏北,他们经过今陕西北部,渡过黄河,到达今山西南部一带。又经过一个时期,他们继续往东北方向迁移,其中有一支较大的部族到达了今河北北部。炎帝氏族也向东迁徙而路线偏南,他们顺着渭水南下,再顺着黄河南岸向东,到达今河南的西南部、中部和东部。两个氏族东移的过程中,一路上都留下一部分本氏族的人。他们在黄河流域中下游,尤其是晋、陕、豫交界的黄河三角洲一带,进行战争和融合,因炎帝部族和黄帝部族在文化心态语言特点上大体一致，最后逐步融为一体。而此时崛起于东方的海岱地区和淮、泗，以及长江下游的三角洲地带，以风、嬴、偃诸姓为主的东夷部落，因为生存也开始由东向西迁徙。最后在黄河流域中下游（河南东部杞县一带）相遇，引发了较大规模的部族之间的战争。流传于黄河中下游地区的阪泉大战，"黄帝擒杀蚩尤"及"共工怒触不周山"等氏

族战争神话就是这一段历史史实的反映。后来这些传说被记录在《左传》、《史记》、《淮南子》、《韩非子》等先秦历史散文中。可见这些神话战争的真实性，只是这些神话在流传的过程中，因时间的久远和讲述人的不同，在传承过程中会出现人物和情节的变异，如"杞人忧天传说"中的部落战争就有不同的版本，目前主要有以下几种说法：一说是共工叛乱，女娲氏奋作，灭共工谓补天之功。此说见于《路史·女娲补天》："予观《列御

原始社会部落战争图

寇》记共工氏触不周及女娲补天之事。盖言共工之乱扰天纪、绝地维、天柱折。此大乱之甚也。女娲氏作，奋其一怒，灭共工而平天下，四土复正，万民复生。此所谓补天立报之功。"二说是炎帝后裔共工氏与蚩尤之战。此说见于《中国通史·中国的原始社会》："蚩尤以东夷部落联盟最高首领的身份率众向中原地区发展，触发了与炎帝后裔共工氏的战争，结果共工氏的九个氏族的居住地，全被蚩尤攻占。据传说共工拼死抵抗，怒而头触不周之山，以至天柱折、地维绝、天倾西北、地不满东南，可见战争的残酷和激烈程度。"三说是共工颛顼争夺帝位。颛顼对部落联盟的统治日趋巩固，引来了共工的嫉妒，共工也是当时一

个较大的氏族部落的首领。这个部落在伏羲、神农时代就有了,它的首领一直沿袭共工这个名字。共工部族开化的比较迟,物质文明没有黄帝族那样先进。据说共工有人的脸、蛇的身体和红色的头发,生吃五谷,禽兽,生性贪婪残暴,愚顽恶狠。共工不服从颛顼的领导,并争着要当部落联盟的首领,当然要受到颛顼的斥责甚至攻伐。共工族的武器装备和军队数量都比不上颛顼,但是,他们恶狠残暴的性格,促使他们会做出伤天害理的事来。据传说,共工在颛顼的强大攻势下,因争不到帝位而发怒,便去猛触不周山。这不周山是天柱,由于共工的猛触而折断了,于是天地晃动起来了。天的倾斜使西北方高了起来,因而日、月、星辰都向西北方移动,地的倾斜使东南方陷下去,因而河水都向东南方流去。共工与颛顼争帝失败而触不周山,使天柱折断的故事当然是个神话,是原始社会人们的想象和传说。但由此也可以看到当时部落间争夺领导权的斗争十分激烈。四说是共工与祝融之战。此事见于"杞人忧天传说",祝融是传说中古代部落首领,是古帝颛顼的后裔,在今河南新郑一带居住,是帝喾高辛氏部落里管火的官。他当官期间,能光融天下,非常有功,被封于新郑,成了那里的部落首领。共工与祝融都是我国远古时期中原地区的部落首领,古代部落在不断迁徙和相互交往中,为了各自的利益发生冲突,引发战争。战争失败共工头撞不周山,顷刻间,西方的天塌了下来。一时间中原地区洪水泛滥,尸骨遍野,可见当时战争的激烈与残酷。不管"杞人忧天神话传说"是怎样版本的部落战争,但是"女娲补天"的神话遗存,都反映了这样一个史实:远古时期,中原地区的部落及部落联盟曾发生过残酷的征伐。这就为我们文献补充了"活史料"。当时生活在杞地的杞部族的人民,就常常处于各大部族战争之中,受战争之害非常深,非常渴盼能有一个安静祥和的生活环境。因为他们认为天地、日、月、星辰等是主宰万物的神灵,觉得人的生活在冥冥之中有神灵在控制着。于是他们渴盼上天神灵尽快结束部落征伐的这种状态。于是"杞人忧天神话传说"就产生了。从某种意义上说"杞人忧天神话传说"就是反映了人类在向文明社会冲击过程中部族之间残酷征伐的史实,反映了杞地人民渴盼安居乐业的强烈心理。

三、杞人忧天神话传说和女娲补天神话传说的渊源关系

杞人忧天传说是上古时期黄河中下游一个古老的神话传说,是关

于共工与祝融之战，共工撞不周山引起灾祸的女娲补天的神话遗存。从神话的内容看，女娲和气人是兄妹关系，很可能是同一氏族的不同部落。古代神话都有象征性的特点，神话传说中人、动植物都有所指，女娲很可能就代表了女娲氏族部落，气人很可能就是杞氏族部落。从历史的角度看，女娲氏族部落主要活动在山西和河北一带，是炎黄部族的势力范围，杞氏族部落在黄河中下游一带，也是炎黄部族的一支。他们都是华夏族系的一部分。所以说研究考察杞人忧天传说必须从女娲补天的传说开始。

女娲补天的传说在中原地区的分布极为广泛，不少古代文献中都有记载。如《竹书纪年》载："东海外有山曰天台，有登天之梯，有登仙之台，羽人所居。天台者，神鳌背负之山也，浮游海内，不纪经年。惟女娲斩鳌足立四极，见仙山无着，乃移于琅琊之滨。"《淮南子·览冥训》载："往古之时，四极废，九州裂，天不兼覆，地不周载，火爁炎而不灭，水浩洋而不息，猛兽食颛民，鸷鸟攫老弱。于是，女娲炼五色石以补苍天，断鳌足以立四极，杀黑龙以济冀州，积芦灰以止淫水。苍天补，四极正；淫水涸，冀州平；狡虫死，颛民生；背方州，抱圆天。"《淮南子·天文训》也载："昔者共工与颛顼争为帝，怒而触不周之山，天柱折，地维绝。天倾西北，故日月星辰移焉，地不满东南，故水潦尘埃归焉。"从女娲补天传说流传的普遍性和文献的多处记载，可知女娲补天神话传说隐含着一定的历史史实或自然事件的发生，它对研究我们人类的发展演变具有非常重要的意义。

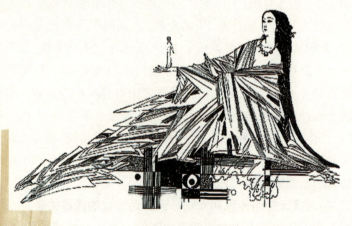

女娲抟土造人图

关于女娲补天的神话传说,现代学者有较多的解读。宗教方面的学者认为女娲补天神话传说是原始生殖崇拜的反映。原始社会时期,部落战争十分残酷、频繁,而且全靠人力对抗,死亡者众多。所以,人们期望女性大量生育,使民族人丁兴旺,才能避免灭亡的命运。于是女娲补天神话传说应运而生。自然科学方面的学者认为女娲补天神话的内涵可能是华夏先民烧瓦覆盖房顶防漏措施,反映的是女娲发明瓦的事迹。女娲氏时代是陶器发明并被广泛使用的时代。陶器的发明源于房屋建造中的涂泥技术,以后又逐渐发现涂泥还具有防火防漏等重要作用,在大量使用葫芦的伏羲时代后期,先民们把这一技术应用到葫芦上,在葫芦底部涂泥防漏并防止葫芦被火烧毁,以便烧煮食物,结果泥层被烧成坚硬如石的陶质,而发明了陶器。进一步先民还发现,经过烧制的陶器不会漏水。屋顶漏雨时将破碎的陶片盖住屋顶破损处,并由此得到启发,烧制专门用来覆盖屋顶的陶片,以彻底解决屋顶漏雨问题,从而发明了瓦。"瓦"字与"娲"字读音相同,都是模拟陶器摩擦时发出的"嘎嘎"声,其实至今在黄河中下游的一些地方仍称陶片为"瓦片",以瓦称呼陶器,如"瓦罐"、"瓦盆"等。瓦坚硬如石,不同土质烧制的瓦颜色各有不同,可以称之为"五色石";屋顶漏雨是因为屋顶有缺陷,有裂缝,浓云密布时阴时暗。如先民居住的简陋房屋的草顶,先民可能因此认为天上雨水是从云盖缝隙中漏下。因此,当阴雨连绵,给人们的生产生活带来不便时,先民会设想用瓦覆盖屋顶那样,炼五色石以补破漏的苍天。这样的事业非人力所能及,只有神人才能做到,神话就这样诞生了。还有一种可能是,最初的传说是女娲烧瓦覆盖屋顶的故事。在流传过程中,这一故事被一次又一次地添枝加叶,渐渐变形,"烧瓦"演变为"炼五色石","覆盖屋"演变为"补天",最终被层层包裹在神话的华丽外衣之中。如同《淮南子·览冥训》中记载那样,除了补天事迹本身,又增加了补天的原因,以及补天之后的断鳌、斩黑龙、积芦灰等系列事迹,造就了女娲氏整理天地的伟大事业。

还有一种观点认为女娲补天传说是自然界发生了一场特大灾难,天塌地陷,猛禽恶兽都出来残害百姓,女娲熔炼五色石来修补苍天,又杀死恶兽猛禽。社会历史方面的学者认为:女娲补天的神话传说反映了原始氏族时期部落联盟的战争史实。女娲生活的区域是黄河中下

原始社会部落战争图

游地区,在走向文明社会的冲击中,这一区域成了各氏族、部落交往、角逐和融合的中心。在蚩尤和炎帝部落的交往融合中,触发了蚩尤和炎帝后裔共工氏的战争,结果共工氏的九个氏族的居住地全被蚩尤攻占。据说共工拼死抵抗,怒而头撞不周之山,以至天柱折,地维绝,天倾西北,地不满东南,可见战争的残酷和激烈程度。

中国地震局第一监测中心研究员王若柏对女娲补天神话也进行了解读,并提出女娲补天的神话实际上是远古时代的一次陨石雨灾害。王若柏在对女娲神话的发生地山西和河北交界处的白洋淀流域区的特殊地貌研究发现,白洋淀地区的特殊地貌是全新世中晚期的一次规模巨大的陨石雨撞击留下的。他在研究白洋淀的历史地貌时发现,从任丘、河间到保定、望都一带,向西偏北的方向延伸,一直到完县、满城附近,存在大量特殊的地貌现象——碟形洼地及其群体。他利用近百年出版的顺直地形图和航空照片等,使用计算机数字技术将现代地形和人工地物层层剥去后,仅保留原始的自然地貌景象。将这种洼地的复原图与形成年代相近的国内外其他地区的陨石撞击坑进行对比后发现,白洋淀地区碟形洼地和其群体是史前规模巨大的陨石雨撞击后,在近代冲积平原上留下的遗迹。依据地质地貌方法对近代陨石撞击的研究,他推测,这次撞击发生的地域非常广,从晋北一直到冀中,甚至可能延伸到渤海湾附近。发生的时间大概在史前的某一时刻,距今约 4000—5000 年间。推测当时的情景是,一颗小型彗星进入地球轨道,在山西北部的上空冲入大气层并在高空爆炸。在极短的时间内,彗星碎片落入从晋北到冀中这一广大地区,形成规模宏大的陨石雨。在平原地区形成了大量的撞击坑,后经地面流水的侵蚀和先民的改造,多个较大的撞击坑群最终形成了白洋淀。其余的较小者形成了积水洼地,逐渐成为了该地区主要的居民点,部分这种洼地被地表水冲蚀破坏,但是河床间的高地上保留了大量的撞击坑遗迹。王若柏认为女娲补天传说的内容和这次陨石雨事件大致相似。他认为神话传说中描述的"四极废,九州裂,天不兼覆,地不周载"是小型天体爆炸后形成的大规模的陨石雨;"火爁炎而不灭"是巨大撞击、爆炸和其在地面上引起的火灾。如果小型天体是一颗彗星,其成分主要是陨冰,而陨冰融化后形成大量的地表水,才会有"水浩洋而不息"的结果。"杀黑龙以济冀州,积芦灰以止淫水。苍天补,四极正,淫水涸,冀州平,蛟虫死,颛民生。"这一段描述了河北省(上古冀州)灾害平息之后河北平原的景象。女娲补天遗迹的地理分布位置,恰恰位于王若柏研究员提出的撞击区的南部和西部附近。

天外来物撞击后可能要形成巨大的破坏,其中重要的是对古气候的影响。第四纪地质学家研究了全新世气候的变化规律,发现有多次重要的降温事件。在距今 8500～3000 年前后全新世的大暖期是新石器古人类文明发展的一个重要阶段,但此期间也是一个气候剧烈波动的时期。其中距今 4000 多年前的一次降温事件,被称为"小冰期"的事件影响巨大。这一时间也是中原文明发展的一个最重要的时刻,对这一问题,许多学者都十分重视。著名的地质学家刘东生等人使用环境演化高分辨率分析的方法研究全新世古环境等问题时提出,在距今 4800～4200 年间有一次降温事件,事件的结果导致了古文化的变迁。他认为在蒙、辽、冀地区繁盛的红山文化突然衰落和小河沿文化发展的低谷可能与这一事件有关。

近年来的考古学已有明确的证据,证明女娲神和女娲补天的神话遗迹主要存在于山西、河北一带。这些遗迹的地理分布位置恰恰位于王若柏提出的撞击区的南部和西部附近,而且这次撞击对应了古气候

女娲补天图

学家的研究结果——距今4800年至4200年间的降温事件,正是陨石雨的撞击引发这次降温事件。白洋淀地区为什么在新石器时代晚期留下了一个古文化的空缺区,合理的解释是这里发生了巨大的灾害。这与历史地理学家提出的河北平原古文化空缺不谋而合。

自然环境对早期人类发展的影响极为重要。各种文化区的分界,往往都是自然地理环境的分界线。但是,历史地理学家在研究这一问题时发现,河北平原的中部即白洋淀地区既不是山脉纵横,也不是荒漠分布,应当是一个十分适合远古人类生存和繁衍的湖塘和洼淀地区,但在新石器时代晚期却留下了一个古文化的空缺区。考古学研究表明,相当于仰韶文化时代的新石器时代晚期文化非常少,而更晚的龙山文化遗迹几乎是空白。《中国自然地理》一书早已提出"不论是新石器时代或是商周以至春秋时代,河北平原的中部都存在一片极为广阔的空无聚落的地区"。著名历史地理学家谭其骧先生也指出:"河北平原是一片榛莽,荒无聚落的景象。"依据历史文献《春秋》和《左传》等编绘的春秋时代各诸侯国的形势图圈出的古文化空缺区,与使用前述历史地貌方法划出的撞击区完全重合。这显然不是偶然的。说明这一地区经济、文化的开发大大晚于周边地区,比较合理的解释是巨大灾害造成的地理环境恶化,甚至更有可能是先民心理的创伤和由此造成禁忌,等等。

这次灾害就是陨石雨撞击事件。巨大的撞击灾害来临后,造成了大量人员的死亡和外迁,使当地繁盛的古文化从此中断。灾害过后的若干年,又逐渐形成了新的古代文化。这一灾害历经一代又一代的流传,"女娲补天"的神话便诞生了。

按照王若柏先生的观点,"女娲补天传说"史实真相是陨石雨给人类造成的灾害而幻想成的。那么"杞人忧天神话传说"的史实真相则可认为是陨石雨、地震等自然灾害给华夏先民带来的恐惧心理而幻想而成的。华夏先民目睹了自然灾害给人类造成的巨大危害力,非人力所能抗拒。天虽然补好了,那么陨石雨、地震还会不会有,面对天塌地陷等各种情况人类该如何生存? 这种长期的恐惧心理积淀在华夏先民的思想和文化中。吃不好饭,睡不好觉,忧郁不安,以至于得了抑郁症。按照"女娲补天"传说和"杞人忧天"传说这种承上启下的渊源关系,华夏先民对天地自然环境的忧患思想便是"杞人忧天"神话传说的事实真相。

但是王若柏先生的自然灾害说能解释《淮南子·览冥训》"女娲补天传说"的神话内容,对于《淮南子·天文训》中:"共工和颛顼争为帝,共工怒触不周之山,天柱折,地维绝……"这样的神话内容还能解释得通吗? 看来"女娲补天"神话传说还隐藏着氏族部落战争的"远古史话"。神话是用隐喻的思维来解释世界的起源和远古发生的历史事件,通过隐喻思维来暗示某个历史事件的发生。"女娲补天神话传说"其实是隐喻了共工氏部族和颛顼部族的氏族斗争,女娲部族平息这场战争的史实。同样道理,"杞人忧天传说"也是用隐喻的思维方式,暗示了共工氏族和祝融氏族之间的部落斗争,女娲部族平息战争的史实。神话传说中的共工和祝融为争天鹅蛋打起来，也是隐喻了部族之间的战争是利益之间的争夺。

第二节　杞人忧天历史传说的历史考察

杞人忧天历史传说是以西周末期至战国初期这一段时期内的有关杞国自身的发展和灭亡的传说，它和杞人忧天神话传说一样，是古代杞人为了自身生存环境而具有忧患意识的传说，它是研究杞国历史的"活史料"，补充了文献上的不足。杞人忧天历史传说从西周末开始口耳相传，在几百年的传承中，形成了以杞国为内容的不同的历史传说。它与保存在《春秋》、《左传》、《史记·陈杞世家》、《杞纪》、《经史》、《春秋属辞》、《春秋会通》、《公羊传》、《穀梁传》等史籍中的有关杞国历史的文献资料相吻合。从杞人忧天历史传说我们可以看出春秋战国时期总的政治形势以及杞国自身发展的历史状况。

一、杞人忧天历史传说客观上反映了春秋初期王室衰微和诸侯争霸及杞国积贫积弱的历史史实

1. 春秋初期王室衰微与诸侯争霸的政治形势

周幽王死后，太子宜臼即位，是为平王。鉴于镐京残破，偏居西部，又处于犬戎威胁之下，周平王于公元前770年，在郑武公、秦襄公、

春秋时期诸侯征伐图

晋文侯等诸侯的护卫下,迁都洛邑,建立了东周王朝。周平王迁都洛邑初,还有约方圆六百里的王畿。随之因赏赐有功诸侯及被外部侵夺,渐次缩减,最后仅剩下成周方一二百里,即今河南西部一隅的地盘;同时,天子控制诸侯的权力和直接拥有的军事力量,也日益丧失。但天子以"共主"的名义,仍然具有号召力。因此,一些随着地方经济发展逐步强大的诸侯国,就利用王室这个旗号,"挟天子以令诸侯",积极发展自己势力,位于中原中部而商业比较发达的郑国,在春秋初期就扮演了这个角色。

春秋战国战争场面图

西周后期,周宣王封弟友于郑(陕西华县),是为郑桓公。郑桓公眼见王室政治腐败,诸侯叛离的倾向愈益滋长,于是利用东方郐(河南郑州南)、东虢(河南荥阳东北)两个小国的统治者贪财好利,百姓多不归附的机会,把自己的财货和奴隶预先迁寄到那里,准备一旦时机成熟就取而代之。后来桓公死于幽王之难,他的儿子武公终于灭了郐和东虢,建都于新郑(河南新郑)。武公的儿子庄公,继续做东周的卿士,在王室衰微,周天子没有力量继续维持统治秩序的情况下,庄公打起"以王命讨不庭"的旗帜,联合齐、鲁,攻打宋、卫,制服陈、蔡,并打败北戎,稳定了东周的政局。所以有"我周之东迁,晋、郑焉依"的话。但郑却乘机独霸王室权力,与周天子的矛盾日益尖锐。平王时,王室与郑

71

国已互不信任,以致出现"周郑交质"事件,周王子狐与郑公子忽,作为人质互相交换。后来周桓王上台,启用虢公,剥夺郑伯的权力,郑伯非常不满,派人割了王室洛邑的庄稼,周、郑"交质"发展到"交恶"的地步。尖锐的对立,终于引起了一场大战。公元前707年,周桓王亲自率领陈、蔡、卫等诸侯国的军队讨伐郑国,结果王师惨败,连桓王也被箭射中了肩膀。天子的威严扫地,从此一蹶不振。郑国的地位却比以前更加显赫,俨然成了春秋初期的霸主。

春秋战国战争场面图

随着王权的沦落,诸侯对天子的朝聘、贡献大大减少,王室财政越来越拮据,不得不仰赖诸侯的资助,周桓王、周顷王曾先后派人向鲁国"求赙(丧葬费)"、"告饥"、"求车"、"求金"。天子不仅经济上有求于诸侯,政治上也往往受诸侯的摆布。周襄王曾低声下气地向郑国"请盟"。后来又接受晋侯的召唤,参加诸侯召开的会议。天子共主的地位,此时已名存实亡,"礼乐征伐自天子出"的时代已成为过去,社会进入了一个动乱的时代,各种矛盾都在急剧发展,而且错综复杂地交织在一起。动乱的中原局面,给周边少数民族发展的机会。占有西周旧地的西戎继续威胁着东周,居住在今山西、陕西北部,河北西部以及内蒙古等广大地区的狄族,也逐渐向内地发展,威胁着中原的安全;居住在今河北、山东境内的戎族部落以及河北东北部直到东北地区的山戎,与齐、燕等国多次发生战争;在江汉流域被周人斥为南蛮的荆楚,在臣服了百濮、群蛮,控制了群舒、淮夷等族之后,势力迅速强大,力图向黄河流域争夺土地。盛极一时的郑庄公,终因建国不久,随后又发生内部争位的斗争,实力被削弱,没有能力对付这种局势。继郑之后,先后崛起于齐、晋、秦、楚和以后兴起的吴、越等较强的诸侯国,他们励精图治,努力发展自己的势力,积极从事霸业活动。

2. 西周末年,春秋初年杞国为何成了积贫积弱的诸侯小国

杞国从夏代立国先后三次分封,至西周末(春秋初)时先后断断续续延续了1392余年,按道理说应该是一个综合国力较为强大的诸侯方国。然而遗憾的是杞国不但没有成为像晋、齐、郑、楚、秦等实力雄厚的诸侯大国,反而成了一个积贫积弱的诸侯小国。对于杞国,就连太史公司马迁也懒得记述,只说"杞事微,不足称述"。那么杞国在1000多年的时间里为何没有发展经济,增强综合国力,其积贫积弱的原因是什么?主要有客观和主观两个方面的原因。

在客观上有以下三个方面的原因:

一是杞国在夏时期因卷入夏王朝和东夷等军事集团的战争,在夏初就被灭国,杞国的社会经济没有得到发展,国力没有加强,因处于战争状态,经济有倒退现象。杞国在夏代受夏禹亲封,属于同姓分封的诸侯国,为亲夏势力范围,其军事和社会经济发展不受夏王朝的限制。但是在夏时期,杞国的社会经济没有得到发展。主要原因是经常处于战争状态。因为夏朝刚刚立国,一些部落军事集团对夏王朝的统治还

春秋战国诸侯形势分析图

虎视眈眈,经常对夏王朝的边境用兵。在夏王朝东部,东夷部落就经常对夏王朝进犯。杞国就是夏王朝东部的屏障。太康即位以后,因他"盘于游田,不恤民事",疏于朝政,不关心民生疾苦。给了有穷方伯后羿以可乘之机,后羿"因夏民以代夏政",一度夺取了夏王室的统治权力。杞国因属亲夏势力范围,后羿就在剪灭亲夏势力的战争中将杞国灭掉。杞国在夏朝时立国160余年,在夏后期不再有杞国的政权。

　　二是杞国在商时期是作为安抚夏朝遗民的对象而被分封的,其军事力量和社会经济发展都受着商王朝的制约。商汤之所以要把杞国封到商都附近的雍丘,主要是便于对夏的同姓国——杞国集中到这里的夏人进行监视,以防夏民叛商。基于这种政治目的,商王不可能让杞国有较强实力的军队。商王不仅在军事上限制杞国的发展,在经济上也阻碍它的发展。商王不仅在杞国内征收农业赋税,同时还将杞田作为狩猎区,杞国经济生产杞人也完全做不了主。杞被商汤封建之后,在古文献中缺其具体活动的记载。《陈杞世家》只说:"殷时或封或绝。"自清末殷墟甲骨文发现之后,使我们得知杞在商代武丁王朝时称"杞侯"。据传武丁娶了杞国的一个女子为妻,武丁为杞侯占卜是否有疾病,可见杞国与商王朝的关系。武丁之后杞侯所属之地还是商王狩猎地区之一,商末又是帝乙、帝辛两代商王征人方所经之地。据目前杞县的考古资料表明,近年来,杞县境内的商时期的文化遗存仅发现早商文化遗存和晚商文化遗存,而未发现商代中期文化遗存,这种文化断层的现象或许就是"或封或绝"的反映,有可能在商王朝中期因商都频繁地迁徙,杞国随同迁徙(目的是监视夏民)的原因,或者是杞国与商王朝关系恶化,被绝封。商代是青铜器发展的鼎盛时期,青铜器的发展水平代表了一个国家经济实力的发展水平,而在杞县境内迄今没有发现一件商代青铜器。这也说明了杞国的经济非常薄弱,不具备铸造青铜器的实力。

三是杞国在西周时期虽被称为公爵,被周王室尊为国宾,但它不过是周王朝的"政治橱窗"罢了,没有政治权利可言。据《史记·周本纪》载:"褒封神农氏之后于焦,黄帝之后于祝,帝尧之后于蓟,大禹之后于杞。"杞国在周时政治上受到了极高的待遇。《周书·王会》中就记载了周王会见诸侯时杞公参加会见的情景。"……堂下之左殷公、夏公立焉,皆南面。杞、宋二公冕有繁露,揩笏,则唐虞同。"据一些专家研究分析,周王之所以对杞公有极高的礼遇,其实是周有借重的意思(表示对先圣王的尊重),目的是从"尊祖"、"敬宗"的角度去维护西周奴隶主贵族的统治。其实杞国在周王室内并没有什么政治权利可言,只能是周王朝"政治橱窗"内的展品,让它徒享上公之爵和"三恪"之荣而已。在经济上,西周时期杞国这一带的气候发生了变化,也就是说这时期杞国这一带的气候进入了温带季风气候的寒冷期(小冰期),黄河中下游地区(杞国)气候寒冷,雨水稀少,生活在这里的亚热带动植物迅速向南转移。这里森林消失,湖泊干涸,人类赖以生存的水资源没有了,生活在杞国的居民因没有了生存条件,纷纷向外迁徙,致使西周时期杞国百里之内人烟稀少。近年来,考古工作者在杞县进行了广泛的考古调查,没有发现西周时期的文化遗存,这一文化断档的现象就是由气候造成的,故西周时期的杞国经济不但没有发展,反而出现倒退现象。

在主观上有以下两个方面的原因:

一是感恩戴德的心理。杞国在夏时期为夏王亲封的同姓国,属于夏王朝的一部分,不存在感恩戴德的心理因素。但是对商王、周王都有这种心理因素。商王、周王不但允许杞国对夏禹的祭祀像对待商王、周王的规格祭祀，而且还允许杞国使用夏的历法并允许杞国保留夏时期的生产生活方式。一个亡国之邦能受到如此的礼遇，哪敢对商王、周王不敬，哪敢有什么僭越的政治野心，所以说杞国在商时期、周时期有了商、周王室的保护，产生了"徒守夏时，无益于保邦"的感恩戴德的心理。

二是安贫乐道、墨守成规的心理。在商、周时期，商王、周王有绝对的统治权力，"礼乐征伐自天子出"，为诸侯王国营造了没有战争，没有侵伐的"小国寡民"的理想社会。商王、周王营造的理想社会是"虽有什伯之器而不用，使民重死而不远徙，虽有舟舆，无所乘之，虽有甲兵，无所陈之，使人复结绳而用之"，"邻国相望，鸡犬之声相闻，民至老死不相往来"。杞国在商、西周时期一直过着这样的生活，这样的有王室庇护的生活逐渐消磨了杞人的斗志，致使从商至西周末的近千年里，杞国一直安贫乐道、墨守成规，没有出现一位能够让杞国走向富强的英雄人物。

二、春秋战国时期杞国在诸侯大国之间的辛酸遭遇

春秋初年，王室衰微，自顾不暇，无力保护它分封的诸侯小国，一些诸侯强国为了增强国力开始了对诸侯小国的侵伐。春秋初年，杞国西有郑国，南有淮夷，东有宋国，这三个国家都是杞国的恶邻。一但周王室自身不保，他们便肆无忌惮地对杞国用兵，杞国为逃避淮夷、郑、宋的侵扰，不得不东迁。公元前740年（杞武公十一）杞武公带着杞国的奴隶、主贵族和黎民百姓，向山东迁徙避难。杞武公到达山东后，先在他的岳父家小邾国住了一段时间。因小邾国也是小国，无力养活杞国的这些人员，杞武公又带着他的臣民向淳于进发。据史料记载：杞国东迁途中，曾在邾国其岳父家住过一段时间。《山东通志》说："滕县东有杞王女城，杞王曾居之。"淳于原为夏的斟郭国，牟娄就是禹的后裔东楼公的食邑地，东楼公被封于杞后，这里仍有他的后裔和姒姓之亲，他们与杞国是同宗同支。杞国到达淳于，并无意攻打淳于城，灭淳于国，而是借地避难，而淳于公以为杞国对他发难，非常恐惧，于是带领他的臣民弃国奔鲁不回来了，杞国因此有了安身之所。《春秋·隐公四年》"杞国本都雍丘县，推寻事迹，恒六年，淳于公亡国，杞姒并之，迁都淳于"对此事是有记载的。杞国到达淳于立国未稳，山东"小雄"莒国开始对杞发难。莒国为东夷土族方国，春秋时期在齐、鲁两个大

古代杞人的忧思——杞人忧天民俗文化研究

76

国之间,常与齐、鲁等大国争雄角逐,被历史学家称为"山东小雄"。莒国为了达到抗衡齐、鲁和对外扩张的目的,就远交晋国,震慑邻国。远交晋国,就必须打通去晋国的通道,而杞国却挡住了它远交晋国的道

春秋战国战争场面图

路,于是就出现了"莒人伐杞"的历史事件。莒人伐杞之后,鲁桓公为籍收渔利,出面调停杞、莒关系,鲁强迫杞承认莒占牟楼的既成事实,因杞畏鲁,接受了城下之盟(《春秋》桓公十二):"夏,六月壬寅,公会杞侯、莒子,盟于曲池",记载了这件历史故事。杞国东迁淳于后,就以鲁国为靠山,但是鲁强杞弱,鲁国根本就没有把杞国放在眼里,动不动就侵伐杞国,对杞国肆意凌辱。如鲁桓公二年九月,鲁国以"不恭不敬"对杞进行侵伐,原因是杞武公未按公爵身份拿贡品。面对鲁国的军事进攻,杞武公不得不向鲁国赔礼道歉,并于次年(前709)去鲁国在成会见鲁桓公,低头认罪,要求鲁国停止军事进攻。又如鲁僖公二十七年秋,鲁公子遂率师伐杞,原因是因为杞桓公朝见鲁僖公时使用了"夷礼",所以要出兵惩罚杞国没礼貌。为了密切与鲁国的联系,杞国曾向鲁国求婚,要求娶鲁国的女子为妻。后来杞惠公娶鲁庄公之女为妻,但是鲁庄公之女根本瞧不起弱小的杞国,在杞专横跋扈,无视杞惠公的君主地位,非礼出访,"以妇人行朝会之礼","来朝其子"受到

77

史家讥笑。《春秋会通》评价此事说："杞伯受制其妇，而莫之能遏，杞伯姬以妇人而行朝会之礼于诸侯，岂唐武之徒欤。"《榖梁传》也批评杞伯姬说："冬，杞伯姬来求归，妇人既嫁不逾境，杞伯姬来求妇，非正也。"杞惠公求的鲁国之女虽说使杞国丢人现眼，但杞桓公向鲁国求的第二位夫人叔姬，却使鲁国蒙受了奇耻大辱。杞桓公娶的第一位夫人是鲁僖公的女儿，史称她为子叔姬。但叔姬未过门就死在娘家。杞桓公为了不断绝杞鲁联姻之盟，要求再娶一位鲁女为妻，鲁文公就答应把自己的妹妹嫁给他。这位女子也叫叔姬。嫁到杞国后不安心在杞国过日子，以有疾为由要求离婚回娘家。于是杞桓公就将叔姬休出。又过了两年，也就是鲁成公九年，杞叔姬死在她的娘家，鲁国竟无理要求杞国到鲁国迎娶杞叔姬的尸体，把她安葬在杞国。《公羊传》评价此事说："杞国曷为来迎叔姬之丧以归，内辞也，胁之而归也。"

杞国东迁后，宋亡杞之心不死，对杞国结好鲁国，依靠齐国不满，故宋襄公元年再次伐杞，齐桓公就命曹孙宿率师阻止宋国的进攻，保住了杞国。鲁襄公十三年（前560），淮夷侵犯杞国时，宋又暗中支持徐国、莒国趁火打劫进攻杞国。为了保护杞国，齐国召集鲁、宋、曹、陈、卫、郑、许等7国之君会盟，帮助杞国修筑缘陵城，让杞国迁都于此，置于齐国的保护之下，史称救"三小"（杞、邢、卫三个小国）。还有史学家认为，齐桓公把杞国迁到缘陵，像郑国把许国（今许昌）迁到叶城（今河南叶县）一样，想把杞国作为它的附庸国，有吞并杞国的野心。还有史学家认为，齐国保护杞国的目的是把杞国作为屏障，使其他各国相互受

春秋战国战争场面图

到牵制。晋悼公八年（前565），杞、晋通婚，晋悼公娶杞桓公之女为妻，杞、晋修好，在晋国的保护下，杞国才从噩梦中走了出来，免遭了其他国家的欺凌。同时晋国还帮助杞国要回了被鲁国霸占的杞田，为使杞国置于晋国的保护之下，晋国还帮助杞国修筑了淳于城，使杞国复迁淳于城，自杞朝晋以后，终于春秋，无人再敢对杞国侵暴。

三、怎样看待春秋时期诸侯争霸和杞国等诸侯小国遭受欺凌这一历史史实

得中原者得天下，春秋时期诸侯大国为了争霸中原，以"莫须有"的罪名对邻国发动战争，侵占邻国土地，充实综合国力。杞国等诸侯小国在大国的争霸斗争中，过着战战兢兢，不敢忘职的日子，其实整个春秋史就是大国欺凌小国的"血泪史"。那么，对于大国争霸，小国遭受欺凌这一历史史实我们应如何看待呢？是不是我们应该以同情的眼光站在杞国等诸侯小国的立场上，去痛斥诸侯大国的不仁义、不人道呢？其实我们如果从历史发展的眼光去看待这个问题，结果就会大相径庭。据历史学家研究分析：春秋时代诸侯大国的争霸战争，是奴隶制接近衰亡的反映。大国发动的争霸战争，其目的就是扩张领土和掠夺财富的手段。战争是残酷的，尽管春秋时期诸侯争霸战争不可避免地带来种种惨祸、灾难和痛苦，但是争霸战争对推动历史的发展具有积极的作用。首先，争霸战争加快了统一中国的步伐。大国在争霸和兼并战争中，开拓了疆土。山东诸小国为齐所并，河北、山西诸小国为晋所并，江淮、汉水诸小国为楚所并，西北诸小国为秦所并，使春秋初年百十个国家，缩减成几个大国，实现了区域性的局部统一。这种集权趋势的加强，为全国的统一和中央集权制的建立，起了奠基的作用。其次，争霸战争加速了新旧制度的更替过程。春秋时代是一个新旧制度交替变革的过渡阶段，社会上存在着产生的封建制与日趋没落的奴隶制之间的斗争。大国争霸战争，不同程度地打击和削弱了奴隶主贵族集团实力，为封建地主阶级扫清了前进道路上的障碍，有助于封建新势力的发展。最后，争霸战争促进了民族的大融合。春秋时代，居住在周边的蛮、夷、戎、狄不断袭扰中原，中原霸主也以"攘夷"相号召，与之进行斗争，于是出现了空前的民族大迁徙、大交流。华夏族与其他少数民族彼此犬牙交错，杂居共处，打破了各族间固有的地域界限，为各族的交往、融合创造了十分有利的前提条件，从而密切了华夏族与其他各族经济文化的联系。由于各族人民的辛勤劳动，互通有无，相互通婚，相互影响，有力地促进了各族的经济发展和民族融合。

春秋时期的诸侯大国已开始使用铁器工具，使用牛耕并推动水利事业的发展，他们是新兴地主阶级的代表，而杞国等诸侯小国还依然沿袭周王统治下的生产生活模式，尤其是杞国受时王恩准，保留着夏时期的生产生活风俗。新兴的封建地主阶级即将登上历史舞台，它必然对阻碍它发展的腐朽的奴隶主阶级发动猛烈的冲击。毕竟春秋时期还是新旧制度的过渡阶段，诸侯大国还打着"尊王攘夷"的口号，带着温和的面纱对诸侯小国进行土地和财富掠夺，步步促使这些小国灭亡。而进入战国时期，封建地主阶级便撕去它温和的面纱，大举向小国进兵，杞国便在战国初期被楚国势力集团所灭。历史毕竟就是历史，谁也阻挡不了历史前进的车轮。当腐朽的生产关系不适应生产力发展的时候，就必然有新兴的阶级势力来代替它。从这种意义上说，如果我们还站在杞国等诸侯小国的立场，以道家的眼光来看待和认识这段历史，是必然被嘲笑的。

古代杞人的忧思——杞人忧天民俗文化研究

春秋战国战争场面图

第三节 杞人忧天寓言传说的历史考察

一、杞人忧天寓言传说产生的历史条件

杞人忧天寓言传说是以《列子·天瑞》记载的寓言故事在民间创作而成。该传说产生的历史条件是由该传说的作者列子所处的历史文化环境和他的政治思想和主张决定的。所以研究杞人忧天寓言传说作者列子的政治思想、主张和他所处的历史文化环境对揭示杞人忧天寓言传说的文化内涵具有非常重要的意义。

1. 杞人忧天寓言传说作者列子的政治思想和主张

列子,名寇,又名御寇,生活于公元前450年至前375年间,是战国前期思想家,是老子和庄子之外的又一位道家思想代表人物。列子终生致力于道德学问,曾师从关尹子、壶丘子、老商氏、支伯高支等。隐居郑国40年,不求名利,清净修道。先后著书20篇,10万余字,今存《天瑞》、《仲尼》、《汤问》、《杨未》、《说符》、《黄帝》、《周穆王》、《力命》等八篇,共成《列子》一书。由哲理散文、寓言故事、神话故事、历史故事组成,是中国古代思想文化史上著名的典籍,而基本上则以寓言形式来表达精微的哲理。如《黄帝神游》、《夸父追日》、《杞人忧天》等,篇篇珠玉,读来妙趣横生,隽味永长,发人深思。

列子主张循名责实,无为而治。刘向认为:"其学本于黄帝老子,号曰道家。道家者,秉要执本,清虚无为,及其治身接物,务崇不意,合于六经。"《尔雅·释诂》邢昺《疏》引《尸子·广泽篇》及《吕氏春秋·不二》说:"子列子贵虚。"《战国策·韩策》有"史疾为使楚,楚王问曰:'客何与所循?'曰:治列子圄寇之言,曰:'何贵?'曰'贵正'"。他说:"坟智之所贵,存我为贵;力之所贱,侵物为贱,然身非我有也,既生,不得不全之。"张湛《列子·序》认为:"其书大略明群有以至虚为宗,万品以终灭为验,袖惠以凝寂常全,概念以著物为表,生觉与化梦等情。巨细不限一域,穷达无假智力,治身贵于肆仕,顺性则所乏皆适,水火可蹈。忘怀则无幽不照,此其旨也。"列子认为:"至人之用心若镜,不将不近,应而不藏,故能胜物而不份。"他因为穷而常常面露饥色,却拒绝郑国暴虐的执政者子阳馈赠的粮食。其弟子严讳问之曰:"所有闻道者为富乎?"列子曰:"桀纣唯轻道而重利是以亡!"列子还主张应摆

列子墓（在今郑州市经济开发区圃田乡大孙庄村）

脱人世间贵贱、名利的羁绊，顺应大道，淡泊名利，清静修道。他说："忧苦犯性，逸乐顺性，斯实所系者也。名不可去，亦不可摈。但恶夫守命而累实，实名而累将恤危亡而不救，岂徒逸乐忧苦之间哉！"列子向往的理想社会是"至治之极"的"小国寡民"的世界，他所描绘的"小国寡民"的图景是"虽有什佰之器而不用，使民重死而不远徙，虽有舟舆，无所乘之，虽有甲兵，无所陈之，使人复结绳而用之"，"邻国相望，鸡犬之声相闻,民至老死不相往来"。很明显,列子向往的并不是一幅未来理想社会的图景,而是早已在历史上消逝了的,经过他的美化,保留有原始公社遗迹的早期奴隶制社会。但是,列子不是绝对的消极厌世者,而是希望通过以柔弱胜刚强,以退为进的途径,来恢复他自己的理想社会。

列子御风台(在今郑州市经济开发区圃田乡青龙山上)

很显然,列子的政治思想和主张代表着奴隶主贵族的政治利益,这与战国时代占统治阶级的封建地主阶级的政治利益是格格不入的。在当时政治斗争较为激烈的战国时代,列子的政治思想是必然遭到封建地主阶级的反对的,甚至他的言行会给他带来杀身之祸。所以他不敢站出来直言地表明自己的态度和政治主张,只能用隐喻这种思维方法去表达、去宣泄自己的思想和政治主张。也有可能列子作为奴隶主贵族的代言人,从思想领域吹响向封建地主阶级进行宣战的号角。这是列子用寓言这种文学体裁写杞人忧天故事的真实目的。

2. 杞人忧天寓言传说的作者列子所处的历史文化环境

列子生活在公元前450年至公元前375年,是战国早期人。战国时代是一个社会大变革的时代,其时代状况可以从各种社会矛盾错综复杂,封建经济发展迅速,思想文化空前活跃等三个方面来概括。一是社会矛盾错综复杂,主要表现在政治斗争较为激烈。战国时代是奴隶制衰亡,封建制确立的时代,在战国的历史舞台上还存在着封建地主阶级和被推翻的奴隶主阶级残余势力的矛盾;封建地主阶级的内部矛盾；封建地主阶级和农民阶级的矛盾等诸多矛盾。其中封建地主阶级和被推翻的奴隶主阶级残余势力的矛盾表现在战国时期各国的地主阶级在不同程度上开展的社会变革，掀起的变法活动。如李悝在魏国的变法，商鞅在秦国的变法，吴起在楚国的变法，等等。各国的变法运动，实际上是一场封建化运动，各国在不同程度上对旧的经济基础和上层建筑进行了封建改造，打击了奴隶主贵族，保护了封建地主阶级，废除了奴隶制的经济制度，巩固和发展了封建制的政治经济制度。通过变法使封建制度得到确立，由奴隶制引起的社会矛盾基本得到解决。但是变法触及了奴隶主贵族的利益，遭到了奴隶主贵族们的反对，他们想方设法破坏新法的实施并触发了较为强烈的政治斗争和军事斗争。封建地主阶级的内部矛盾主要表现在战国时期各国的兼并战争和秦的统一。战国"七雄"之间频繁而激烈的战争，属于封建性的兼并战争，在战国的历史上出现了魏国独霸中原时期，秦、齐对峙时期，秦、赵大战时期，秦统一六国时期的战争局面。当时的战争都是由各国封建统治阶级发动的，目的不仅为了兼并宋、郑、鲁、卫、中山、越、巴、蜀等中小国，而且大国之间也进行土地兼并。这种战争本身就是一种政治行动，它与交战国的政治有密切关系。无论魏国、齐国、楚国、赵国，都想由自己来完成统一大业，但经过长期搏斗都失败了，最后由封建改革成效显著的秦国消灭了六国，建立了空前统一的中央集权的封建国家。秦统一之后，"元元黎民，得免于战国"，人民可以有一个比较安定的环境从事生产。但是战国时代的各国兼并战争，给社会带来了巨大的破坏。当时就有人说：经过一场大战，人民的死伤和甲兵的损失，其所费"十年之用而不偿也"。地主阶级和农民的矛盾是封建社会的主要矛盾，随着封建地主政权的建立和巩固，这一对矛盾也不断发展。主要表现在各国制定的封建法律，目的是为了防范和镇压农民的反抗。而农民为了反抗封建地主的剥削和压迫，逃亡、夺取地主财产、聚众反抗的事例也很多。

二是封建经济的迅速发展。铁器是封建社会生产力的标志，在封建社会初期，铁器的大量使用，给封建社会的经济带来了巨大的发展。在以农耕为主的封建社会，水利灌溉事业的发展和农业生产技术的提高是封建经济发展的关键因素。在战国时代，由于冶铁技术的进步给兴修水利提供了比较锋利的铁制工具，能够大规模地挖掘泥土，开凿

春秋战国诸侯联盟出征图

山石。战国时代各诸侯国都修筑了保障农业生产和农民生命财产安全的堤防,开凿了用于航运和水利灌溉的运河,兴修了农田灌溉工程。如齐、赵、魏都以黄河为界修筑了较长的堤防,魏国为了把黄河南北的两部分领土与国都大梁紧密地联系起来,在黄河以南开凿了运河。秦国兴修了农田灌溉水利工程都江堰和郑国渠。战国时代水利事业的发展,对保障农业的生产起了一定的作用,凡是可以灌溉的区域都成了农业的丰产区。战国时代,铁制农具已广泛使用于农业生产中,提高了农业生产的效率。战国时代用于农业生产的施肥技术也有了较大的发展,积肥、施肥已经推广并受到重视,是提高农业产量的重要措施之一。同时还根据各诸侯国的土壤和气候条件,有针对性地种植粮食作物。

由于铁制农具的普遍使用、水利灌溉事业的发展和耕作方法的进步,农业单位面积产量有所提高。据李悝对战国初年魏农产量的估计:一亩地普通可产粟一石半,上熟可产四倍,即六石;中熟三倍,即四石半;下熟一倍,即三石。小饥可收一石,中饥七斗,大饥只收三斗。据《史记·河渠书》记载:凡受郑国渠水灌溉的土地,每亩可收一钟,一钟是六石四斗,合今天三分之一亩的土地,生产粮食合今一市石二市斗八市升。可见当时的农业产量是相当高的。

战国时期的手工业，有作为农业副业的家庭手工业，有独立经营的个体手工业，有"豪民"经营的大手工业，也有各国封建政府经营的官营手工业。战国时期，手工业的生产技术有了长足的进步。丝织业已能生产绎、纨、绮、（縠）、锦、绣、绢、帛、缣等产品。齐国的丝织品最出名，产品行销各地，享有"冠带衣履天下"的声誉。木工所用的工具除斧、凿、锥外，已有画方形的"矩"（曲尺），画圆形的"规"（圆规），弹直线的"绳"（墨斗），测量垂直线的"悬"（悬挂的线），测量水平线的"水"（水平仪）。找矿和采矿技术也有了很大的进步，湖北铜绿山发现的古铜矿遗址证明战国时期我国不仅能找到富矿、大矿，而且已能开掘深矿井了。

随着农业、手工业生产的发展，社会分工的扩大，农夫要"以粟易械器"，手工业工人要"以械器易粟"，都要通过市场进行交换。贵族官僚、地主剥削所得的主要是农副产品，他们也要通过商人的手换取大量的奢侈品，由于商品交换的需要，民间商业就冲破官营商业的藩篱而发展起来。孟子曾追叙这段历史说："古之为市也，以其所有易其所无者，有司者治之耳。有贱丈夫焉，必求垄断而登之，以左右望，而罔市利。人皆以为贱，故从而征之。征商自此贱丈夫始矣。"这说明封建性的民间商业是从乡间发展起来的。

由于农业、手工业、商业的发展，专制主义中央集权制度的形成，促使了政治、经济、文化的集中，促使了城市的迅速发展。当时列国的都城和郡县的治所，都发展成为规模不等的城市。临淄是齐国的都城，是战国时期最大的都市之一。据说临淄城中有 7 万户人家，壮年男子有 21 万，居民都喜欢音乐游戏。这个城市是非常繁华的。用苏秦的话来说，是"车毂击，人肩摩，连衽成帷，举袂成幕，挥汗成雨"。郢是楚国都城，其遗址城墙共长 15 公里。据说街道上经常交通堵塞，车碰车，人挤人，早上穿的新衣服，到晚上都被挤破了。另外，还有些城市商业很繁盛，如陶，因为是"天下之中，诸侯四通，货物所交易"的地方，曾是齐、秦、赵三国激烈争夺的目标。这种封建城市是统治阶级对农村行使统治权的据点，又是官吏、地主、商人、高利贷者聚居的场所。从以上论述可知，在战国时代，封建经济有了迅速的发展，为封建制度的建立提供了经济的保障。

三是思想文化空前活跃。中国的文字产生大概只有 4000 年左右的历史，文字产生后，又只有巫师等极少数人识字用字，连大多数贵族都是文盲。西周的读书人很少，而且大多集中在周天子那里，平王东迁后，他们才散落到各国去。到了战国时代，民间也有了知识分子而且知识分子的数量相当多。战国时代的知识分子统称"士"，他们虽然不是一个阶级，但都必须依附于一定阶级。他们走公室，跑私门，希望得到统治者的任用。在诸侯割据纷争的时期，统治者还不可能推行封建的文化专制主义。所谓"诸侯并争，厚招游学"，诸侯国的国君和大贵族，都招揽大批知识分子为自己服务，礼贤下士成为社会风尚。当时的士可以各持一说，在诸侯之间奔走游说，"合则留，不合则去"，有相对的自由。收门徒讲学的风气也非常盛行，只要稍微著名的士，差不多没有一个不是"率其群徒，辩其谈说"的。这些知识分子面对战国时期激烈的政治斗争和经济与文化繁荣等社会大变革中的诸多问题，表明自己的态度，提出主张，著书立说，议论政治，既互相批判，又互相影响，在学术思想领域内出现了"百家争鸣"的局面，参加争鸣的主要有儒家、墨家、道家、法家，还有阴阳家、名家、农家、纵横家、杂家、兵家等。这对于当时的社会变革及文化发展，起了促进作用。在这一时期形成的各种学术思想，成为以后中国思想文化的主要源头。

二、杞人忧天寓言传说隐含了列子怎样的思想

　　杞人忧天寓言传说是《列子·天瑞》记载的寓言在民间创作而成。寓言是用假托的故事或自然物的拟人手法来说明某个道理或教训的文学作品，常带有讽刺和劝诫的性质。如《庄子》中用河伯"望洋兴叹"的故事，讽刺见识少而又自高自大的人，《韩非子》中引用"守株待兔"的故事，讽刺政治上的保守派。通过对列子的研究和理解，列子想通过"杞人忧天"寓言故事表达自己的思想和主张，那么在杞人忧天寓言故事里又表达了列子的哪种思想呢？

　　1. 杞人忧天寓言传说反映了列子"顺其自然，无为而治"的政治思想

　　《杞人忧天》一文载于《列子·天瑞》一书里，是这样记载的："杞国有人，忧天地崩坠，身亡所寄，废寝食着。又有忧彼之所忧者，因往晓之，曰：'天，积气耳，无处无气。若屈伸呼吸，终日在天中行止，奈何忧崩坠乎？'其人曰：'天果积气，日月星宿，不当坠耶？'晓之者曰：'日

月星宿,亦积气中之有光耀者,只使坠,亦不能有所中伤。'其人曰:'奈地坏何?'晓者曰:'地,积块耳,充塞四虚,无处无块。若躇步跐蹈,终日在地上行止,奈何忧其坏?'其人舍然大喜,晓之者亦舍然大喜。"这是一则寓言故事。战国是社会大变革的时代,各种社会矛盾错综复杂,激烈的争斗和经济繁荣,对各个阶级、阶层都产生了深远的影响。人民对当时社会大变革的许多问题,表明自己的态度,提出主张、愿望和要求,诸子便是这个时代各种思想的代言人。那么列老夫子(列御寇)在《杞人忧天》一文里想表达他的怎样思想呢?这里有列子与长庐子对"杞人忧天"这个问题的讨论。长庐子认为天地是太空中很小很小的两件物体,但它们会长久存在,天地虽然长久,但既是物体,总有崩坏一天,遇到天地崩坏,人们怎能不忧虑呢?列子认为天地崩坏的事,谁也没有遇见过。天地崩坏,只是一种可能性,人活着不知道死后的情况,死后也不知道活着时候的情况。人生不满百,何必为天地是否崩坏操心呢?这里列子所表述的意思是:"天下本无事,庸人自扰之。"那么,列子为什么会产生这样的思想呢?这是因为列子是战国时期早期道家代表人物之一。在"道"的思想支配下,他的政治主张是"无为而治"。他说"道常无为而不为","侯王若能守之,万物将自化"。意思是说:"道"经常是无为的,但没有一件事物不是它干出来的,侯王如果能保有它,天下将自动归服。"无为"就是听其自然,"少私寡欲","不尚贤","不贵难得之货"。他又说,"民之难治,以其智多","以智治国,国之贼",所以他主张"绝圣弃智","绝仁弃义",使民"无知无欲"。在这种政治主张下,他号召统治者在"治民"时,必须遵守"虚其心,实其腹,弱其志,强其骨,常使民无知无欲"的"愚民"政策。同时他希望平民百姓不用考虑那么多事情,过着无忧无虑的生活。《杞人忧天》就是在他的"无为而治"的基础上写出来了,他用讽刺的手法告诫人们要顺其自然,不要庸人自扰。

2. 杞人忧天寓言传说是古人对天体认识由唯神论向唯物论转变后,对一些自然现象讨论的记录

天、地、日、月、星是什么形状?是怎么形成的?风、雨、雷、电、阴、晴、雾、雪等自然现象是怎么回事?在远古荒漠的年代,先民们就对其生存的宇宙环境开始了认识和探索。在远古荒漠的年代,先民们一直认为天、地、日、月、星等完全由神创造,神主宰着天地的一切。如《淮

古代杞人的忧思——杞人忧天民俗文化研究

南子·精神训》中就有"古未有天地之时……有二神混生,经天营地,万物乃形的记载"。再如《艺文类聚》卷一引《三五历记》中也说:"天地混沌如鸡子,盘古生其中,万八千岁,天地开辟,阳清为天,阴浊为地,盘古在其中,一日九变,神于天,圣于地,天日高一丈,地日厚一丈,盘古日长一丈,如此万八千岁,天数极高,地数极深,盘古极长,后乃有三皇。"对于天地的形状,先民们认为,天是圆形的,地是方形的,天地之间相连接的是四个柱子。如《淮南子·览冥训》中云,"往古之时,四极废,九州裂,天不兼覆,地不周载,火爁炎而不灭,水浩洋而不息,猛兽食颛民,鸷鸟攫老弱,于是,女娲炼五色石以补苍天,断鳌足以立四极,杀黑龙以济冀州,积芦灰以止淫水。苍天补,四极正,淫水涸,冀州平,狡虫死,颛民生,背方州,抱圆天",天地虽说由神主宰,先民们并未把一切全部托付给神而消极地等待,而是积极探索日、月、星辰的规律,为先民们所利用。如史前社会的传说"女娲补天"、"夸父追日"等都表明了人类向大自然挑战的决心。尧舜之时,就有关于羲和、羲仲观察日、月、星辰以定四时的传说,夏、商、周就有关于日食、流星雨、月食和恒星的记录。春秋时期,《春秋》一书对日食、月食的记录非常翔实,在 242 年间,记录日食 37 次,其中 35 次已证明是准确的,战国时期出现了研究天文的专著《甘石星经》,书中记录恒星的名字有 800 个,其中 100 多个恒星的位置已经测定,书中还记录了金、木、水、火、土五大行星的运行规律。

古人经过一千多年的探索和研究,至春秋时对天产生了怀疑,"尊神"、"敬天"的传统观念发生动摇,一向受人敬畏的天,受到某些人的诅咒,失掉了从前的权威,楚斗廉的"卜以决疑,不疑何卜"就是对龟卜神灵的蔑视。人间一切休咎祸福的传统观念受到了挑战,周内史叔兴和郑申需曾发表过"吉凶由人"和"妖由人兴"的见解,孔子亦云:"天何言哉? 百物生焉,四时行焉,天何言哉?"天、地、神受到了挑战,那么世界是由物质组成的这种朴素的唯物思想开始萌芽,如郑史伯提出"土与金、木、水、火杂以成百物",这种对自然现象的解释反映了古人的朴素唯物主义思想。春秋时,晋史官蔡墨提出了"物生有两"的命题,意即事物由互相对立的两个方面组成。既然天地是由物质所组成的,天会不会崩塌,地会不会凹陷,风、雨、雷、电等自然现象是怎么回事? 古人对这些疑问会马上产生争论,如孔子在周游列国时,曾遭到两童子的拦截，问起太阳一天变化的情况，直把孔子问得哑口无言，大跌面子。"两小儿问日"、"杞人忧天"就是古人在这种思想状况下讨论的记录。

3. 杞人忧天寓言传说隐含了春秋战国时期杞国等诸侯小国对自己的国家和人民生存环境的忧思以及对"小国寡民"理想社会的渴盼

在古代，天被喻为国家和人民，从这种意义上说，"杞人忧天"其寓意则为以杞国为代表的诸侯小国对自己国家和人民的生存环境的忧思。我们对周初及春秋战国时期的历史进行比较分析和观察研究，发现整个春秋战国史其实就是小国遭受大国欺凌的血泪史。武王克殷，建立周王朝，为加强对其区域的统治，周朝大肆分封，先后分封了70多个方国，这些方国大小不一，地位不同。周初，各大国、小国在周天子的庇荫下，相安无事。春秋之际，周王室国力衰微，其分封的大国对周天子不再尊重，而且还出现了楚王"问鼎中原"的事，周天子自顾不暇，对其分封的国家也管不了那么多了。春秋初期，大国为加强国力开始对小国进行掠夺和欺凌。齐桓公、晋文公首先提出的"尊王攘夷"的口号，具有维护奴隶制统治秩序的含义。不过他们的真实目的，是要利用这一口号作为扩张领土和掠夺财富的手段。仅据《春秋》记载，在242年间，列国进行的战争共483次，朝聘盟会450次，这些军事行动和朝聘盟会实际上是大国对小国的掠夺，晋国规定各附属国"三岁而聘，五岁而朝，有事而会，不协而盟"，借此从小国那里榨取财物。以鲁国为例，春秋时期鲁君朝周仅3次，而朝齐、晋、楚竟达33次。小国通过"聘而献物"的办法免于大国的欺凌，所以小国在大国之间，总是"唯强是从"，"职贡不乏"，"玩好时至"。鲁叔孙穆子说："今我小侯也，处大国之间，缮贡赋以共从者，忧惧有讨。"此外，小国人民还得为大国统治者服兵役和劳役。小国对于大国简直到了"无岁不聘，无役不从"，战战兢兢，不敢"忘职"的地步，有时不仅向一个大国奉献，还要同时受几个大国的宰割，所谓"牺牲玉帛，待于二境"，"敬共(供)币帛，以待来者"。

杞为夏属后裔，武王克殷，求禹之后，得东娄公封于杞。杞国方圆不过百里，是一个标准型的小国，积贫积弱。但在周初，杞国位列上公，各"三恪"(陈、杞、宋)为周王室的贵宾。周围其他诸侯国家，无论大小都对杞恭敬有加，杞人在这一段时间里过着安乐祥和的生活。随着周王室的衰微,杞国也失去了赖于尊贵的"保护伞"。春秋之际,杞国处于鲁、晋、楚、齐、宋、徐、莒等国之间,在大国的欺凌下,曾三迁其国,过着颠沛流离的生活。其命运遭遇最具代表性,故列子以杞国为原形写出了《杞人忧天》。

列子作为道家的代表人物,他反对战争和征伐,他其实是站在以杞国为代表的诸侯小国这一方面的,他心中的理想社会是"至治之极"的"小国寡民"的世界。他写作《杞人忧天》的目的,是希望杞国等诸侯小国以柔弱胜刚强,以退为进,回到周初安乐祥和的世界中。

但历史毕竟是历史,不是谁想粉饰就粉饰的大姑娘,谁也阻挡不了它滚滚前进的车轮,列子的这种"小国寡民"的理想社会,是历史的倒退,最终还是被历史无情地甩下了,而列子本人也真的成了"庸人自扰"的典型化身。

第四章 杞人忧天传说源发地杞国的基本情况

第一节 夏、商、周时期杞国的建立和灭亡

一、夏代杞国的建立和灭亡

杞国又称杞氏，是在杞地建立的姒姓诸侯国，为大禹之后。大禹因率民众平治水土，日夜操劳，三过家门而不入，终于取得治水和生产的成功，赢得了众多部落首领及其部众的拥护，被拥戴为"夏后氏"，建立了夏国，成为诸夏之族最高的君长。大禹建立夏国后，由于长期生产力的发展，各家各户有了剩余产品，于是就产生了社会上一部分人剥削另一部分人的可能。在夏国周围的许多氏族部落内部出现了阶级分化，一部分原来当官的人，成了统治阶级，广大平民成了被统治阶级，受到统治阶级的剥削和压迫。这样，原始社会的氏族部落就逐渐演变成阶级社会的国家。在夏国的周围，存在着许许多多小诸侯国。这些小诸侯国的形成有各种各样的原因：一是长期以来帝王子孙的分封，如黄帝、颛顼、帝喾、尧、舜的子孙中均有分封诸侯的。炎帝族的后裔也在各地建立了许多氏族部落。二是贤人、功臣的分封，如禹就曾封皋陶的后代在英和六，英在今河南固始县东北，六在今安徽六安市。这些分封的后代都建立了小诸侯国。三是夏族自己的分封，据史书记载，自禹登位后，自己及其后的继位者都分封其亲戚子孙到各地建立侯国，并且以其所建之国各为姓，其中有夏后氏、有扈氏、有男氏、斟鄩氏、彤城氏、襃氏、费氏、杞氏、缯氏、辛氏、冥氏、斟戈氏等。四是周边非华夏族，如东夷氏族部落联盟的首领太皞、少皞、蚩尤等。这些东夷氏族部落，这时也演变成了小诸侯国。杞国就是在这种历史背景下夏族自己分封的诸侯国。

夏代杞国君主，世系已不可考，文献对夏代杞国的记载很少。研

夏代杞国地理位置和周边环境图（摘自《创世在东方》有改动）

究夏代杞国的历史，我们只能从其他文献和考古资料来推测分析。杞国作为夏王朝的小诸侯国，它与夏王朝的发展有着千丝万缕的联系，我们从夏王朝的历史中可窥见杞国发展的历史，夏代杞国的地望在今河南杞县一带，目前考古工作者在杞县发现了大量的二里头文化遗址，这些杞县境内的二里头文化遗址就是夏代杞国人生活的居住地，通过对这些文化遗址的研究和分析，我们也可以推测当时夏代杞国的基本状况。

夏代杞国的疆域并不是我们想象的就是今天杞县的境域，而是从郑州以东（包括中牟）的开封市的所有境域，因为我们目前发现的杞县境内的二里头文化遗址的文化类型和郑州以东（开封市境域内）的二里头文化遗址的文化类型相同，故我们断定这些相同的历史文化是出自同一氏族部落的创造。所以说杞部族的势力范围当在郑州以东至杞县的所有区域。

夏代杞国作为一个氏族部落诸侯国，在夏王朝初期，它作为夏王朝东部的屏障，拥有一定的军事实力为夏王朝的安全起着非常重要的作用。史载:帝太康因"盘于游田,不恤民事",被有穷方国后羿逼得流落他乡。当时有穷国进攻夏都的路线不是从杞国境内过去的,而是沿黄河西下,绕道洛阳东北攻入夏都的。有穷国从杞国到洛阳是近道,而有穷国不走近道而绕道攻入夏都,说明了杞国的军事实力是相当大的,它足以抵抗有穷国的军队。考古资料也证明了这一点,近年来杞县境内发现了一个重要文化遗址——鹿台岗文化遗址,它是夏、夷、商三大文化的交会地,说明在夏时期夏、夷、商三大军事集团同时聚集在鹿台岗这个地方,处于相峙阶段,几乎未敢越雷池一步,而当时在鹿台岗居住的代表夏族势力的就是杞部族。杞部族在当时能与东夷、商两大军事集团相抗衡,从而也说明了夏代杞国的军事实力。

夏代杞国从建立到灭亡历夏王朝的帝禹、帝启、帝太康、仲康、帝相五个君王,夏代杞国在有穷国寒浞势力集团剪除夏王朝亲夏势力的战争中被灭,寒浞将小儿子豷封在杞国的地望上,建立了"戈"国。从夏代杞国建立到寒浞的儿子豷建立"戈"国,夏代杞国存国160余年。

二、商代杞国的建立和灭亡

商代杞国是商汤灭夏后将夏遗姒姓贵族百姓迁到杞地而建立的诸侯国。商汤为什么要封夏遗姒姓于杞,有三个方面的原因:一是商汤乃有德明君,不滥杀无辜。商汤俘虏了暴君夏桀后,也没有将他杀死,而是将他流放到了南巢。由此可见商汤的宽大胸怀。二是商汤封夏后遗于杞,有拉拢争取夏民的意识,他的这种做法使得其他诸侯也同样归顺,故司马迁《史记》中说:"汤修德,诸侯皆归商。"三是商汤迁夏后遗而封于杞,有监视夏朝遗民的意思,将他们集中在一起,便于管理,防止他们叛商。

记载商封杞国的文献较多,如:《大戴礼记》:"成汤卒受天命,不忍天下粮食之民刈戮,不得以疾死,故乃放移夏桀,散亡其佐,乃迁姒姓于杞。"《史记》:"汤封夏之后,至周时封于杞。"《史记·陈杞世家》:"杞东楼公者,夏后禹之后苗裔也,殷时或封或绝。"《太平寰宇记》:"殷汤封夏后于杞。"《杞乘》:"黄帝之前漫无可考,及商、周继杞者,皆封夏后,曰杞国。"王献唐《山东古国考》释为:"言迁姒氏于杞,乃封杞以居,并其王室俱往。"又《杞纪·系家》:"杞,姒姓国,夏亡,汤封夏后于杞。周武王克殷,求禹之后,得东楼公于杞,仍封其故国。"《路史》:"汤封少康之后以郊禹。"殷敬顺《列子·天瑞》:"汤封夏后于杞,周又

商代杞国地理位置和周边环境图（摘自《创世在东方》有改动）

封之。"

　　商代杞国的分封在殷商的甲骨文中也得到了证实。甲骨文是殷商之时刻在龟甲、兽骨上的文字。

　　商朝迷信鬼神，遇事都要进行占卜，问个吉凶。占卜用的是龟甲、兽骨，上面用青铜锥钻出一个小孔，放在火上烧烤，根据其裂纹以定事情的吉凶。卜官把占卜的全过程写在甲骨上面，这种记录占卜的刻辞，称为"卜辞"。卜辞有的是向上帝鬼神贞问年成的丰歉、雨水的有无、畜牧的兴衰、战争的胜败，有的是直接祈求上帝鬼神保佑。在目前发现的卜辞中，就有关于杞国的记载。如公元前1250年商王武丁时期的一条卜辞："丁酉卜，殻贞：杞侯炟弗其祸凡，有疾？"丁酉是占卜时间，杞侯是杞国君，炟，是杞侯的名字，殻，是武丁时的贞人，贞，是贞问。卜辞的意思是，商王武丁叫他的贞人殻贞问上帝，杞国君会不会有什么灾祸或染上什么疾病？商王能为杞国君炟占卜，说明商王朝与杞国的关系不错。史载商王武丁娶了一位杞国的女子"妇杞"为妻，是其60多个妻子之一，当时，杞被册封为侯爵，甲骨文卜辞有"杞侯"的字样。商朝末期，帝辛讨伐东夷时，曾经过杞国，卜辞有"庚寅卜，在婚贞,王步于杞,无灾。""壬辰卜,在意贞,王步雷,往来无灾。""癸巳壬卜在杞贞,今日步于意,无灾。""癸巳卜,在二月,王来征人方,在意、雷、商效鄙。"这一组卜辞意为:帝辛(纣)讨伐东夷时,从商都出发到达婚(地),在此占卜去杞地有无灾祸? 到了杞后又占卜去意有无灾祸?从时间上推算,他从婚到杞走了两天,从杞到意再经过雷只用了一天时间就到达商都郊区了,印证了杞国就在商丘西边只有一日多的行程。专家考证后认为:"婚即河南汲县的香泉,是从殷墟去杞县的必经之地;杞,即杞国或杞地;商都,就是大邑商丘郊鄙"《殷墟卜辞综述》。还如:"癸巳卜,今夕登赛","巳卯卜,行贞,王其田,无灾,在杞"(《甲骨文合集》24473)。第一条卜辞,说的是商王派人到杞国征收农业税,第二条卜辞,说的是商王贞问在杞是否有灾祸?

近年来,考古工作者在杞县境内发现了大量的商文化遗址,这些商文化遗址就是商代杞国民众的居住地。

商代杞国君主世系已不可考,但文献记载和发现的卜辞可知商代杞国和商王朝有着密切的关系,关于《陈杞世家》说杞国"殷时或封或绝"这个问题,据目前研究杞国史的专家认为,商王朝中期以前杞一直是商的诸侯国,绝的可能性小,商末可能迁徙,或与商王朝关系恶化才未在目前所见的甲骨文中有所反映。但总的来说,它赖商以兴,亦由商而败。商王朝从立国到灭亡存国 554 年,商代杞国从立国到灭亡也存国 554 年。

三、周代杞国的建立和灭亡

周武王克殷后,为了巩固其政权,加强其对广大东方地区的军事占领,便大肆分封,周代杞国便是周武王分封的异姓的亲戚诸侯国。关于周封杞国,史籍多有记载。如明《杞乘·地理沿革表序》:"周武王……乃褒封大禹之后于杞……杞之得名,由斯始焉。"《礼记》:"武王克殷返商,末下车而封黄帝之后于蓟,帝尧之后于祝,帝舜之后于陈;下车而封夏后氏之后于杞,投殷之后于宋。"《春秋集传释义大成》:"……周封二王,得东楼公封之于杞。"《玉海》释为"郑氏曰:二王:夏、殷,其后:杞、宋。"《南史》:"昔武王克殷封夏后氏之后于杞……杞、陈并列为国。"

周代杞国却是一个方圆不过百里的诸侯小国,杞国虽说为一个小国,但在周初,却受周王室的礼遇,杞国君东楼公被封为公爵,"备三

西周杞国地理位置和周边环境图（摘自《创世在东方》）

恪"，被周王室尊为贵宾。其他诸侯王国也对它尊敬有加。杞人在这一段时间里过着安乐祥和的生活。《周书·王会》就记载了当时杞国国君参加诸侯会见时所受的礼遇："……堂之左殷公、夏公立焉，皆南面。杞宋二公冕有繁露，揖笏，则唐虞同。"周平王东迁后，因诸侯问鼎中原，周王室自身难保，也无暇顾及其他诸侯小国，其他诸侯小国便在大国的欺凌下生存，杞国也失去了赖以生存的"保护伞"。当时，杞国处于宋、陈、郑、徐等国之间，时时处处都遭受他们的欺凌，无法在雍丘立国。公元前 740 年，杞武公带着他的臣民迁往淳于避难，在其他国家的侵扰下，杞国在淳于又无法立足。公元前 646 年，杞成公又带着臣民迁往缘陵，又在缘陵立国 102 年，处于齐、鲁之间，鲁国经常以杞君"不敬"为借口，多次"伐杞"，"入杞"，侵占"杞国"。为了保国，公元前 544 年，杞文公又将国都复迁往淳于。公元前 445 年，杞国在楚国势力集团大力扩张的情况下被楚惠王所灭。杞国从武王始封至公元前 445 年灭亡，存国 678 年。

　　周代杞国君主、世系皆可考。周代杞国君主、世系见于《春秋》（经，传）及诸史志者，有以下四说：

春秋杞国地理位置和周边环境图(摘自《创世在东方》)

1. 十五世二十君(父子相继为一世,兄弟相及并为一世)

如《杞纪》(详见附表一)。又《历代帝王统系》则直记为:"杞国传十五世、二十君,传国 678 年。"(二)十九世十九君(一君为一世,下同)。如《史记》(详见附表二)。(三)二十一世。如《汉书·雍丘注》:"故杞国也。周武王以封禹后东楼公,……二十一世至简公为楚所灭。"(四)二十四世。如《大成》:"杞……自东楼公至武公八世,武公至闵公十世……闵公之后又六世为楚所灭,共二十四世。"又如《十一列国先代之后世纪》(下称《世纪》)说是:"武王克商,封东楼公于杞,八世为惠公,实当春秋之初,又八世而春秋终,又八世而杞亡。"以上各说皆正误参半,杞县史志研究者杜宝田先生对以上四说进行了考证,其考证情况如下:

周代杞国,始封之具体年限,史籍只笼统记为武王克殷封杞或返商下车封杞,年份不详,但杞亡于周贞定王二十四年(公元前445年,楚惠王四十四),传国678年,则为确切纪年且为诸史公认。由此上溯,则始封应为前1122年。其间历西周、春秋、战国初三个阶段。今依《春秋》(经,传)先定春秋断限:即上起鲁隐公元年(前722年,周平王四十九年,杞武公二十九),下限鲁哀公十四年(前481年,周敬王三十九年,杞闵公六),年限242,春秋年限既定,则前后自明。据此而言,则西周之世为上起前1122年(武王之世,杞东楼公始受封),下限前723年(周平王四十八年,杞武公二十八年,鲁惠公四十六),年限400。战国之初为上起鲁哀公十五年(前480年,周敬王四十年,杞闵公七),下限周贞定王二十四年(前445),年限36。三段总计678年。断限既定,进而分段考察诸史志所载君号、世次、系年,正误自可明白。

2.西周时期

诸史所载者:一世,东楼公——传子二世,西楼公——传子三世,题公——传子四世,谋娶公——传子五世,武公(止二十八年,二十九年入春秋)。皆有世次而无系年。《史记》虽记为:"四世谋娶公当周厉王时";《绎史列国年表》又记为:"东楼公当武王时,武王在位七年。西楼公当穆王时,穆王在位五十五年。题公当懿王时,懿王在位二十五年。谋娶公当厉王时,厉王在位三十七年。周平王二十一年,杞武公元年也,平王四十九年,杞武公二十九年入春秋。"此二则虽较前稍详,但除武公外,前四君仍无确切纪年。现据上述情况剖析:西周之世,杞国总为400年(前1122~前723),自共和元年,前841年后有公元纪年可资对照,此前有厉王37年,亦可作为正式纪年。这一阶段除武公28年,尚有372年,所载只有四君。如按《绎史年表》所说:东楼公一君就经历了武王、成王、康王、昭王四王;西楼公就经历了穆王、共王二王;题公经历了懿王、孝王、夷王三王;谋娶公经历了厉王(37)、共和14年、宣王46年、幽王11年、平王20年,他一人就在位128年(前878~前750),其他三君共在位243年,平均81年(前1122~前879)。这实在难以令人信服,前代史者贾洪基早已驳论为:"武王求禹后,得东楼公(封)于杞,则立国于周初也,乃四传而至武公,武公二十九年,为鲁隐公元年(入春秋),上溯周初,年且四百,焉为有四百年而止(只)四、五传者,其脱漏也多矣。大体春秋诸国,史逸难稽,聊举其误之甚者一辩之。"这是一个正确的、值得重视的意见。再从事实上考察,西周杞国各君,皆为父殁子继,而在位各近百年,是绝对不可能的。由此可知,诸史所载西周之世的杞国世次、纪年,有严重的阙漏,可谓无一不误。

《大成》《世纪》曾试图纠正这一差误,但也终归徒劳。《大成》说是:自东楼公至武公八世,但除上列五君外,其余三君则无考据。《世纪》说是八世惠公实当春秋之初,把西周下限延长50年(武公二十八年后,又十九年,靖公二十三年,共公八),不但扰乱了春秋纪年,且不能改变武公之前四君纪年的失误,所以《大成》《世纪》之说,仍然是错误的。

3. 春秋时期

诸史志所载,有八世九君(《世纪》起惠公,止闵公);九世九君(《春秋笔削发微图》下称:《发微》,起成公,止僖公(附表三);十世十君,《大成》,起武公,止闵公(附表四);九世十三君(《杞纪·封建表》及《左传事纬》起武公,止闵公);十二世十二君(《史记·陈杞世家》起武公,止闵公)等多种说法,今以《春秋》(经,传)核正,只有九世十三君所列君号、世次、纪年、系事相符。其详如下:(父子相继为一世,兄弟相及合为一世)武公(起二十九年、止四十七年,前722～前704年,共19)——子、靖公(在位23年,前703～前681)——子、共公(在位8年,前680～前673)——子、惠公(在位18年,前672～前655)——子、成公(在位18年,前654～前637),弟桓公(在位70年,前636～前567)——子、孝公(在位17年,前566～前550),弟文公(在位14年,前549～前536),弟平公(在位18年,前535～前518)——子、悼公(在位12年,前517～前506)——子、隐公(数月不计年,前505)——弟、僖公(在位19年,前505年～前487)——子、闵公(在位6年,前486～前481),共九世十三君,242年(见《杞纪》。《左传事纬》另见附表五)。

据此可以证明,《世纪》脱武公、靖公、共公、成公四君。《发微》既脱武公、靖公、共公、闵公四君,又以成公为德公(即惠公)之父,辈份颠倒。《大成》脱靖公、共公、成公三君。《史记》脱成公一君;且以桓公为德公(即惠公)之弟(他本惠公之子)在位十七年(另本作七十);又把惠公、僖公、闵公改为德公、厘公、湣公,失误较多。因此前代史志对《史记》多所指责。如《杞纪》指为:"《史记》:武公……至桓公姑容(桓公名姑容）立共九十六年,而无成公一代……今但以《左传》《杜氏年表》为正(加成公一代,十八)。"又如《索隐》指出:"系本及谯周……惠公(即德公)生成公及桓公,是此(则《史记》系家脱成公一代。故云德公卒、弟桓公立,非也。"《绎史·列国年表》指出:"《史记》云共公卒,子德公立,德公卒、弟桓公立,既脱成公一代,而盖号又不同(惠作德)。故知《史记》《系家》与小国多所失误。"又:《史记》:"谓四世谋娶公当周厉王时必有误,父子相及,在位各五、六十年,无是理也。"对于《史记》杞桓公在位十七年的记载。《杞纪》提出了明确的更正。它引《春秋》为据:(周)灵王五年(前567)甲午,春,王三月,壬午,杞伯姑容卒:"注:"杞桓公七十年卒(前636～前567)。郑重地对《史记》加以辩误。

如上所述,则春秋时期的杞国君号、世次、纪年应以九世十三君之说为正。

4.战国初期

自杞入战国至亡,为时不过36年,虽然《春秋》绝笔,杞事已不系于鲁,但周王正统犹存,杞国的纪年,系事又系于周;且断限详明,上起周敬王四十年(前480)下止周贞定王二十四年(前445),仍可考证,但史籍所载,却又诸多分歧。其一,列世次而无纪年者:如《大成》仅记为"闵公之后又六世为楚所灭",《世纪》:"又八世而杞亡。"其二,无世次而只载亡年者:如《四书通典》"杞之亡在获麟(前481年,鲁哀公十四年,杞闵公六)后三十二年",如照这一说法,杞国是亡于公元前448年,周贞定王二十一年,而非前445年,贞定王二十四年亦与史实不符。其三,有君号、世次、纪年而总年及亡年不符的,如《史记》:"杞亡后(于)陈三十四年"又"陈之亡在杞湣公(闵公)十五年"又"杞简公立,一年,为楚所灭"。如果把这三点记述和《史记》所记的世次、纪年相核对,则差误有二。一者,该记所列:起闵公七年(前480年。后至闵公十六年一前471,计为十年,其下哀公十年(前470～前461),出公十二年(前460～前449),简公一年,则总年只有33年而不是36年。二者,它以杞湣公十五年陈亡,则陈亡于公元前472年(《中国历史年表》为公元前479)。又后34年,是公元前438年,这样杞之亡,更非贞定王二十四年。这两点都是《史记》本身存在的矛盾而不能自圆其说的。其四,起止年限总计为36年(前480～前445),但按世次、纪年核正而中脱三年者,如《杞纪·封建表》:起闵公七年(前480),下至闵公十六年,本应为公元前471年但却记为前468年,虽以下经哀公十年、出公十二年、简公一年,恰为周贞定王二十四年(前445),但其间仍有三年空脱。可见,以上四说,均为误载。

那么这一阶段应以何说为是呢?今考《绎史列国年表》:"起闵公七年(前480)下至闵公十六年(前471),共十年;再下哀公九年(前470～前462),出公十二年(前461～前450),简公五年(前449～前445),不但总年相符,且分年衔接恰至前445年。故战国初的杞国世次、纪年应以《绎史列国年表》为正(附表六)。

附表一:(据《杞纪》卷七《封建》。父子相继为一世,兄弟相及合为一世,共十五世、二十君)杞与周、鲁、公元纪年时参见大事年表。以下各表同)

东楼公—西楼公—题公—谋娶公—武公

佚名 在位四十七年	靖公	佚名 在位二十三年	共公	佚名 在位八年	惠公	佚名 在位十八年
成公	佚名 在位十八年	(弟)桓公	名姑容 在位七十年	孝公	名丐 在位十七年	(弟)文公
名益姑 在位十四年	(弟)平公	名郁厘 在位十八年	悼公	名成 在位十二年	隐公	
名乞 在位七月(不计)	(弟)僖公	名过,弑立 在位十九年	闵公	名维 在位六年	(弟)哀公	
名阏路,弑立 在位十年	(闵公子)出公	名敕 在位十二年	简公	名春 在位一年	为楚所灭。	

附表二:《史记·陈杞世家》载:"杞东楼公者,夏禹之后苗裔也。殷时或封或绝。周武王克殷纣,求禹之后,得东楼公,封之于杞,以奉夏后氏祀。东楼公生西楼公,西楼公生题公,题公生谋娶公。谋娶公当周厉王时。谋娶公生武公。武公四十七年卒,子靖公立。靖公二十三年卒,子共公立。共公八年卒,子德公立。德公十八年卒,弟桓公姑容立。桓公十七年卒,子孝公丐立。孝公十七年卒,弟文公益姑立。文公十四年卒,弟平公郁厘立。平公十八年卒,子悼公成立。悼公十二年卒,子隐公乞立。七月,隐公弟遂弑隐公自立,是为厘公。厘公十九年卒,子湣(闵)公维立。湣公十五年,楚惠王灭陈。十六年湣公弟阏路弑湣公代立,是为哀公。哀公十年卒,湣公子敕立,是为出公。出

公十二年卒,子简公春立。立一年,楚惠王四十四年灭杞。陈后杞亡三十四年。"后代史学家对《史记》的杞国世系多次进行考证,修订。修订后的杞国君主世系如下:

周代杞国世系表

君号	名字	继承关系	在位年数	即位时间		备注
				周纪年	公元纪年(前)	
东楼公	不详	禹之后	不详	周武王时	1046~1043	
西楼公	不详	子	不详	周穆王时	927~922	
题公	不详	子	不详	周懿王时	899~892	
谋娶公	不详	子	不详	周厉王时	877~841	
武公	不详	子	47	周平王21	750	
靖公	不详	子	23	周桓王17	703	
共工	不详	子	8	周厘王2	680	
惠公	不详	子	18	周惠王5	672	
成公	不详	子	18	周惠王23	654	《史记》天成公
桓公	姑容	弟	70	周襄王16	636	《史记》在位17年误
孝公	丏	子	17	周灵王	549	
文公	益姑	弟	14	周灵王23	549	
平公	郁厘	弟	18	周景王10	535	
悼公	成	子	12	周敬王3	517	
隐公	乞	子	7个月	周敬王14	517	不计年
僖公	过	弟	19	周敬王15	505	《史记》作厘公
湣公	维	子	16	周敬王34	486	亦作闵公
哀公	阏路	弟	10	周元王6	470	弟弑兄
出公	敕	侄	12	周贞定王8	461	闵公子
简公	春	子	1	周贞定王20	449~445	

附表三：(据《春秋笔削发微图》，九世九君。本表及表四、五、六只列春秋列时期)

成公 — $\dfrac{《史记》云}{共公}$ — 德公 — 桓公 — $\dfrac{名姑容}{德公弟}$ — 孝公 — $\dfrac{名丐}{桓公子}$ — 文公 — $\dfrac{名益姑}{孝公弟}$ — 平公

$\dfrac{名郁厘}{文公弟}$ — 悼公 — $\dfrac{名成}{平公子}$ — 隐公 — $\dfrac{名乞}{悼公子}$ — 僖公 — $\dfrac{名过}{隐公弟，弑立}$

《发微》：夏禹之后东楼公，周武王封于杞，奉夏后氏祀。自东楼公八世至成公，见于《春秋》。

附表四：(据《春秋集传释义大成》，十世十君)

武公 — 德公 — 桓公名姑容孝公名丐文公名益姑平公名郁厘悼公名成隐公名乞僖公名过闵公名维

《大成》："杞，姒姓，公爵，后国削弱，自改伯爵，又改子爵。出自夏禹之后裔。周封二王后，得东楼公封于雍丘，以奉禹祀。自东楼公至武公八世，武公十三年，鲁隐公元年也。自武公至闵公十世，闵公六年，鲁哀公十四年也。闵公之后又六世，为楚所灭，共二十四世。"

附表五：(据《左传事纬》，九世十三君，兄弟相及者合为一世)

武公 — 靖公 — 共公 — 惠公 — 成公 — 桓公 — 孝公 — 文公 — 平公 — 悼公 — 隐公 — 僖公 — 闵公

附表六：(据《绎史列国年表》所列战国初至杞亡)

闵公七—十六年，共十年。前480~前471年
  周敬王四十年—周元王五年

哀公元—九年，共九年。前470~前462年
  周元王六年—周贞定王七年

出公元—十二年，共十二年。前461~前450年
  周贞定王八年—贞定王十九年

简公元—五年，共五年。前449~前445年楚灭杞，夏禹不祀。
  周贞定王二十年—贞定王二十四年

第二节 夏、商、周时期杞国的社会经济状况

一、夏代杞国的社会经济状况

由于历史久远，有关夏代杞国的史料记载相当匮乏，近年来，考古工作者根据古文献中有关夏代杞氏活动区域的记载，经过多年的努

力,在开封及杞县境内发现了一种介于河南龙山文化和郑州二里岗早商文化及山东岳石文化之间的文化遗存,这类遗存以杞县段岗遗址和牛角岗遗址为典型,考古工作者将其命名为二里头文化的"牛角岗类型"和"段岗类型"。这些文化遗址当属夏代杞国民众的居住地。

根据这些出土的陶器的组合特点分析,杞县境内的二里头文化遗存可分为前后衔接的四期。第一期年代约当伊洛地区二里头文化第二期的后段,第二期年代约当伊洛地区二里头文化第三期的前段,第三期年代约当伊洛地区二里头文化第三、四期之交,第四期年代约当伊洛地区二里头文化第四期的后段。杞县境内的二里头文化遗存一期、二期为夏代杞国的遗存,三期、四期有先商和岳石文化的遗存。这种文化现象可能是"太康失国",夏代杞国被东夷所灭,东夷、先商等文化势力集团又进驻杞地的缘故。

夏代杞国文化遗址出土的生产工具以石、木、骨、角、蚌制品为主,许多工具都透体光滑,相当精良。工具的种类除垦荒造田用的石斧、石铲外,还有收割用的石镰、石刀,加工粮食用的石杵臼及磨制农具用的砺石等工具。夏代杞国文化遗址中的陶器比较丰富,且比较精致,这说明陶器烧造技术已经普及,已成了当时主要的手工业部门。在夏代杞国文化遗址中出土的陶器种类有:中口长腹罐、豆、箍状堆纹缸、盆、中口瓮、圆腹罐、捏沿罐、大口尊、簋、甑、碗、器盖等。陶器的纹饰有中细绳纹、细绳纹、麻纸状绳纹、绳纹十箍状堆纹、篮纹、方格纹、连珠纹、旋纹、坑窝纹等。陶器种类的繁多,说明夏代杞人对陶器使用分类已相当细,纹饰的繁多,显示了夏代杞国人民的艺术创造能力。

甑

圈足盘

鬲　　　　　　　　　　盆

鬲　　　　　　　　　　豆

鼎　　　　　　　　　箍状堆纹缸

夏代杞国出土的陶器（出自杞县段岗、朱岗等古文化遗址的二里头文化遗存中）

捏沿罐 　　　　　　　　花边圆腹罐

夏代杞国出土的陶器（出自杞县段岗、朱岗等古文化遗址的二里头文化遗存中）

　　从夏代杞国文化遗存的环境气候分析可知，原始社会末至夏商时期豫东属温带大陆型气候，夏时期豫东杞县气候比较温暖，这里阳光充足，雨水丰沛，适宜各种植物的生长。加上这里经过大禹的"尽力乎沟洫"，即把治水和修治农田结合起来，在农田里开出沟道，既可以排除积水，又能通水灌溉。所以，夏代杞国农业生产的作物、谷物的数量较为丰裕。遗址中出土了大量储存粮食用的缸和瓮说明了当时粮食非常多。房屋的建造技术先进，房屋的建造多为一柱式建筑。在夏代杞国的文化遗址中发现的房基共有两种类型：一种是在黄色生土上挖建的半地穴式一柱式房基，周壁下部微向外斜，略呈袋状，深约0.47～0.75米，壁外较光滑、规整。门道朝向西南，略呈弧边长方形，内呈斜直壁状。房基内填土为层层相叠的浅黄色土和灰褐色土。第二种为一柱式地面建筑，形式有方、圆两种，地面为坚硬的厚约0.01米的烧土面，平整光滑，夏代杞国文化遗址中墙基地面用红烧土进行处理。说明了当时杞国人已掌握了防潮处理技术。

二、商代杞国的社会经济状况

　　商代杞国见著于文献的记载较多，但文献中的记载也仅能证明商代杞国的存在，研究商代杞国的政治、经济、文化还只能借助于考古资料。近年来考古工作者根据文献记载的商代杞人的活动区域，在杞县境内发现了早商文化遗存和晚商文化遗存。未发现中商文化遗存，笔者认为这种文化断档的原因可能是文献中记载的"杞东楼公者，夏后禹之后苗裔也，殷时或封或绝"的原因。我们认为杞县境内的商代文化遗存就是商代杞国人生活聚集地。

商代杞国的农业生产有了进一步的发展。文化遗存中出土的生产工具仍以石、木、骨、角、蚌制品为主。工具种类仍以垦荒造田用的石斧、石铲为主，还发现了收割用的石镰、石刀及蚌镰。说明农业生产是当时具有决定性意义的生产部门。采集和渔猎活动在日常生活中仍占有相当重要的地位。古代杞国森林密布、湖泊纵横，是野生植物和动物的生存地。在商代杞国文化遗存中发现了石质、骨质的镞、刀、网坠等。商代杞国的手工业仍以烧制陶器为主，在商代杞国文化遗存中陶器仍非常丰富，少见青铜器。这说明铸造青铜器，要经过一系列较为复杂的工艺程序。除了采矿、冶炼之外，还要制模、翻范、浇铸、修整等工艺，分工非常细，每一道工序都有专门的工匠，需要工匠们协作完成。这种高端的烧造技艺仍掌握在商王等大奴隶主贵族手中，其他如杞国等这些弱小方国的奴隶主贵族还不具有烧造青铜的技艺和经济实力。商代杞国文化遗存中发现的陶器陶质为夹细砂和泥质的两类，夹砂者比例较大，种类和当时青铜器烧造的种类大致相同，有鬲、甗、盆、罐、瓮、豆、簋、圆腹罐、钵、甑、鼎等器物，这说明商代杞国的制陶规模扩大，内部分工明确，也说明了陶器生产也是当时的一个重要部门。商代杞国陶器上的纹饰以中偏粗绳纹为主，其他还有云雷纹、卷云纹，和青铜器上的纹饰也大致相同，这说明商代杞人已有了较高的审美意识。

深腹罐　　　　　　　　　　　　盆

圈足盘

小盆

深腹罐

鬲

商代杞国出土的陶器（出自杞县鹿台岗、段岗、牛角岗、朱岗等古文化遗址的商代文化遗存中）

三、周代杞国的社会经济状况

周代杞国见著于史料的较多，尤其是杞国入春秋以后，见著于《春秋》的记载也很多，但令人遗憾的是，近年来考古工作者在杞县境内未发现一处西周时期的文化遗存，仅发现了一些春秋和战国时期的文化遗存。那么，在杞地建都382年，又备受周王尊宠的周代杞国为什么找不到一点遗存呢？笔者认为这种文化断档现象不是政治原因造成的，而是由当时的气候造成的。

根据竺可桢先生近5000年来中国气候分期可知，豫东杞县在仰韶文化时期属温暖期，当时豫东杞县森林密布、湖泊纵横、丘陵起伏，很适宜各种动植物的生长，也适宜人类的生存。夏、商时期，豫东杞县仍比较温暖，这也是夏、商杞国社会经济发展较好的原因。西周时期，豫东杞县进入寒冷期，这一时期，杞县气候干燥、天寒地冻、雨水稀少、蒸发旺盛,致使杞县境内原有的森林消失、湖泊干涸,野生动植物灭亡。当时杞地没有像黄河那样流动的河流,农业生产受到了极大的制约。为了生存,当时周代杞国民众纷纷外逃至附近的诸侯国,致使周代杞国百里之内人烟稀少。周代杞国政权虽存,却是有其名无其实,故司马迁说:"杞国小微,其事不足述焉。"因为人烟稀少,生产生活的遗留堆积较薄,这是杞县境内未发现周代杞国文化遗存的重要原因。春秋时期,豫东杞县气候再度回暖,一些适宜在亚热带生长的动植物又在杞县生存,西周时期消失的湖泊又蓄满了水,人类生存的条件大为改善,逃亡在外的民众又回到杞国生产、生活,杞国的人口迅速增长,人类生产生活的活动较为频繁,豫东杞县又成了兵家必争的战略要地。因为人类活动频繁,形成了较为丰厚的春秋文化堆积。故杞县境内没能发现西周文化遗存却能发现春秋、战国时期文化遗存。

古人耕作图

综上所述我们可知,西周时期的杞国社会经济处于积贫积弱状态。因为气候原因,杞国境内人烟稀少,没有形成西周时期井田制下的大规模的农业耕作,还是零散的小型农业耕作。手工业生产仍以制陶业为主,烧造数量较少,仅仅能满足当时杞国民众的需要。春秋时期的杞国社会经济状况有了较大发展,杞县境内发现了丰厚的春秋时期杞国的文化遗存。农业生产有了较大发展,除在杞县境内的文化遗存中发现耕作和收割用的石器外,还发现了用于生产和生活的水井。水井的发现,说明了春秋时期的杞国人在和大自然的斗争中,为解决生产和生活用水问题,掌握了凿井技术。杞国东迁淳于、缘陵后,由于所迁之地依山傍水,生产和生活条件都很好,杞国在淳于、缘陵的社会经济比在杞县境内的社会经济要好得多。手工业生产有较大的发展。杞县境内的文化遗存中发现了大量陶器,有鬲、鼎、盆、罐、壶、衾、豆、

中口瓮　　　　　　　　　直口罐

周代(春秋)杞国出土的器物

甑等多种器物,胎质比夏、商、西周时期的都较坚硬。西周时期,青铜铸造技术得到了较好地推广,不仅周王室和诸侯公室有青铜作坊,就连一般贵族,也拥有大小不等的青铜作坊。甚至在经济落后偏远的地区,青铜冶铸也有了长足的发展。西周时期的杞国有了青铜铸造技术。近年来,西周时期杞国铸造的青铜器不断出土和发现。如道光年间,在山东新泰附近出土了9件杞国青铜器,有鼎、簋、壶、匜、盆等。1962年,武汉市文物公司收购到一件杞伯鼎。1966年,山东滕县木石镇南台村出土一件杞伯鼎,为杞国国君每亡为邾国(今山东邹县)曹氏之女所作的礼器,有铭文为:"杞白(伯)每(敏)匕(亡)乍(作)(鼄)(邾)(嬭)(曹)宝鼎其万年眉寿子子孙孙永宝用享。"经郭沫若先生鉴定:该鼎为西周厉王(前879～前842)年间,因杞国的谋娶公(人名)与滕国曾有姻缘关系,作为纪念品而铸的。

杞伯鼎及其铭文

第三节　夏、商、周时期杞国的科学技术和文化

一、夏、商、周时期杞国的天文历法较为先进

　　农业生产与季节天象有着极为密切的关系,我国古代的天文历法知识,就是在农业生产的实践中不断积累起来的,又直接为农业生产服务。尧舜时期,就有羲和、羲仲观察日月星辰以定四时的传说。夏时期的杞国观测天象的人员有了较细的分工。近年来,考古工作者在杞县境内发现了龙山时期(杞国文化遗存)的天文台遗址。天文台由三部分组成,第一部分是内圆外方的建筑,为古人立竿测影的天文台,第二部分为漏斗状圆坑,是观测北斗四宫星象的地下天文台和天文仪器,第三部分为中心一个大圆墩周围分布着十个小圆墩的建筑,大圆墩具有"太极"的象征意义和功能,十个小圆墩代表十月太阳历和十个月。它是将竿杆测影和"坐井观天"等星象观测有机结合起来,互相参证。由此可见,夏代杞国境内的天文台不是由一个人来完成观测的,它需要多人的合作才能完成星象观测,这也代表了夏时期观测天象的最高水平。商代,由于商王对杞国是出于监视的目的,不可能对杞国有所照顾,杞国仍然沿袭夏朝时的天文历法并未发展,周时期杞国人根据前人观测天象的记录已掌握了根据星象、气象、物象来从事农事

和政事的天文知识。随着文字发明的日臻成熟,周时期的杞国人根据夏、商时期古人对天象观测的记录和传说,编撰了历法著作《夏小正》。《夏小正》比较正确地反映了天象的客观规律,是我国最早的天文历法资料。

二、夏、商、周时期杞国的文化(杞文化)

1. 杞人忧天传说及其相关传说的编撰和传承

神话传说是原始社会人类的特有文化,也是人类幼年时的重要文化。在原始社会时期,由于生产力总水平的低下和科学知识的贫乏,人们对一些自然现象无法解释,也无法战胜自然灾害的侵袭,便幻想着有一种神的力量来保护人民、改变自然。根据当时的自然现象,原始人类编创了许许多多的神话传说,如"盘古氏开天辟地"、"女娲氏炼石补天","精卫填海"、"愚公移山"等,因为当时还不具备记载这些神话的条件,只能靠人们的口耳相授才能流传,故当时编创和传授神话故事是当时人们的重要文化活动。夏时期的杞国正处于原始社会向人类文明社会的过渡时期,是我国历史上氏族、部落的交往、角逐、融合的中心地带,部落与部落之间为争夺财富和权力,时常在此处发生大规模的冲突。当时杞国人面对如此频繁的战争冲突,希望有神的力量来解决战争,给人们创造安乐、祥和的生产生活环境。于是夏时杞人根据当时的情况编创了杞人忧天神话传说。杞人忧天神话传说在传承的过程中,由于讲述人的不同,讲述的地点不同,又形成了杞人忧天传说同一母体的许多传说。商朝迷信鬼神,遇事都要进行占卜,问个吉凶。占卜用的是龟甲和兽骨,上面用青铜锥钻出一个小孔。卜官把占卜的全过程写在甲骨上面,这种记录占卜的刻辞,称为"卜辞"。卜辞有的是向上帝鬼神贞问年成的丰歉、雨水的有无、畜牧的兴衰、战争的胜败;有的是直接祈求上帝鬼神保佑。祭祀占卜活动是当时的一项重要文化活动。商时杞国的人们根据占卜的情况和内容,编创了祈天神保佑的许多神话传说。西周时期,杞国位列上公,备"三恪"(陈、杞、宋),为周王室的贵宾,周围其他诸侯国家,无论大小都对杞恭敬有加。杞人忧天传说仍然是以祈天神保佑为题材的传说。进入春秋后,由于周王室国力衰微,其分封的大国对周天子不再尊重,周天子自顾不暇,对其分封的国家也管不了那么多了。春秋初期,大国为加强国力开始对小国进行掠夺和欺凌。齐桓公、晋文公首先提出"尊王攘夷"

的口号，具有维护奴隶制统治秩序的含义。不过他们的真实目的，是要利用这一口号作为扩张领土和掠夺财富的手段。随着周王室的衰微，杞国也失去了赖于尊贵的"保护伞"！春秋之际，杞国处于鲁、晋、楚、齐、宋、徐、莒等国之间，时常遭受大国的欺凌，为了生存保国，曾三迁其国，过着颠沛流离的生活。杞人忧天传说主要是以杞国的故事为题材编创的民间历史传说，这一时期的民间历史传说有着较为可信的史料价值。

2. 天文历法著作——《夏小正》

《夏小正》是周时期杞国人根据传承的夏代历法，并结合杞国人对天象、农事和政事观测的记录而编撰的一部天文历法专著。《夏小正》后来被保存在《大戴礼记》中，是有关夏历的重要文献。《夏小正》按夏历十二个月的顺序，分别记述每个月的星象、气象、物象以及所应从事的农事和政事。其星象包括昏中星（黄昏时南方天空所见的恒星），旦中星（黎明时南方天空所见的恒星），晨见夕伏的恒星，北斗的斗柄指向，河汉（银河）的位置以及太阳在星空中的位置等。夏朝文字尚未成熟，在考古发掘中，只是在出土的陶器上发现过一些刻画符号，故夏历只能靠口头流传。由于长期口头流传的缘故，可能出现残缺和其他错误。现存的《夏小正》，分经文和传文两部分，经文记载的内容，据现代学者考证，就是夏朝的历法和生活的情况，传文就是注文，其注释部分，则是战国至秦汉间的学者加上去的。

《夏小正》比较客观地反映了天象的规律，它所记载的物候和人的活动情况非常有趣并符合人们生活的规律。

正月：蛰虫开始出土，大雁飞向北方，野鸡振翼鸣叫，鱼从结冰的水底上浮，田鼠出洞了，水獭捕鱼陈列水边，园中见有韭菜长出来，柳树长出新芽，梅、李、山桃花开了，农夫开始治理田亩。

二月：到田中去种黍，羊开始生羔，捕鱼的时候到了，堇菜长出来可以采摘，昆虫蠕动了，燕子来到家中作巢，黄鹂开始鸣叫，芸豆结实可以收获。

三月：桑树萌发，杨树抽枝，蝼蛄鸣叫，桐树开花，斑鸠鸣叫，开始养蚕。

四月：蜻虫和蛤蟆开始鸣叫了，园中的杏树结果了，开始执小驹使其驾车。

五月：浮游的小虫大量产生，伯劳鸟开始鸣叫了，蝉也鸣叫了，煮梅子、蒿兰草以为香料，开始吃瓜。

六月：煮山桃储藏起来作为食品，鹰开始搏击捕杀小动物。

七月：芦苇开花，小狸长大了，池水中长出浮萍，扫帚草长成了，寒蝉开始鸣叫，雨也下得多起来。

八月：瓜成熟了开始采摘，枣也开始剥取，栗裂皮而自动脱落，鹿交配成功而生养，田鼠损害庄稼。

九月：大雁迁往南方，燕子升空飞去，各种野兽入穴，菊花盛开，此时开始种麦。

十月：捕捉野兽的时节来到了，乌鸦忽高忽低地飞翔，夜变得长起来。

十一月：国王进行狩猎活动，陈列精良的弓箭，麋鹿坠落其角，商旅不行，万物不通。

十二月：鸳鸟高飞鸣叫，昆虫潜入地下，掌管水泽的虞人设网捕鱼。

以上所记的物候和人的活动情况，是当时长期经验的积累。古人把十二个地支，即子丑寅卯辰巳午未申酉戌亥和一年的十二个月互相配合。以通常有冬至的那一月配子，第二月配丑，第三月配寅，直至第十二月配亥。如果以有冬至的那一月作为一年的正月，这样的历法叫做"建子"；以冬至后第二个月作为一年的正月，这样的历法叫做"建丑"；以冬至后第三个月作为一年的正月，这样的历法叫做"建寅"。传说古代夏、商、周三朝的历法都不同"夏正建寅，殷正建丑，周正建子"，即夏代把一年的正月放在冬至后的第三月，殷代即商代把一年的正月放在冬至后的第二月，周代把一年的正月放在有冬至的那一月。在这三种历法中，只有夏历最符合人们的活动规律。因为冬至后的第三个月，正是春天的开始，万物复苏，大地更新，农民们开始下地劳动。把这个月作为新年的正月，最受农民的欢迎，也最便于管理农业。

自《夏小正》用夏历记录了一年十二个月的物候和农事活动的规律后，受到人们的普遍重视和高度评价。春秋时期的孔子说："我欲观察夏朝兴亡的道理，所以到夏王后代所在的杞国，但那里找不到这方面的文献，却得到了夏时。"所谓"夏时"，就是按月份记载物候和农事活动的《夏小正》，孔子认为这个文献非常好，所以他主张"行夏之时"。朱子说:"二十四气,七十二候,见于周公之时训。吕不韦取以为月令焉,其上则见于夏小正。夏小正者,夏后氏之书,孔子得于杞者也。"周朝建子,而"授民时,巡狩,宴享皆用夏时",《诗经·豳风·七月》是记载西周农事活动的史诗,但它描绘的物候,都是按夏时说的,《七月》篇的诗句中有许多关于物候的事,与《夏小正》中的一致。汉代司马迁写《史记》时还说:"学者多传《夏小正》。"汉初的历法仍然用夏正"建寅"。直到现在我们所用的农历,也叫阴历,冬至一般在十一月,而冬至后的第三个月才是新年的开始,正是采用的夏历。由此可见,《夏小正》是周时期杞国人为我们留下的一件宝贵遗产,在中国的历史上有着深远的影响。

三、杞国文化(杞文化)的特点

文化是指社会的意识形态,以及与之相适应的制度和组织机构。作为意识形态的文化,是一定社会政治和经济的反映,具有民族性、连续性,通过民族形式的发展,形成民族的传统、制度、文化、风俗习惯等,同时文化又反映了一个民族的精神风貌。杞文化是一个从夏、商、周至战国初为楚所灭的杞民族的杞国文化。杞族为大禹之后,杞于夏代立国,历夏、商、周三代,杞国在雍丘立国982年,使用的礼仪制度为"夏礼"。杞国东迁后,在缘陵、淳于又立国302年,迫于生存的需要,入乡随俗,使用"夷礼"(东夷少数民族的风俗礼仪)。但是,杞国使用"夏礼"的时间较长,"夏礼"是杞国的主流文化,"夷礼"是非主流文化。所以杞文化的重要特点就是"行夏礼、守夏时、奉祀大禹"。

所谓"行夏礼",就是遵循夏朝的礼仪制度(政治制度和风俗习惯)。夏王朝是在原始父系氏族公社制度的基础上建立起来的,它保存了大量原始社会的制度和风俗,国家制度尚属初建。早期国家的阶级远不如后代那么明确,相互之间的对抗也不像后代那么激烈。所以,"夏代的政治是尊政令,虽然敬鬼,却使它远离政教,通达人情,而忠于国事,以俸禄为重要,其次才是树立威严;以赏赐为重要,其次才是运用刑罚"(《礼记·表记》)。这就可以看出"夏礼"所体现的和谐宽松的政治,它强调"近人而忠"、"亲而不尊",对人民以褒奖为主,以惩罚为次;以关心为主,以行使权威为次。故孔子说:"夏代的政令质朴简单,对人民要求不多,赋税也不重,人民没有厌弃对亲人的感情。"(《论语·阳货》)。但是,夏王朝毕竟是早期的国家形式,它有自己管理人民的国家机器,具有一定的阶级差别。所以《礼记·礼运》认为在"天下为公"的"大同"之世之后,社会进入"天下为家"的"小康"之世,其主要特点为:"大人世及以为礼,城郭沟池以为固,礼仪以为纪。"这与"天下为公,选贤与能"的原始社会形成鲜明对比。世袭王权和世袭贵族的"家天下"统治形成制度,有武装保卫的坚固的城池作为统治的中心,有维护统治秩序的各种礼仪制度。在这些基本条件下,"以正君臣,以笃父子,以睦兄弟,以和夫妻,以设制度,以立田里,以贤勇知,以功为己。故谋用是作,而兵由此起"。这就是夏王朝"家天下"之后人伦关系、社会制度和种种现象的基本特征。

所谓"守夏时",就是按照夏朝的天文历法和时令制度办事。农业生产和季节天象有着密切的关系,我国古代的天文历法知识,就是在农业生产的实践中不断积累起来的,又直接为农业生产服务。夏代天文学比较发达,对天象的观测非常科学。如春秋鲁太史引《夏书》有"辰不集于房"的记载,就是说在某年某月朔日发生在房宿位置上的一次日食。近代学者推算是公元前2165年,也有的推算是公元前1948年,两者虽相差颇远,但都被公认为是世界上最早的日食记录。《竹书纪年》有夏桀十年"夜中星陨如雨"的记载,这是有关流星雨的最早记录。夏代的历法是我国最早的历法。当时已能依据北斗星旋转斗柄所指的方位来确定月份,夏历就是以斗柄指向正东偏北所谓"建寅"之月为岁首。夏代的历法比较正确地反映了天象的客观规律,所以直到孔子时仍主张"行夏之时"。杞国从夏朝杞国立国,历夏、商、周三代都使用和传承夏代的天文历法和节气时令,并在传承的基础上,编撰了天文历法著作《夏小正》,《夏小正》就是保存夏历的重要文献。所以孔子到古杞国考察夏朝的礼仪制度,虽没有达到目的,却得到了"夏时"(《夏小正》)。由此可见在历史上杞人对历法的重要贡献。

所谓"奉祀大禹",就是对祖先大禹进行祭祀。对祖先的崇拜和祭祀源于原始社会"万物有灵"的思想,在原始社会祭祀祖先是当时部族的重要大事,夏代承袭了原始社会的遗制,对祖先的祭祀非常重视。商代对祖先的崇拜到了无以复加的地步,祭祀祖先被定为国家大事,由国家的重要巫职机构经管。周代从维护宗法制度的角度,大力宣扬"尊祖"、"敬宗"的观念,因此祭祀祖先的活动也搞得非常隆重。大禹是姒姓部族的祖先,是夏代的开国之君,也是杞人的祖先。在夏、商、周时期对祖先崇拜的大环境下,杞国从夏代就开始"奉祀大禹",商王、周王出于对先王的尊崇,允许杞国对大禹进行祭祀,所以在夏、商、周时期,杞人在杞地建立了专门的祭祀场所"大禹庙"(禹祠),"大禹庙"经历代增废,至明时成了杞地的一景,名曰"禹祠瑞草"。大禹祭祀活动在20世纪30年代渐衰。新中国成立后,"大禹庙"(禹祠)尚存正殿三间古建筑。在"文革""破四旧"运动中,"大禹庙"被拆除殆尽,徒留一处遗迹供人们遐思。

从杞文化的特点可以看出,杞文化其实就是在农耕文明的基础上,在宗法制和"天命"思想基础上建立起来的杞国文化,杞文化在长期的传承中,与儒家思想相融合,形成了杞地民众的文化性格。这种文化性格就是求实入世的生活态度。传统的农业生产方式,使人们懂得"一分耕耘,一分收获"、"种瓜得瓜,种豆得豆"的道理,因此"重实际而黜玄想"。一切从自身做起,从实际做起。在杞地民间,既有勤俭持家、安贫乐道、知足常乐的优良传统和传统的乐观主义态度,又有"各人自扫门前雪,不管他人瓦上霜"的实用主义生活态度,甚至对于神灵的态度,如果对自己的希望没有出现灵验的回报,也可以弃之如敝屣。

第四节　夏、商、周时期杞国与周边国家的关系

杞人忧天历史传说是有关杞国生存环境故事的传说,研究夏、商、周时期杞国与周边国家的关系,对研究杞人忧天历史传说的文化内涵具有非常重要的意义。

杞国赖先人余荫,时王恩赏,在大国的夹缝中立国,积弱不振,祸福由人,故在国际交往中常常遭到欺侮,后代史学家对杞国是这样评价的:或以"委屈图存,甘就下秩"见轻(《杞纪·序》)或以"徒守夏时,无益于保邦"见责(《经传别解》)。现根据历史文献和考古资料来分析杞国与周边国家的关系。

夏代杞国是夏族亲封的诸侯国。属于亲夏势力范围。在夏时期,在杞国的周围还有夏分封的其他诸侯方国。在杞国的西部有斟鄩、有扈、褒氏等部落方国,它们也是亲夏势力范围。在杞国的东部有商部族,在杞国的东北部有有穷、有仍、有施、有婚等东夷部落方国。在夏

时期,因为杞国与其西部的同姓诸侯国都是亲夏势力范围,自然不会出现争夺土地和财富的战争事件。而杞国和其东部、东北部的商部族和东夷部落则会发生征伐和融合关系。这是因为夏朝初期,由于夏王朝刚刚建立,其政权还不稳定,其分封的周边的部族方国,对其还时叛时附,当时夏王朝东部的商部族和东夷部族为了向西发展就常常对夏朝的边界用兵。而杞国就在夏王朝的东部,是夏王朝安全的东部屏障。自然就会首当其冲地和东夷部落发生战争。作为夏王朝亲封的杞国,也是从姒姓部落转化而来的,也有其一定的军事实力和经济实力。在夏朝初期,曾与东夷部族、商部族相抗衡,曾拒东夷部族和商部族于杞县鹿台岗一带。据近年来的考古资料分析表明,杞县境内的二里头文化遗存中包含着先商、岳石文化的因素,先商、岳石文化遗存中包含着二里头文化的因素,就是杞国与东夷部落和商部族相互战争、融合的证明。商时期杞国是商王为了监视夏朝的奴隶主贵族,将他们迁到杞地而分封的异姓诸侯国,当时杞国的周边分布着有莘、葛、昆吾、有洛、有苏等部落方国。西周时期,杞国地处郑、宋、陈三国之间。在商、西周时期,杞国和其周边的国家没有军事交往和经济往来关系。这是因为商和西周时期,是奴隶社会的鼎盛时期,是"礼乐征伐自天子出"的时代。当时,商王自称"余一人"或"一人",表明是至高无上的,是奴隶主阶级专政的总代表。西周时期建立了较为完备的宗法制度,它与分封制结合起来,确定了贵族的亲疏、等级、分封和世系关系。当时,周王既是普天下最高的统治者,又是全体姬姓宗族的大宗,即最高的族长。他既代表社稷,又主持宗庙的祭祀,掌握全国最高的政权和族权。如何实施"礼乐征伐自天子出"的统治,商王和周王都设置了庞大的军旅,商代的军队有"右、中、左"三师。是商王直接统辖的军队中较为重要的一部分。商王领兵出征,经常临时征发一部分贫民和奴隶,最多的超过万人。周代的军队由虎贲和周六师、殷八师组成。虎贲是周王禁卫军,武王伐纣时曾充当先锋,由"左右虎臣"统领。周六师用于宿卫宗周所在的西土地区,殷八师是在成周为震慑东方诸侯而建立的。周六师、殷八师共十四师常规部队,一师,按古代文献所说相当于一军,人数一万,总数达十四万,这是周王朝维持"礼乐征伐自天子出"的武力基础。西周时期,为加强王权的统治,还制定了较为完备的礼乐制度,西周时期的礼乐制度,规范各级贵族的行为,加强了对被统治阶级的统治。商、周时期的诸侯国,也仿照王室的体制,建立地方性政权机构,设置军队和监狱,但是组织、规模、大小和地位的高低,都要受命于商王和周王。如诸侯国的上卿,一般不能超过三人,地位只相当于王室的下卿,对天子只能称"陪臣"。各国的军队,限制在一军到三军。各国的都城不能超过三百雉,大国城邑不能超过一百雉。其他各项制度,都规定得比较严格。商、周时期,王室对于诸侯有很大权威。诸侯国国君要定期朝觐商王、周王,要定时定制向王室缴纳军赋和贡赋,朝觐时还要贡献特定的礼物。商王、周王可以随时征调各国的军队,被征调国的国君要随同商王、周王出征。王室要修建宫室或其他重大工程,各国要提供劳役。王室的重大祭祀,诸侯国要亲自前往助祭;商王、周王有死丧、嫁娶和出巡,各国都有特定的义务。商王、周王有权干涉诸侯内政,有时还向诸侯国派遣监国的使臣;如果不遵从王命或违反规定,商王、周王可以削减他们的爵位,另立国君,乃至废除封地。正是商、周时期王室有了这些措施,使得各诸侯国都听命于商王、周王,各诸侯国之间也互不往来,才形成了"虽有什伯之器而不用,使民重死而不远徙,虽有舟舆,无所乘之,虽有甲兵,无所陈之,使人复结绳而用之","邻国相望,鸡犬之声相闻,民至老死不相往来"的理想社会。杞在商、周时期,赖先王余荫,受时王所封,国小而爵高。杞在商时期被封为"侯爵",在西周时期列为"上公",备"三恪",很受周王室的礼遇,其他诸侯国也对杞国恭敬有加,杞国在商、周时期安荣享贵了900余年。

春秋时期诸侯盟誓图

进入春秋时期,是"礼崩乐坏"的时代。由于诸侯争霸,王室衰微,王室对诸侯控制的特权失去作用,诸侯不再听命于周王室。在经济上,王室曾向诸侯国"求赙"(丧葬费)、"告饥"、"求车"、"求金",在政治上也受诸侯国摆布,周襄王曾低声下气地向郑国"请盟",后来又接受晋侯的召唤,参加诸侯召开的会议。天子共主的地位,此时已名存实亡,"礼乐征伐自天子出"的时代已经过去,社会进入了"礼乐征伐自诸侯出"的诸侯争霸的动乱时代。春秋初年,杞国地处郑、宋、陈三国之间,此时,这三国都成了军事和经济的强国。由于杞国在商、周时期受时王恩宠,听命于商王和周王,致力于天象和农事的研究,没有致力于军事和经济方面的发展。一旦王室衰微,失去保护伞后,当郑、宋、陈三大强国向杞国用兵时,便不知所措,仓皇东迁。东迁之后,为求保国,又四处寻求靠山,在鲁、齐、莒、晋、卫等国之间艰难周旋。其实杞国东迁之后的外交史就是小国遭受大国欺凌,小国忍气吞声的"血泪史"。现根据史料中的记载,分析杞国和其他国家的交往情况。

1. 杞鲁关系

杞、鲁两国都是周天子的诸侯,同尊周为王,是异姓盟邦,又是联姻之国。总的来说,两国关系是比较好的。杞国在危难的时候,曾得到过鲁国的救助,这也是杞国东迁后能继续生存,得以安身立命,重建国家的重要原因之一。鲁国对杞国的支持主要表现在以下三个方面:一是打击淮夷,保护杞国。杞国东迁淳于后与鲁为邻,在它立足未稳,国力衰弱之际,淮夷就不断地侵扰杞国。于是鲁僖公就出动军队,打击淮夷,援救杞国。鲁僖公十三年(前647)淮夷大举进犯杞国,鲁僖公便在咸会见齐桓公、宋襄公、卫文公、陈穆公、郑文公、许僖公、曹共公等7国之君,商讨打击淮夷,救援杞国之事。二是鲁以大国身份出面调解杞、莒矛盾,自鲁隐公四年(前719)"莒人伐杞,取牟楼"之后,杞、莒两国关系便紧张起来,莒人变本加厉地侵扰杞国。鲁为消除莒对杞的威胁,于鲁桓公十二年(前700)召集杞伯(靖公)、莒子在曲池会谈,要杞国承认莒侵占牟娄既成事实,令莒以后不再侵犯杞国。由于莒、杞两国都害怕鲁国,彼此双方都接受了曲池之盟约。三是鲁国参加"城杞"行动,功不可没。鲁襄公二十九年(前544),晋平公秉承其母悼姒的旨意,召集11个国家的大夫,帮助杞国修筑故都淳于城的城墙,鲁国尽管对晋人"治杞田"(收回鲁国占杞国的土地)不满,但是仍然派大夫参加"城杞",受到了晋平公母亲的好评。

春秋战国诸侯联盟征伐图

以上情况说明,杞、鲁两国关系总的说是好的,如果没有鲁国的支持,杞国在淳于是站不住脚的。但杞、鲁两国毕竟强弱悬殊,再加上春秋之际各国争霸的时代背景,鲁国不可能充当仁义之国,不可能不想扩大领土,称霸中原。对于吞杞的思想还是有的,鲁还是以种种理由制造矛盾、摩擦,侵伐杞国,从杞国那儿捞到一定的好处。杞国弱小,不得不谨敬事鲁,以希免除灾祸。据《春秋》所载,自杞武公四十一年至杞桓公六十四年的137年中(前710~前573),杞国曾7次朝鲁,自杞桓公四十二年至杞悼公十二年的203年中(前709~前506)18次与鲁会盟;自杞孝公三年至十二年的9年中(前564~前555),5次从鲁征伐。杞对鲁敬备礼至,类同附庸,但鲁对杞却肆意欺凌,有加无已。正如《左传经纬》所言:或咨难而不存(莫须有的罪名);或(借口)不敬而致讨;或始终一至(礼尚欠缺);或忽礼忽兵。其具体表现在以下几个方面:

一是肆意侵伐。"桓公十年(前710)辛未,秋,七月,杞侯来朝;九月,入杞。"据《左传》记载,鲁国伐杞的原因是杞武公未按公爵身份拿贡品,鲁国就以"不恭不敬"为借口出兵伐杞。面对鲁国的军事进攻,杞武公决定向鲁国赔礼道歉。"桓公十一年(前709)壬申,六月,(鲁桓)公会杞侯于郕。"据《左传》记载,杞武公于公元前709年在郕会成鲁桓公,要求鲁国停止军事进攻。"襄王十九年(前633)戊子,春,杞子(桓公)来朝,乙巳(九月六日)公子遂帅师入杞。"据《左传》记载,这次鲁国伐杞的原因是因为杞桓公朝鲁僖公时使用了"夷礼",所以要出兵惩罚杞国没有礼貌。"定王十六年(前591)庚午,十二月,(鲁宣)公伐杞",据《杞纪》记载,这次鲁国伐杞的原因是杞桓公没有及时朝见鲁宣公。对于鲁国对杞国的无理侵伐,《春秋本义》责之为"弱国既来朝,而用师(加兵)以报之,鲁人不义其矣",但鲁国恃强凌弱,欲加之罪,何患无辞。

二是侵占杞国的土地,拒不归还。杞、鲁两国是近邻,其地密迩相连。鲁以杞国弱小,离不开鲁国的支持,便侵占了杞国的许多土地。成邑就是鲁占杞国的"赂田",杞国虽然多次要求归还,但鲁就是不给,其理由正如晋国大夫司马女齐所言:"把杞国的土地送给鲁国还说得过去,哪里能要求鲁国把土地归还给杞国呢?"(《左传·襄公二十九》)鲁襄公二十九年(前544),晋国派使者到鲁国,要求鲁国归还杞田(史称"治杞田"),但鲁国只给了一部分。晋悼夫人听说后非常恼怒。鲁昭公七年(前535),晋国又强令鲁国归还杞田,迫于晋国的压力,鲁国才把成邑交给了杞国,但仍不甘心,鲁国大夫季孙说:"间晋而取诸杞。"意思是说等到杞、晋关系分裂了,再把成邑从杞国手里夺回来。

三是亲戚之间,恃强凌弱。杞、鲁两国是联姻之国,鲁襄公、鲁哀公之母都是杞国之女。杞惠公娶鲁庄公之女为妻,杞伯姬之次子杞桓公先后与两个鲁女有婚姻关系,按理说两国应当亲上加亲,礼尚往来。与此相反,亲戚之间,恃强凌弱。大国的公主看不起小国的国君。以杞伯姬为例,自她嫁到杞国后,虽为发展杞、鲁关系做出了一定的贡献,但她无视杞惠公的君主地位,非礼出访,"以妇人行朝会之礼","来朝其子",因而受到史家的嘲讽。鲁庄公二十七年(前667)春,杞伯姬来鲁国,会鲁庄公于洮,同年冬又来鲁国,在当时影响极坏。鲁僖公五年(前655),杞伯姬带着她的儿子(杞成公)朝鲁。以上这些不按"国际礼节"私自出访的行为受到了史家的批评。《杞纪》:"于礼,外甥初冠(20岁),有朝见外祖之道,然杞伯于鲁庄公二十五年归杞,今才十三年,其子在十岁左右不能行朝见之礼,此讥其失也!"《春秋会通》:

"杞伯受制其妇,而莫之能遏,杞伯姬以妇人而行朝会之礼于诸侯,岂唐武之徒欤!"《穀梁传》也批评杞伯姬,这样说:"冬,杞伯姬来求妇,妇人既嫁不逾境,杞伯姬来求妇,非正也。"按照春秋的礼节,女子已经出嫁,是不能走出国境的,这是不符合礼仪的。一个来自鲁国的伯姬就已使杞国丢人现眼了,然而杞桓公在鲁国求的第二位夫人叔姬,更使杞国蒙受了奇耻大辱。杞桓公娶的第一位夫人,是鲁僖公的女儿,史称她为子叔姬,意为国君的女儿。但叔姬未过门就死在娘家。杞桓公为了不断绝杞鲁联姻之盟,要求再娶一位鲁女为妻,鲁文公就答应把自己的妹妹嫁给他,这女子也叫叔姬,嫁到杞国后称杞叔姬,意为杞国君的夫人。但杞叔姬来到杞国后不安心在杞国过日子,以有疾为由要求离婚回娘家。于是杞桓公就将杞叔姬休回娘家。又过了两年,也就是鲁成公八年(前583)杞叔姬死在她的娘家,鲁国竟无理要求杞国到鲁国拉回杞叔姬的尸体,把她安葬在杞国。对此,史学家多有非议,《杞纪》:"叔姬已绝于杞,鲁复强杞使还葬。鲁不以为过,而厚治其丧,杞伯于是惧,而复来迎之。"《公羊传》:"杞国曷为来迎叔姬之丧以归,内辞也。胁之而归也。"

四是鲁国随意贬降杞国的爵号。公元前740年,在郑、宋、陈三国的侵逼下,杞国无法在中原立国,国土尽失,杞武公为了生存保国,便率杞国臣僚、贵族东迁。为了结好鲁国,杞武公于鲁桓公二年(前710)朝见了鲁桓公,鲁桓公当时称他为"杞侯"。《春秋》:"杞侯来朝",即降爵一等。那么,鲁国为什么要降杞国的爵号称他为杞侯呢?《左传》说:"秋七月,杞侯来朝,不敬。杞侯归,乃谋伐之。"这就是说,鲁桓公之所以降杞武公的爵,是因为杞武公对鲁国不恭敬,不仅要降他的爵,还要出兵讨伐杞国。杞武公对鲁国怎么不敬呢?《春秋经传》都未指何事,《春秋属辞》说:"鲁人之所以不恭与无礼,直以其玉帛之将不备尔。"是因为杞武公未按公爵身份拿贡品,所以鲁桓公便降杞武公的爵位。

2. 杞、齐关系

杞、齐虽为异姓之邦,大小悬殊,但两国关系较好。史书上不见有齐蔑杞,齐伐杞之事,相反,杞在受到淮夷、宋国侵伐的时候,齐国强力阻止宋国,打击淮夷,解救杞国于危难之中。齐桓公五年(前681),宋国对杞东迁后结好鲁国不满,出兵讨伐杞国,齐桓公派使者拿着重礼,

古代杞人的忧思——杞人忧天民俗文化研究

出使宋国,劝说宋国不要伐杞。但宋国不听,仍然伐杞,齐桓公就命曹孙宿率师阻止宋国的进攻,保住了杞国。鲁僖公十三年(前647),淮夷侵略杞国,齐桓公召集鲁、宋、曹、陈、卫、郑等7国之君,在鲁国咸地会盟,研究打击淮夷,救援杞国之事,次年(前646)齐桓公又帮助杞国修筑缘陵城,史称"城缘陵",让杞国迁都于此,置于齐国的保护之下。另外还赠送给杞国兵车100辆,甲士1000人,抗击淮夷。齐桓公援杞之举受到史家好评,说他"筑缘陵以封之(杞),筑夷仪以封之(邢),筑楚丘以封之(卫)"为救"三小"(杞、邢、卫三个小国家)。齐国对杞国有救国之恩,杞国应以德报恩,相反,杞国却以怨报德,参加了以晋、鲁为首的"围齐"、"伐齐"行动,这绝不是杞的本意,而是由于晋、鲁所胁迫。

诸侯国君大臣商议国事图

3. 杞、晋关系

杞与晋也是姻亲之国,自杞桓公之女嫁到晋国为悼公夫人(史称悼姒)后,杞国即以晋为靠山。据《春秋》所载:自晋悼公元年(前572)至晋定公六年(前506)的66年中,杞国的桓、孝、文、平、悼五君与晋国参加诸侯会盟13次,随晋参加征役力役10次。晋国出于霸主的需要,加以悼姒(晋平公之母)的关系,对杞国还能礼尚往来,患难相助。

公元前550年，"杞孝公卒，晋悼夫人丧之"。前545年，杞文公来晋朝聘，前532年，杞平公至晋参加晋平公之葬，做到庆吊相通。当杞文公南为莒、徐所胁，北受鲁国欺凌而困处于缘陵之时，晋平公于公元前544年派大夫荀盈聚合十一国之众修复淳于城，帮助他的舅父杞文公复还旧都，并两次强迫鲁国归还了侵杞之地。（鲁国慑于晋威，不但参加"城杞"，归还侵地，并从此改变了对杞国的态度。）正如《杞纪》所说："杞既昏（婚）于晋……虽不朝鲁，而终春秋六君，鲁皆会其葬，不敢侵暴矣。"

4. 杞、宋关系

宋为雍丘杞国之东邻也是杞国的恶邻，西周时期，杞国有周王室的庇护，宋、杞两国尚能毗邻而居，相安无事。西周末，平王东迁，无力保护杞国，强大的宋国开始对杞国有吞并之心。于是，宋国对杞国采取军事行动，迫使杞国东迁。杞国东迁之后，宋亡杞之心不死，对杞国结好鲁国，依靠齐国不满，故宋襄公六年（前645）再次伐杞，被齐桓公出兵阻止。鲁襄公十三年（前560年），淮夷侵犯杞国时，宋又暗中支持徐国、莒国趁火打劫进攻杞国。

5. 杞、莒关系

莒是鲁东南小国中的佼佼者，其势力相当大，很好战。它夹在齐、鲁两个大国之间，常与齐、鲁两国争雄角逐，非常活跃。莒为实现抗衡齐、鲁和对外扩张的目的，就远交晋国，要挟齐鲁，攻打邻国。莒为杞东迁后之南邻。莒国为打通远交晋国的通道，就选择弱小的杞国作为突破口。鲁隐公四年（前719）"莒人伐杞，取牟娄"，开诸侯相伐取地之先河。莒人伐杞后，两国关系极不正常，莒国对杞国威胁很大，有亡杞国之野心。为

春秋战国战争场面图

此,鲁国以大国身份出面协调杞、莒关系,"夏六月壬寅,公会杞侯、莒子,盟于曲池"(《春秋》桓公十二)。公元前 647 年,当淮夷大举侵犯杞国时,莒又趁火打劫,侵犯杞国。

6. 杞、邾关系

杞、邾是异姓盟国,有联姻之亲,杞伯每亡曾娶邾国曹女为妻。1966 年,在山东县木石镇出土的"杞伯鼎"就是杞伯为邾曹之女所作的青铜礼器。"杞伯鼎"就是杞伯每亡在这里客居时留下来的。据史载:杞国东迁途中,曾在邾国其岳父家住过一段时间。《山东通志》载:"滕县东有杞王女城,杞王曾居之。"山东邹、滕一带,古为邾国之地。

第五章　与杞人忧天传说相关的文化遗存

文化遗存是古人在生产和生活中遗留下来的实物资料，是了解古人生产和生活以及古代社会政治、经济、文化发展状况的物质佐证。杞人忧天传说是古代杞国人在生产和生活中创造的精神文化，因此了解夏、商、周时期杞国人的生产、生活状况对研究杞人忧天传说的产生与发展极为重要。与杞人忧天传说相关的文化遗存有两种：一种是物质文化遗存，也就是文化遗址和遗迹；另一种是非物质文化遗存，也就是在杞地流传的杞国姓氏和民间文化习俗。近年来，考古工作者在杞县境内的鹿台岗、牛角岗等地发现了大量的二里头文化和商、周时期的文化遗存，说明了杞县曾是夏人、商人、周人活动的地区，按照文献中记载的杞国的区域，这里应是杞族人留下的物质文化遗存。杞国姓氏和民间文化习俗的由来、变迁是有关杞国故事的"活的历史"。通过对杞县境内夏、商、周时期杞族文化遗存和杞国姓氏文化的研究、观察和分析，我们可以窥见杞人忧天传说产生的政治、经济、文化方面的背景，这些文化遗存是我们研究杞人忧天传说不可多得的无字书，最远的最珍贵的记忆。

第一节　非物质文化遗存

一、杞国姓氏

杞为姒姓，前史所载皆同，但其由来却有三种说法。第一种说法为赐姓。如《国语》："帝胙以天下，赐姓曰姒氏。"《潜夫论》："尧赐禹姓姒氏，曰有夏。"第二种说法为由于禹的出生。如《白虎通》："禹姓姒氏，祖以意生。"《宛委余编》引汉儒之说："禹母吞意以（薏苡）而生禹，故夏姓曰姒。"第三种说法是由于大（同太）姒。《国语》另一则记述："杞、曾由大姒。"它认为"杞、曾二国，姒姓，夏禹之后，大姒之（母）家也"。

以上三种说法，不成立者有二：对吞薏苡生禹之说实为牵强，《谷山笔尘》早已指正："今按苡音以，姒音似，字不相蒙。"对由于大姒，更是倒果为因。大姒周武王之母，大为尊称，姒本原姓，并非由大姒而始以姒为姓。三说中只有赐姓才能成立。

杞国宗亲繁多，《归震川集》曾言："禹之后，别为姓氏以百数。"有以封国为氏的，有以先代名字为氏的，有以先代制作为氏的，有以先代职官为氏的，有以避难改氏的，有以外祖的姓氏为氏的。今举36姓归纳为7类，说说它的由来。

1. 以封国为氏者二十三

夏侯氏（别作夏氏）。《姓谱》："夏侯氏，本姒姓，周王立，封夏裔于杞。杞为楚灭，简公弟佗奔鲁。鲁悼公以佗为夏后，授爵为侯，因以夏侯为氏。"《姓源珠玑》："杞为楚灭，简公弟佗奔鲁，封夏侯阳，因氏。"《唐书宰相世系表》："夏出姒姓，杞为楚灭，简公弟佗奔鲁，鲁悼公给以采地为侯，因号夏侯氏。"有扈氏，有男氏（有南氏），冥氏。《潜夫论》："姒姓分氏，有扈、有南、冥氏……皆禹后也。"

斟氏、斟鄩氏、灌氏、斟灌氏。《史记》："姒姓有斟氏。""斟鄩，禹后分封。"《莱州府志》："斟鄩，夏同姓诸侯，仲康之子。"《杞纪》："夏斟灌国，其后为氏。"

褒氏。《史记》："姒姓国，禹后，因国为氏。"

费氏。《史记》："禹为姒姓，其后分封有费氏。"

杞氏。《通志·氏族略》："姒姓，夏禹之后，东楼公封之于杞，子孙以国为氏。"《万姓统谱》："杞，姒姓……封于杞，以国为氏。"《杞纪》："禹后封杞，后以为氏"。

缯氏、曾氏。《史记》："禹姒姓，其后分封有缯氏。"《杞纪》："曾氏出于缯，姒姓。莒灭缯，子孙在鲁者别为曾氏。"

莘氏、辛氏。《姓氏急救篇》："汤妃，有莘氏之女（古今人名表作新）……莘国，姒姓，夏启（禹之子）封庶子于莘，后为氏。"《广韵》："莘，辛声相近，遂为辛氏。"

戈氏。《史记》："禹后，姒姓，后分封有戈氏。"

雍丘氏，《路史》："东楼公后有雍丘氏"。

娄氏、偻氏、楼氏、东楼氏。《唐书宰相世系表》:娄(别作偻),"出姒姓,夏少康裔孙东楼公封杞,子孙食邑于娄,因以为氏。"

楼氏。《杞国楼氏宗谱》:"周武王肇定四海,偃武修文,大封宗姓之国及故国亲属,遂封云衢为杞国东楼公,因受姓为楼。"楼,《杞纪》:"本姒姓,周封杞东楼公支孙,以楼为氏,亦号东楼氏。"东楼氏,《杞纪》:"夏少康之后,周封为东楼公,子孙因氏焉。"《元和姓纂》"夏禹后东楼公封于杞,因以为氏",又《万姓统谱》:"东楼,姒姓,夏少康之后,与孙封为东楼公,因为东楼氏,楼氏。"鲍氏,"系出姒姓,夏禹之后。春秋时杞国公子有仕齐者,食采于鲍,因以命氏。"(《古代姓氏书辩证》)。

刘氏。《路史》:"汉高帝云:娄者,刘也,因以赐娄敬为刘。"

欧阳氏。《姓源珠玑》:"越(姒姓)勾践支孙封鸟程,有欧阳亭,因氏。"

2. 以先代官职为氏者一

司空。《姓源珠玑》:"伯禹为尧司空,(后世)以官为氏。"

3. 以先代名字为氏者一

禹氏。《百家谱》:"禹(姓),夏禹之后,因为氏。"

4. 以先代制作为氏者二

夏后氏、夏氏。《潜夫论》:"禹即位,作乐《大夏》,世号夏后,因为氏。"《归震川集》:"有夏后氏,又有夏氏,盖后之省者(杞公亦称夏公)。"

5. 以避难改氏者三

抱氏。《姓氏急救篇》:"汉末,杞匡避难改抱氏。"《万姓统谱》:"杞康,中大夫,汉末避董卓难,改姓抱。"(按:杞匡、杞康疑为一人,并存待考。)

把氏。《杞纪》:"杞东楼公之后,避难改。又复姓把利氏。"

窦氏。《姓源珠玑》:"夏王相遭有穷之难,后(其王后)方娠,(逃)出自窦,生少康,因氏。"

6. 从外祖改氏者一

孙氏。《路史》:"夏侯婴曾孙颇,尚(公)主,随外(祖)家姓孙,而婴之子孙遂为孙氏。"

7. 待考者五

有题氏、郁厘氏、丏氏、彤城氏、匡氏。题氏、郁厘氏、丏氏可能由先代名字为氏,杞三世为题公,杞平公名郁厘,杞孝公名丏,其余者可能以封国为氏。

二、民间文化习俗

1. "三奶奶"古庙会

古庙会是由古代祭祀崇拜中衍生出来的集祭祀、贸易、娱乐为一体的文化活动。人们借助朝拜庙宇中的神灵,表达自己的心愿,争得神灵的欢娱,从而获得祖先神灵的保护。在百姓的心目当中,这些远古的神祇,不再是那高高在上的与自己遥隔万里的神灵,不再是没有血肉没有感情的一个抽象名词,也不再是那个香烟缭绕中需要自己顶礼膜拜的尊者,他们就像是自己的亲人,自己的长辈,可以向他们诉说冤屈,可以祈求保佑,甚至可以向他们行贿,以求得心中的愿望。"三奶奶"古庙会是为纪念女娲娘娘而流传下来的古庙会,女娲在民间被称为"人祖姑娘"、"人祖奶奶"。"三奶奶"俗名"送子观音",其实就是女娲娘娘。女娲不仅是补天英雄,拯救人类的女神,也是创造人类的女神,女娲捏土造人的传说遍及中原地区。所以说,凡是有女娲庙的地方,都盛行到女娲庙求子的风俗,这里浸透着一种原始生殖的崇拜。杞地的"三奶奶"庙位于杞县城南十里(今五里河镇岗顶村),庙宇不大,有坐北向南的三间正房,殿内供奉着"三奶奶"等三位女神。她们个个眉如晓月,眼似双星,面如白玉,朱唇点红,肃穆地并肩而坐,神采奕奕,显得慈祥和善,安静贤淑,怀中及身边偎满了男童女娃,膝下求欢,透露出一股浓厚的天伦乐趣。这三位女神都是送子观音,在杞地流传有看婴儿出生时的胎记,便确定是哪位女神送的说法。每年的三月十五日,"三奶奶"庙会时,"三奶奶"庙前善男信女接踵而来,川流不息,烟火冲天,烟雾缭绕,供果如山。人们到此祈求人丁兴旺,早生贵子。

2. 大禹、东楼公的祭祀活动

大禹、东楼公的祭祀活动,是夏、商、周(春秋)时期杞国奴隶主贵族祭祀祖先的活动。战国以后,杞国为楚所灭,大禹、东楼公的祭祀活动成了杞地民众的一种风俗。大禹是夏朝的开国之君,为姒姓部族的祖先。杞为夏禹之后,自夏初封杞国,以奉禹祀,并在杞地建立"大禹庙"，是为禹祠。禹祠是夏、商、周时杞国祭祀祖先大禹的场所。杞国东迁后，禹祠在雍丘之地不废。

明时，因大禹祭祀活动隆重盛大，禹祠被文人墨客置为一景，名曰："禹祠瑞草"，志在宣传大禹平治水土的伟大精神。大禹祭祀活动从夏朝开始，先后延续了几千年，20世纪30年代随着新文化运动的深入开展和马克思主义思想在中国的传播，大禹祭祀活动渐衰。禹祠被辟作他用，并在"文革"的"破四旧"中遭到严重破坏，先后被拆除。禹祠遗址成了人们缅怀大禹的遗迹。

东楼公为周代杞国的肇封之君，原为姒姓，商汤灭夏时为躲避商军的追杀，隐姓埋名于浙江会稽山中，改姒姓为娄姓，武王克殷后，寻大禹之后娄云衢封于杞国，是为东楼公，并改"娄"字为"楼"字，是为楼氏。东楼公死后，杞人并未立庙专祀，而是将塑像立于禹王庙（祠）殿内东偏配享，故"禹王庙"又俗呼"娄公庙"。康熙初年，杞县学者认为"东楼公"乃肇封之君，不得以配享掩其正祀，当立专祀。县令徐开锡捐俸倡议重修，于是由杞县绅士丁敬、绅士郑伟辅捐资在禹王庙院内西南隅，另建一座东楼公庙。东楼公庙祭祀活动从周开始，先后延续了几千年，至20世纪30年代，此项祭祀活动渐废。1966年秋，东楼公庙以"四旧"被毁。现仅留一个街名"娄公庙街"，让后人暇思。

第二节　物质文化遗存

一、地上文化遗存

地上文化遗存指的是夏、商、周时期杞国人遗留下来的建筑。目前，我们尚有记忆的地上建筑物为雍丘城、淳于城、缘陵城、禹祠和东楼公庙。

1. 雍丘城

雍丘城即今杞县县城。在杞县中部，古杞国县境今测为北纬34°33′，东经114°46′。是杞国自夏初受封至东迁前的都城，历时约982年。因居三丘之上，故名雍丘（雍通拥，拥有三丘而得名）。又以北临古睢水（后称汴河，今称惠济河），取依山（丘）带水之意，曾改称雎丘（水自河出曰雎）。初无城池，至秦始皇置为雍丘县治，始围筑其表为大城。自秦以后，历代曾对古城池进行改建修葺，尤其明、清两代，共

雍丘故城图（今杞县金城大道）

改建修葺 28 次。明洪武三
年(1370)，杞县知县曹以崇，
大建城池，改土城垣为内隍
（土），外砖城墙，辟 7 门 5
关，墙高 15 丈(4.5 米)，墙宽
1 丈(3.3 米)，周长 1400 丈
(4242 米)，护城河宽 2 丈 5
尺(8.35 米)。崇祯十一年
(1638)，在原来的基础上，加
修加固，在城墙上筑堡屋（碉
堡)10 余个，设雉堞（垛口）
3600 个，于 5 门内设瓮城，两
道门皆为重楼。崇祯十五年
(1642)，李自成农民起义军
攻破杞城，城墙毁坏过半，军
退之后进行大修。康熙三十

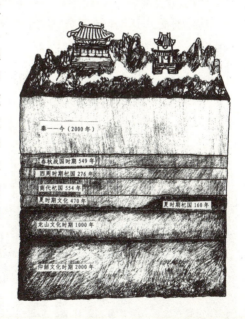

雍丘故城地层剖面想象图

二年(1693)，对老城墙加高、加宽、加长。乾隆十八年(1753)，扩城墙

周长为 9 里 13 步（4518 米），墙高 3 丈（9 米），新增雉堞 300 个（共3900 个）。同治八年（1869），于城墙外围筑护城堤，周长 15 里 330 步（7595 米），高 1 丈（3.3 米）、宽 2 丈（6.6 米）。清道光中复于城外里许围以土堤，周长 15 里 330 步，（旧制 360 步一里，每步 5 市尺），今仍完好，内城外堤，为豫东所少见。

其地三丘相连，在西者最大，陂陀十余仞，方数百亩，俗称"高高山"，新高山，而实为土丘，据旧县志：宋称谷林山，青松葱郁，朱樱灿烂，为邑人春游之所。元代称西山，元将张柔镇杞，依西山为营垒以御宋军。明改称西岗，仍以青松为盛，"西岗挺翠"为古杞八景之一，至清渐废，今已平夷。其东二丘相连，略呈隆起，官吏民舍自岗顶而下，四面迤逦延伸，鳞次栉比，街巷井然，即今城区，出土有仰韶、龙山文化遗存，可为杞国先民所居之证。建有禹王祠、东楼公庙。殿宇广阔，高楼耸立，有历代匾额、碑石十余方，并有禹王、东楼公塑像均可为东楼公分封杞之证。始建年代未详，汉至新中国建立的两千年里多次修筑。祭祀典礼，止于清末。祠庙碑匾均在 1966 年"文化大革命"时毁废。

其地通衢八达，驿驰四方，旧有汴河经行城北，上通汴京（今开

雍丘故城外城墙和护城河

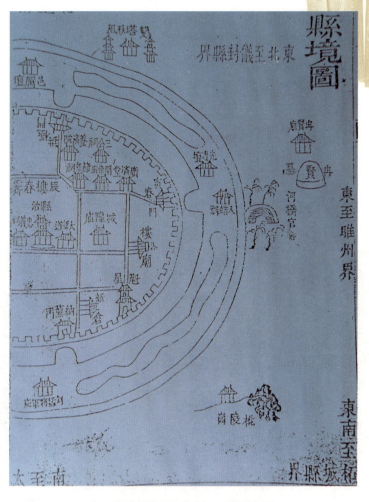

雍丘故城环境图（清时杞县城环境图）

封），下达江淮，又以其城扼梁（开封）宋（商丘）通道，为郑、汴东屏，故自杞国东迁后，历代又置为雍丘邑、雍丘县、雍丘国、豫州、阳夏郡、杞州、杞县治所，历数千年建置不断而日益增盛。今仍为杞县人民政府驻地，城区5门、38街巷。工商业近千户；关区5街、13村，产粮食、蔬菜；城关共有居民2.7万余人。开杞、兰杞、杞太公路，朝杞地方铁路会于此城，106国道经城东城南，仍为豫东重镇。

2. 淳于城

淳于城即今山东潍坊市坊子区黄旗堡镇杞城村。在今潍坊市坊子区东北40里（旧作30或35里），杞国东迁后及由缘陵回迁后两次作为国都，共历时 160 年（前 706～前 647 年计 60 年，前 544～前 455年又 100）。夏为斟鄩国地。周武王灭之，改置州国以封淳于公，作为都城，称淳于城。杞武公四十五年（前 706），杞人并淳于公之国，作为杞都，又改称杞城（《齐乘》作启城）。公元前 646 年～前 545 年为淮夷所据，前 544 年杞还都淳于，前 445 年杞亡，地入于楚，汉景帝中元二年（前 148）癸巳置淳于县治，至北齐天保七年（公元 556）丙子，县废入高密，共作为县邑 703 年。其后渐废为村聚，只称杞城村。

淳于古城墙（今潍坊市坊子区黄旗堡镇杞城村）

其城居担山之阴，东有峡山、岞山、砺阜，西有祈嗣崖，西南丘陵连绵，蜿蜒东来；潍水自南而北，经行城东，汶水自西南来，绕城西折向东北汇于潍水；山环水阻，不冲不楫，且潍水为患，故北齐废置后，无州县建置。

城池始建年代无考，即以晋人城杞（前 544 年，见上文）之时起，距今已 2500 年以上。据《杞纪·图考》：“城作龟形，首西南，尾东北，至今（清康熙时）人呼为龟城焉。（其城垣）东面二里十一步（按旧制计。每里折今 1.2 里，下同），西面二里三十八步；南面二里二百九十四步；北面二里二百四十一步；周围九里二百九十四步。东至西二百一十八步。南至北二百六十一步二尺，（折合）地 30 顷（百亩为顷）76 亩 9 分5 厘。土垣存在约高丈余，基阔如之。数十年前咸完无阙，今（康熙

古代杞人的忧思——杞人忧天民俗文化研究

杞国皇城顶遗址

时)为居民取土,毁顿陷无着多矣。"城内情况,据《杞纪·自序》:"宗社久墟,殿屋井邑,胥为村落",了了数语,足证此城荒废已久。后来,笔者至此城观察时,城址已荡然无存,只有丘陵遗迹尚隐然可见,其上烟村四五,禾黍离离,遂由东门口(原城址东门,今作地片名)向西,依次经东门口、杨家寨、杞东、杞西四片(皆村聚),总长一里许,皆北抵旧城垣,南伸里许。杞西之西南半里为张家庄,《杞纪》作者张贞于清康熙时由潍水东之高柯庄迁此,筑竹篱草堂,植花木竹石,名为杞园,别称启园,杞城别业,后张姓佃户继迁此地,园渐废,遂称张家庄,又称佃户村,庄南半里许即旧城南墙。此五片均在杞城东部,沿用杞城之名,统称杞城村。杞西之西北约二里有周家庄,旧称城后,在旧城北墙之外。杞西之正西一里半,有土丘隆起,称皇城顶,北壁如削,传为宫城遗址,上为杞国宫禁廷阙,今唯断砖残瓦、器皿碎片散存于麦田之间,迤逦而东至张家庄后皆此类情况。拾取数十片,经山东省博物馆、开封市博物馆鉴定为战国至汉文物,此前文物可能深埋地下,尚待考证。皇城顶西南约一里,即旧城西南隅,总称城里,内分三片,最西者称西门口(旧城西门),其东称西门西,西门东,今统称城里村。由此折而东一里余又至张家庄，再东里许为旧城东南隅，近侧有废墟，旧名梳妆楼，传为杞君之女住地，由此折而北，又至东门口，实迹与《杞纪》图考相符。

3. 缘陵城

缘陵城即今山东昌乐县古城，又称营丘，在今县城东南 50 里。初名营丘，亦称营陵，其得名之由，据《齐乘考证》邢疏"禹之九州，以青为营"，此城古为青州之域，又有丘陵，故名营丘。后改缘陵。嘉庆《昌乐县志》（下称《昌乐志》）注为："殆因营缘陵（缘，红石崖）得名。"汉复称营陵。《山东通志》释为："刘邦十一年封从兄将军刘泽为营陵侯，从此缘陵改称营陵。"北魏改营陵县为营丘，复命营丘城。它是杞国自杞成公九年至杞文公五年（前 646～前 545）时期的都城，历时 102 年。

城池为周武王封太公于齐时所筑，作为齐国都城，至周厉王十九年（前 856），齐献公徙都临淄，自太公五世六侯，都于此 188 年（据《昌乐志》）。其后地入淳于，为淳于公之邑（见《汉书·地理志》）。公元前 706 年，杞并淳于，又为杞邑。前 646 年，杞成公由淳于城迁都于此；前 545 年，杞文公还都淳于，复为杞邑（见前文）。杞亡，地入于楚。汉北海郡、营陵县、北魏营丘县、隋营丘县皆以此地作为县治（北齐曾废县，隋复置），唐初权置杞州、武德二年废州，复为营丘县治（参见《中国古今地名大辞典》北海郡条，缘陵条。《齐乘》废昌乐城条，《唐书·地理志》）。至宋置安仁县，以"营丘古城，去潍州（仅）三十里，（又）僻处山南，故移镇安仁城（今昌乐城），以当青、莱之冲"（见《昌乐志·古迹考》）。此后营陵渐为村聚。

此城依山傍水，为险固之区。考察《昌乐志》及附图，其详如下：城为东西长方，尺度不详，以嘉庆时情形考查，残雉犹存，周长九里。东临白狼河，西有方山，三皇山，马驹岭，南靠金钗河。城内四区十一村，东南隅一区三村，有营丘，营丘之南隔金钗河有河南，高家庙，即今营丘村；东北隅一区二村，南为小北庄，北为大北庄，即今黎宋村；西北隅一村，名古城，即今古城村；西南隅一区五村，临旧城西垣，东为姜家庄，城前，南为王家庄、城角头，即今城前村。

4. 禹祠

禹祠即大禹庙，在县城东门里。《水经注》：雍丘故城条："城内有禹祠，昔在（商、周）二代，享祀不辍。"即指此祠。杞为夏禹之后，自夏

古代杞人的忧思——杞人忧天民俗文化研究

初封杞国,以奉禹祀,其后历商、周二代,至周平王三十一年(前740),东迁淳于,在雍丘立国982年。杞国虽迁,但禹祠不废。三国魏黄初四年(223)置雍丘国,曹植(子建)被封为雍邱王,植以"土无二王"之故,曾迁祠于箕城(旧志:在县城西北三十里,隋末王世充曾置县于此。)魏亡,复迁禹祠于雍丘城原禹祠内,东楼公配享。明时,禹祠被文人墨客置为一景,名曰"禹祠瑞草",志在宣传大禹九年在外,三过家门而不入的献身精神与治平水土的伟大事业。至20世纪30年代,祭祀渐衰,民国政府于此办贫民学校。不久停办,禹祠成为乞丐流民栖身之所。新中国成立后禹祠尚有正殿三间,作为公共建筑使用。1958年"大跃进"和"文革""破四旧"时遭到严重破坏,先后拆除。

5. 东楼公庙

东楼公为夏禹后裔。周武王克殷,求禹之后,得东楼公封之于杞,以奉夏后氏祀。东楼公薨,邑人未为立庙专祀,塑坐像于禹王庙(祠)殿内东偏配享,故又俗呼"楼公庙"。后人于庙前隙地面西临街处(今县城楼公庙街南端,西冲书院街),另建汉寿亭侯(关帝)庙,恐失祭享初意,仍榜其门曰"东楼公庙",而名实不一。几经灾、乱,庙毁。明万历五年(1577),首事袁藻重建之。康熙初年,杞县学者认为"东楼公乃肇封之君,不得以配享掩其正祀,当立专祀"。康熙二十一年(1682),县令徐开锡捐俸倡议重修,于是由杞县绅士丁敬、绅士郑伟辅捐资在禹祠庙院内西南隅,另建一座东楼公庙。庙基面宽五米,进深七米,阁楼式结构,三层单檐独间,高约十一米。底楼铺地板,内塑关帝像,门楣上方嵌石,依旧横镌"东楼公庙"四字。中楼迎门塑东楼公夹纻坐像,高约二米,慈眉善目,白面三须,冠冕旒十二,锦衣龙袍,玉带横腰,皂靴粉底,神气超脱。其北塑马童:侧体仰面,头梳双髻,着紧身束袖绑腿皂服,腰系丝绦,肩披羽氅,足登云鞋。曲肘弓步,右手握丝缰,缰系"四不像"一匹,马首、驴身、牛趾,双角横生如鹿,翘首腾蹄,状若嘶鸣。顶楼居高凌空,内塑魁星。其像青面红花,高颧赤髯,单足独立,昂首向天,蹙眉怒目,双唇闭若覆月;腰围芦叶,肢体裸露;耸胸收腹,肌肉隆起,筋肋微现。右臂上伸,手握朱笔指空。左臂下垂,肘后弓,反手握金印,印底朝天,紫绶临风。右腿蜷曲,足掌反翘。左腿挺立,足踏螭头,作点元定魁状。

清末,底楼之关帝像移奉于东娄书院"春秋阁"内。后壁另辟一

娄公庙遗址(今杞县娄公庙街南)

门,作朝拜出入通道,邑人祭祀不衰。日军侵华,杞城沦陷,日伪县当局曾于1943年修缮。在中楼门额上方嵌石,勒"夏肆泽长"四字,咏怀夏禹功德,兼示杞国渊源。1966年秋,庙以"四旧"被毁。1993年,开通金城大道东段时,将庙址夷为平地,铺成路面。空留一个街名"娄公庙街",让人观后有无穷暇思。

二、地下文化遗存

地下文化遗存指的是夏、商、周时期的杞国人在生产和生活活动中遗留下来的遗址、遗迹。近年来,考古工作者在杞县境内发现了龙山文化晚期(夏文化)、二里头文化和商文化的许多遗址。有鹿台岗、段岗、牛角岗、孟岗、伯牛岗、朱岗等文化遗址,这些文化遗址就像一本本厚厚的书,记载了几千年前夏、商、周时期杞国的风土人情和人文历史。

1. 鹿台岗文化遗址

鹿台岗遗址位于杞县东部的裴村店乡,西距县城约12公里,南距惠济河0.5公里,地理坐标为东经114°51′,北纬34°31′,海拔约56米,北高南低,遗址东西宽约120米,南北长150米,总面积约1.4万平方米。1958年,当地村民烧窑取土,遗址东、北、南均遭破坏。七八十年

古代杞人的忧思——杞人忧天民俗文化研究

代,当地村民建房取土,遗址西部上层堆积被毁。据村民介绍,"文化大革命"前,鹿台岗遗址的地势比现在高很多。近年来,随着村民人口的增加,遗址已多半被现代民房、校舍及围墙

全国重点文物保护单位

鹿台岗遗址

中华人民共和国国务院
二零零六年五月二十五日公布
河南省人民政府
二零零六年五月二十五日立

鹿台岗遗址标志牌

鹿台岗遗址

占据。据传说,该岗为古代氏族聚居地,岗下为沼泽地带,是鹿群生活之地,因此该氏族以鹿为姓,取名鹿岗。后来该氏族狩猎得鹿,被另一氏族抢去,经过战争将鹿夺去,为纪念胜利更村名为"得鹿岗"。1959年河南省文物工作队对该遗址进行考查,采集标本有鬲当、泥质灰色

陶器残片、砂质红褐色陶片,还发现有鹿角化石、蛋壳陶片、骨针等,经鉴定为商代文化遗址。为全面了解鹿台岗遗址的文化内涵,1989年秋,郑州大学历史系考古专业派人对该遗址进行了调查和试掘。1990年秋,由郑州大学历史系考古专业、开封市博物馆考古部(现改为开封市文物工作队)和杞县文物管理所联合组成考古队,对该遗址进行了较大规模的发掘。共开探方20个,发掘总面积521平方米。发现灰坑102个,房基17座,祭祀遗迹3处,出土了大量陶器、骨器、蚌器、石器以及少量的铜器等遗物,器型有:尊、壶、罐、鼎、瓮、缸、盆、钵、豆、甑、鬲、盘、杯、碗、埙、拍子、抹子、纺轮、网坠、陶环、器盖、刀、凿、锥、针、镞、镖、簪、鱼钩、鹿角器、牙器、斧、镰、铲、匕、卜骨、锛、杵、砺石等。发现仰韶文化、龙山文化、岳石文化、先商文化、商文化、东周文化等文化遗存,文化堆积自下而上依次为仰韶文化、河南龙山文化、先商文化(岳石文化)、早商文化、东周(春秋时期)文化。通过对鹿台岗遗址文化遗存的比较和分析,发现其具有重大学术价值。

(1)鹿台岗遗址发现的仰韶文化遗存属于大河村类型。这里已接近仰韶文化范围的东界,对研究仰韶文化分布地域及其与大汶口文化的关系有一定的意义。(2)考古发据表明,这里的河南龙山文化是豫西王湾三期文化和豫东造律台类型的交汇地带。后岗二期文化因素,亦曾南下至此,融入鹿台岗的河南龙山文化之中。东、西、北三种类型的考古学文化汇集于一地的情况在全国是罕见的。(3)鹿台岗遗址的岳石文化属于该文化最西部的发现,这里又是先商文化的南部边缘,加之二里头文化的发现,填补上"豫东夏代"这一时空范畴的空白,这里成为夏、夷、商三种文化的交汇地。对研究夏、夷、商的三种考古学文化的关系和分界及东夷文化的西渐有着重大的科学价值。

1963年河南省人民政府公布鹿台岗遗址为文物保护单位,2006年国务院公布鹿台岗遗址为全国重点文物保护单位。

2. 鹿台岗原始天文台遗址

鹿台岗原始天文台遗址是1990年杞县鹿台岗遗址发掘出土的龙山文化Ⅰ号、Ⅱ号、H75特殊遗迹。Ⅰ号遗迹是一处内墙为圆形、外墙为方形,外室包围内室(圆室)的特殊建筑,它位于遗址中部偏西南方,距地表深约2米,但高出当时地面约1米,被龙山时期的房屋所叠压。其内墙(所围圆室)直径4.7米,西、南两面均设有门道;外墙略呈圆角

鹿台岗遗址 Ⅰ 号遗迹（鹿台岗原始天文台立竿测影遗址）

方形，仅存东、西、南三面墙，北墙被后期灰坑所破坏，现已发掘出南墙长 6.5 米，东墙残长 4.15 米，西墙残长 3.7 米；内、外墙宽均为 0.2 米。圆室内有一呈东西—南北方向的十字形"通道"，"通道"宽约 0.6 米，土质坚硬，土色为花黄土，与室内地平的灰褐色迥然不同。十字形"通道"的交叉点有一中心柱洞，西门一侧也有柱洞。由于外室西墙缺口恰与内室西门及十字形"通道"的两端呈直线相通且三者宽度相同，外室南墙缺口与内室南门及十字形"通道"南端在一直线上且三者宽度相同，内室与外室的中心点亦相同，故知内、外室十字形"通道"应属同一时期的建筑。Ⅱ号遗迹位于Ⅰ号遗迹的东北方，它由 11 个圆形土墩组成，其中一个大圆墩位于中心部位，10 个小圆墩绕大圆墩均匀分布形成一个直径为 4.4～4.5 米的大圆圈。大圆墩直径 1.48 米，深 0.4 米，小圆墩直径 0.6～0.65 米，深 0.4～0.5 米。这些圆墩的建造方法是：先挖圆坑，再在坑壁上涂抹一层黄褐色的草拌泥，然后往坑内回填纯黄土，层层夯打至地面，每坑一般有 4～5 层夯土。整个Ⅱ号遗迹不见柱洞、墙基、烧土面等居住痕迹，只在东南部圆墩外侧约 2 米处发现一长方形房基，此房基与所有圆墩位于同一地层，时代相同。H75 特殊遗迹是一个结构呈漏斗状的大圆坑。坑口为规则圆形，直径达

143

鹿台岗遗址Ⅱ号遗迹(鹿台岗原始天文台遗址)

10.35 米,坑壁斜直且用草拌泥涂抹加工;坑底部又有一直径为1 米的小圆坑,深度在 2 米以上。H75 号遗迹整个深度为 4.10 米,坑内填土多为松散的灰黑土,夹杂草木灰及陶器、兽骨、鹿角等遗物。Ⅰ号遗迹内圆外方的房屋基址大体上就是一个地平日晷的模型,其内室为天盘,外室为地盘,中心柱洞位置的柱则为立杆。故Ⅰ号遗迹应为立杆测影天文台遗址。H75 号遗迹是一座地下天文台和天文仪器。

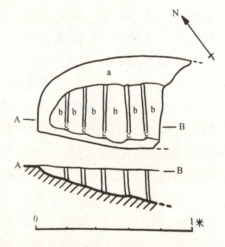

鹿台岗遗址 H75 号遗迹(鹿台岗原始天文台"坐井观天"遗址)

观测者站在圆坑的底部,则自下而上渐次增大的圆坑自然圈出一个范围有限的圆形天区,它能够帮助你很快确定方位,锁定观测目标。Ⅰ号遗迹为地面上的天文台,H75 为地下天文台,二者构成阴阳关系。Ⅱ号遗迹则是将二者融合在一起，以便互相参证，使历法编制更加精确、适用。Ⅰ号遗迹、Ⅱ号遗迹、H75 三处遗迹构成了一个完整的天象观测系统，是远古时期较为先进的天文观测台。

3. 段岗文化遗址

段岗文化遗址位于杞县县城西南约 7 公里的段岗村和曹岗村两地之间。该遗址为高于周围地表 2 ~ 4 米的台地。新中国成立后，中国社会科学院考古研究所对该遗址进行了调查，采集文物标本有：石斧、石凿、蚌镰、锛、骨针、骨匕首、红褐色泥质、砂质、绳纹、条纹、附加堆纹瓮、壶、罐、豆盘、矮乳状鬲腿等，经鉴定，认为该遗址出土遗物与河南偃师二里头出土的遗物相类似。1989 年秋和 1990 年秋，郑州大学历史系考古专业和开封市文物工作队对该遗址进行了发掘，发现了较为丰富的河南龙山文化、二里头文化、晚商文化和春秋时期的文化遗存，我们对这些文化遗存中的遗物进行比较分析，推测段岗文化遗址河南龙山文化的年代在王湾三期文化中期偏早至王湾三期文化晚期偏早之间。二里头文化的年代在伊洛地区二里头文化第二期的后段至伊洛地区二里头文化第四期的后段，晚商文化的年代约当殷墟文化第二、三期。春秋时期的文化年代约当春秋中晚期。按照河南龙山

段岗文化遗址

文化晚期与二里头文化都在夏人活动的地域之内,时间与夏代纪年相当,二者有承继关系,因而河南龙山文化晚期与二里头文化的四期遗存都是夏代文化遗存,故杞县段岗文化遗址从河南龙山文化至春秋时期文化遗存都是夏、商、周时期的杞国文化遗存,这对了解春秋时期杞国东迁前后的杞国文化有一定的意义。

4. 牛角岗古文化遗址

牛角岗古文化遗址位于杞县西南约 13 公里的高阳镇牛角岗村东北隅。牛角岗古文化遗址为西南东北走向,面积 2.5 万平方米,现成为了高于地表约 2.5 米的小土岗。1958 年发现了该遗址,经中国科学院考古研究所和省科学院考古研究所鉴定为商代文化遗址。1984 年文物普查时,在这里采集有商后期的鬲腿(饰绳纹)、较短身的矮豆、大豆尊口沿残片、大筒瓦(外饰粗条、内饰布纹)。由于附近村民长期在此取土,遗址北部已成凹凸不平的洼地,生土与破坏殆尽的文化堆积相间裸露。1989 年秋和 1990 年秋,郑州大学历史系考古专业和开封市文物工作队对该遗址进行了发掘,发现了二里头文化的遗存,由此

牛角岗文化遗址

断定该遗址的文化内涵为夏文化、早商文化、晚商文化。通过牛角岗遗址中二里头文化遗存中发现的陶器进行比较分析，我们推测牛角岗遗址二里头文化遗存的年代在郑、洛地区二里头文化第二期至第四期之间，时间为夏代纪年中晚期。牛角岗文化遗址中的文化遗存是标准的夏、商时期杞国的文化遗存，它为研究夏、商时期杞国的政治、经济、文化提供了有力的佐证。

5. 朱岗文化遗址

朱岗遗址位于县城东约 3 公里的朱岗村边，北距惠济河约 1.2 公里，遗址原为一处东西长约 75 米，南北宽约 40 米的坡状台地。因该村村民长年在此取土，现已成为一片凹凸不平的洼地，黄土普遍裸露，文化层被毁殆尽，遗址区四处散落着许多二里头文化时期的陶片，器类有中口长腹罐、圆腹罐大口尊、盆等，也发现殷周时期的陶片。1989年 9 月 ~ 11 月，郑州大学历史系考古专业、开封市文物工作队和杞县文物管理所对该遗址进行了抢救性清理试掘，发现了二里头文化、商文化和春秋时期的文化遗存，清理出的器物为长腹罐、深腹罐、圆腹罐、大口尊、捏沿罐、箍状堆纹缸、小口矮领瓮、浅盘曲柄和深盘直柄豆等常见器类。这些器物和豫西的器物进行综合比对，有一定的地方

朱岗文化遗址

性。主要表现为夹砂陶多，且多属自然夹砂遗存。它对研究夏、商、周时期杞国的历史以及探索夏时期夏、夷、商三大古族之间的文化关系具有非常重要的意义。我们通过对朱岗遗址二里头文化遗存中的陶器比较分析，断定朱岗遗址二里头文化遗存的年代相当于郑、洛地区二里头文化的中晚期，绝对年代距今 3700 年左右。

6. 竹林遗址

竹林遗址位于杞县县城南 35 公里竹林村北土岗上，土岗为东西走向，总面积 2.82 万平方米，遗址高出地面 3.5 米，文化层多在土岗南侧。由于村民长期在此取土，遗址被分成东西两片，东片南北长 160 米，东西宽 150 米，西片南北长 70 米，东西宽 60 米，西北角断崖暴露有大小不等的灰坑，1962 年，经中国科学院考古研究所调查，鉴定该遗址属龙山文化遗址。1982 年 3 月，杞县文物工作者在该处调查，采集有泥质红陶片、灰陶片、夹砂陶片、烧骨、烧土、野猪骨、鹿角等遗物。从采集的遗物看，陶片制作有早期手制的痕迹，陶坯内壁有指纹，陶器颜色表里不一，胎壁断面有未烧透的灰心，陶器特征与仰韶文化大河村类型相仿，由此文物工作者断定该遗址为晚期的仰韶文化。1989 年

竹林文化遗址

9月,郑州大学历史系考古专业又在该遗址试据,采集到了饰绳纹的鬲、瓮、大口尊及弦纹、方格纹、附加堆纹的甗、盆、簋等黑陶片,素面和粗绳纹的陶片,由此断定竹林遗址还有二里头文化、早商文化、晚商文化、东周时期的文化遗存。竹林遗址中的龙山文化(晚期)、二里头文化、早商文化、晚商文化、东周文化遗存是夏、商、周时期的杞国文化遗存,它对研究杞国的历史及杞国疆域具有非常重要的意义。同时为研究夏文化在河南的分布和发展以及豫东、豫西同时期文化内涵的异同提供了可靠的实物资料,1988年河南省人民政府公布为文物保护单位。

7. 冢丘古文化遗址

冢丘古文化遗址位于杞县县城西南36公里处的官庄乡冢丘村。该遗址为一大土岗,面积约1.5万平方米,文化层厚约1~1.8米,断崖处可见灰坑。1984年文物普查时发现了该遗址。近年来,文物工作者在该遗址上采集有石斧、石凿、绳纹陶罐、方格纹陶片及素面和粗绳纹的陶片。由此,文物工作者断定冢丘古文化遗址的文化内涵包含有河南龙山文化、二里头文化、早商文化、东周时期的文化遗存。冢丘古文化遗址河南龙山文化、二里头文化、早商文化、东周时期的文化遗存

冢丘古文化遗址

中器物皆有一定的地方性,是夏、商、周时期的杞国文化遗存,它对研究夏、商、周时期的杞国历史及杞国南面的疆域具有重要意义。

8. 吐墨岗古文化遗址

吐墨岗古文化遗址位于杞县县城西南 31 公里官庄乡吐墨岗村内。遗址为一个高出地面约 2.5 米的大土岗,遗址面积约 2.5 万平方米,文化层厚约 2 米。1984 年文物普查时发现了该遗址。近年来,文物工作者在该遗址调查时采集有石斧、石凿、泥质灰色绳纹甑、夹砂灰陶片、黑蛋壳陶片、绳纹陶片以及素面或弦纹的泥质灰陶片。由此,文物工作者断定吐墨岗古文化遗址的文化内涵包含有河南龙山文化、二里头文化、早商文化、晚商文化、东周时期的文化遗存,吐墨岗遗址的文化遗存中的器物明显带有地方性,是夏、商、周时期的杞国文化遗存,它对研究中夏、商、周时期杞国的政治、经济、文化具有非常重要的意义。

吐墨岗古文化遗址

9. 板木古文化遗址

板木古文化遗址位于杞县县城东南 30 公里板木乡板木村东北。遗址为一个高出地面约 1 米的大土岗,面积约 4300 平方米,文化层厚约 1.2～1.8 米。1984 年文物普查时发现了该遗址,近年来,文物工作者不断到该遗址进行调查,采集有石镰、蚌镰、弦纹、附加堆纹、绳纹的

板木古文化遗址

夹砂灰陶片、泥质陶豆、蛋壳黑陶片等遗物。文物工作者对这些器物
进行分析和研究,断定该遗址包含有河南龙山文化、二里头文化、早商
和晚商文化遗存,这些文化遗存中的器物既具有豫西河南龙山文化和
二里头文化的特点,又有明显的地方性,由此确定板木古文化遗址中
的文化遗存应为夏、商、周时期的杞国文化遗存,它是研究夏、商、周时
期杞国历史和文化的有力佐证。

　　10. 曹岗古文化遗址

　　曹岗古文化遗址位于杞县县城西南约 7 公里的曹岗村北。该遗
址为高于周围地表约 2 米的台地,面积为 1600 平方米,文化层厚约
1.50 ~ 1.80 米。1984 年文物普查时发现了该遗址。近年来,文物工
作者不断到该遗址进行调查,以了解该遗址的文化内涵,采集文物标
本有:红褐色泥质、砂质绳纹、条纹、附加堆纹陶片及夹砂灰陶甗、罐、
鬲等器物残片。经鉴定,该遗址出土的遗物与河南偃师二里头出土的
器物相似,由此断定该遗址包含二里头文化、早商和晚商时期的文化
遗存,因这些文化遗存带有明显的地域性,由此认为该遗址中的文化
遗存为夏、商时期的杞国文化遗存,这对研究夏、商、周时期的杞国文

化有着非常重要的意义。

曹岗古文化遗址

11. 后白畅岗文化遗址

后白畅岗文化遗址位于杞县县城南22公里处湖岗乡后白畅岗村

后白畅岗文化遗址

东北,遗址为高约2~3米的大土岗,面积约9000平方米,文化层厚约2米。1984年文物普查时,文物工作者在此采集到了夹砂灰陶罐残片及泥质陶鬲、甗、鼎的残片,当时断定其为商代文化遗址。近年来,文物工作者又到此处调查,采集有红褐色泥质附加堆纹陶片、石斧、素面或弦纹的陶罐、盆、瓮等器物残片,由此确定后白畅岗文化遗址还包含有二里头文化、东周时期的文化遗存。后白畅岗文化遗址中二里头文化、早商文化、晚商文化、东周时期的文化遗存是夏、商、周时期的杞国文化遗存,对研究夏、商、周时期的杞国在今杞县境内的生产和生活情况具有重要意义。

12. 孔岗古文化遗址

孔岗古文化遗址位于杞县南竹林乡孔岗村东南,北距县城37公里。遗址东高西低,原为高出地面约10多米的大土岗,由于村民长期在此取土,遗址遭到破坏,现遗址仅高出地面约2~3米,现存面积约1万平方米。1984年文物普查时发现了该遗址,采集的文物标本有石

孔岗古文化遗址剖面图

斧、石凿、夹砂灰陶片,由此断定孔岗古文化遗址为新石器时代(龙山时期)文化遗址。近年来,文物工作者又多次在此调查,发现了绳纹陶片,泥质陶鬲、甗、鼎的残片及红褐色泥质附加堆纹陶片,素面或弦纹

的泥质灰陶罐、盆、瓮等器物残片。由此确定孔岗古文化遗址还包含有二里头文化、早商文化、晚商文化、东周时期的文化遗存。这些文化遗存是夏、商、周时期的杞国文化遗存,是研究夏、商、周时期杞国在今杞县境内活动情况的有力证据。

孔岗古文化遗址面貌图

13. 刘伶岗古文化遗址

刘伶岗古文化遗址位于杞县县城南圉镇镇后刘伶岗村北,北距县城 25 公里,遗址在较为平坦的村庄和庄稼地里,遗址中间的一条生产沟可看出裸露的文化层,遗址面积约 2 万平方米。1984 年文物普查时发现了该遗址。2010 年 7 月,文物工作者在此调查时,发现了一些灰坑,经鉴定确定为龙山时期的文化层。采集的文物标本有红褐色泥质残陶片,矮乳状鬲腿及绳纹陶片。经文物专家对这些陶片的研究和分析,断定其为二里头文化和早商、晚商时期的遗物。刘伶岗古文化遗址中的河南龙山文化、二里头文化及早商、晚商文化遗存,同样为夏、商时期的杞国文化遗存,是研究夏、商时期杞国发展情况的佐证。

刘伶岗古文化遗址

14. 孟岗古文化遗址

孟岗古文化遗址位于杞县县城东裴村店乡孟岗村北,西距县城约5公里,遗址为一微微隆起的土岗,面积约9000平方米。1984年文物普查时发现了该遗址,2010年7月文物工作者又在此调查、勘探,发现

孟岗古文化遗址

该遗址文化层较为丰富,文化层厚约1~3米,采集的文物标本有石磨盘、泥质红陶片、灰陶片、夹砂陶片、深腹罐残片、绳纹鬲、瓮、大口尊残

片及弦纹或素面的灰陶片。经专家分析,确定孟岗遗址包含仰韶文化、河南龙山文化、二里头文化、早商文化、春秋时期的文化遗存。孟岗古文化遗址文化层厚且丰富,文化序列较为完整,是研究杞族在杞县生息繁衍的珍贵的实物见证。

15. 西伯牛岗古文化遗址

西伯牛岗古文化遗址位于杞县县城东北裴村店乡西伯牛岗村西北隅。西南距县城15公里,遗址原为高出地面约2～3米的土岗,面

西伯牛岗古文化遗址

积约1.3万平方米。1984年文物普查时发现了该遗址,并采集到了泥质红陶片、灰陶片、夹砂陶片等遗物,初步确定为龙山文化遗址。近年来,文物工作者又在此调查、勘探,采集到了长腹罐、圆腹罐、大口尊、盆等器物的残片和绳纹陶片、黑蛋壳陶片,确定该遗址还包含有二里头文化和早商、晚商时期的文化遗存,西伯牛岗古文化遗址的文化遗存是夏、商时期的杞国文化遗存,它为研究夏、商时期杞国的政治、经济、文化提供了有力的佐证。

16. 九女冢

九女冢位于山东潍坊市坊子区黄旗堡镇杞城村汶河岸边,说起九女冢的由来,这里还有一段发生在古杞国时的心酸故事。

春秋时期,杞国都邑杞城繁华昌盛。杞成公有九个如花似玉的女

儿。春暖花开，杞成公的三女儿姒娟带着使女到峡山春游，不想遇到几个好色之徒，危急时刻，一位英俊矫健的年轻人及时赶到，救下姒娟。年轻人名叫舒夷，自称是赵国人，从此做了杞成公的女婿。

九女冢

　　几年后，几次征伐杞国未能得手的夷狄大军再来伐杞，杞国军民奋起抗争，夷狄大军对城高墙厚的杞国毫无办法。舒夷假作不解地问妻子："兵强马壮的夷狄为什么攻不下国小民寡的杞国？"姒娟回答不上来，舒夷便以夫妻之情相挟，逼姒娟向杞成公询问。杞成公乘着酒兴，向女儿透露了杞城久攻不破的原因：原来始建杞城时曾请高人指点，按"六爻"建为龟形城，使之具有了老龟伏卧之功，周围不仅不怕打，而且越打越牢固，只有城东北的龟尾部才是薄弱之处，可以破城。原来舒夷并非赵人，而是夷狄的一名细作。舒夷获取了机密，连夜出城，招来狄军，大破杞城。

　　杞成公恨女儿助敌破了杞城，就安排人在杞城修建了此墓，墓里备齐生活用品。然后，把九个女儿骗入墓中，封了墓门。就这样把九个女儿活囚其中，任其自灭。杞成公还立下规矩："女大外向，死了外

157

葬。"

就是因为这个规矩，现在的黄旗堡，出嫁的女儿除了招的养老女婿外，很少有住娘家的。

17. 杞隐公陵

杞隐公陵地处黄旗堡镇南 2.5 公里处，杞隐公姒乞陵区原占地约 450 平方米，封土高近 5 米，后因群众取土，封土日渐减少。20 世纪 70 年代末，曾因当地群众拉土建房，使陵室暴露，经文物部门抢救保护，该陵墓重新封存。1999 年秋，杞隐公陵被盗，现已对该陵封土进行复原。春秋末年杞国内外交困，公元前 506 年，杞悼公姒成在参加诸侯皋鼬的盟会时死去。他的长子姒乞即位，就是杞隐公。公元前 505 年杞隐公即位仅七个月，他的弟弟

杞隐公陵

杞僖公姒过为篡位发动政变弑杀隐公。受伤后的杞隐公寻机逃出杞城，爬行到这里后因伤重而死。杞僖公即位后为掩人耳目，在这里建陵厚葬了杞隐公。因此隐公陵在民间又叫"爬王坟"。杞僖公虽然极力想掩盖自己篡位这一历史污点，但历史总归是历史，这事还是被司马迁明确地记录在了《史记·陈杞世家》上。杞僖公的这一逆行，更加削弱了本来就风雨飘摇的杞国的力量，也为后世开了篡逆的先河。杞僖公死后把国君之位传给了他的儿子杞闵公姒维。在位 16 年后，杞闵公又被他的弟弟姒阏路所杀。小国寡民的杞国怎经得起如此折腾，20 多年后，杞国终于在楚国的征讨下亡国灭种，走进了历史。

第六章　杞人忧天传说的文化内涵

第一节　杞人忧天传说的文化特征

一、深厚的民众心理特征

杞人忧天神话传说内含有上古先民对宇宙天体，上、中、下空间和东、西、南、北方位的认识，这些思想认识扎根在人民群众中间，对人类思想、文化心理、行为方式具有极大的作用和影响。

1. 杞人忧天神话传说内含有上古先民对宇宙天体，上、中、下空间，东、西、南、北方位及其所居中心地位的认识

杞人忧天神话传说一文中有这样的描述："古时候杞县是天地的中心，天是由四根大柱子撑起的巨大天篷……"这和世界上其他民族的神话传说认为天地就像一间房子的房屋，屋顶——天需要用柱子支撑，地面部分同样需要东西支撑的认识是一致的。杞人忧天神话传说一文中还认为杞县是古时候的中天镇，西边有西天镇，南边有南天镇，虽说没有说北天镇和东天镇，但传说中西天镇为顶天柱不周山，可见南天镇、东天镇、北天镇也应为顶天的柱子，这样，神话就对上、中、下三层空间及东、西、南、北四个方位的认识已经确立。关于上、中、下三层空间模式的确立，我国的其他神话也是这样确立的。如我国盘古创世神话中创世大神盘古用斧凿开天地，最终："二汽升降，清者上为天，浊者下为地。"表面上看世界分为上、下两层，上层为天界，下层为地界。实际上，世界分为三层，天界一层，地界一层，地下为一层。大地的创造，暗含着地上、地下两个世界、两个空间。从几个少数民族口头流传的创世神话中我们也可以得知这一空间布局。布朗族创世神话说大神顾米亚和他的孩子用犀牛身躯创造天地万物，并"用犀牛的四条腿做天地四方擎天柱；用鳌鱼托地，并命金鸡看守不让它蠕动，否则

159

地震"。拉祜族《古根》说:"天地不稳当,厄莎抽出手骨撑天,抽出脚骨支地。"维吾尔族《女天神创世》说女天神创造天地万物,"因它(地球)一直往下落,女神便派一头神牛将它驮住,神牛用一只角顶住了地球。神牛无处站立,女神又派了一只神龟趴在神牛的四只蹄子底下。神龟或神牛一动,地就震动,这便是地震"。在原始初民的思想意识中,世界上、中、下三分格局也亦形成,表现在原始的文学艺术中,如:在湖南长沙马王堆一号汉墓出土的西汉帛画中,我们便可以看到这种经过装饰性夸张的神话宇宙观三分世界模式。天神世界:处在画面上方,其标志为位于中央的最高天神和两旁的日、月以及龙、凤等不死的神兽。人间世界:处在画面中央,大地为一方盘之状,其上有人,一般动物及人类生活场面。地下世界:大地之下虽为画出海水形,但却出现了鱼鳖之类的典型海生动物。方盘状的大地恰由阴间神兼海神的巨人两臂托起,而巨人脚下则是两只巨大的水生动物形象。

关于东、西、南、北等方位的确立,在我国的一些神话中也有记载。如女娲补天神话中女娲曾"断鳌足以立四极";在长沙楚帛书甲篇记载的创世神话中有"炎帝派祝融以四神奠定三天四极";在布朗族创世神话中大神顾米亚"用犀牛的四条腿做天地四方擎天柱";在拉祜族创世神话中创世大神厄莎"搓下泥垢做成四条金鱼使之变为四根撑天柱"。

杞人忧天神话传说认为古代杞地是天地的中心,这种中心地位的确立是在外部空间确立后随之确立的。关于天地中心的认识,其他神话传说中也有记载。如《庄子·应帝王》篇中记载了混沌开七窍的创世神话:倏为南海之帝,忽为北海之帝,混沌为中央之地,南、北、中等空间方位已然确立。混沌的死亡催生了一个华夏之民居住的新世界,而这个新世界无疑处在世界的中央。古代民族都有关于宇宙山、宇宙树的神话,这些宇宙山、宇宙树被认为处于大地的中心,是接连、沟通天界、人界、冥界的"梯子",拥有这宇宙山、宇宙树的古代民族自然认为自己处于世界中心,特别受到神灵的惠顾。我国古籍神话中的宇宙山有昆仑山,《淮南子·地形训》云:"昆仑之丘,或上倍之,是为凉风之山,登之而不死;或上倍之,是为悬圃,登之乃灵,能使风雨;或上倍之,乃维上天,等之乃神,是为太帝所居。"那么,昆仑山地处何方?"昆仑山为柱,气上通天。昆仑者,地之中也。"此外宇宙山还有《山海经》中提到的肇山、灵山、登葆山等。我国古籍神话中也不乏宇宙树的记载,

《淮南子·坠形篇》曰:"建木在都广,众帝所自上下,日中无景,呼而无响,盖天地之中也。"此外还有若木、扶桑、寻木、马桑树等宇宙树。古代杞地为中天镇,中天镇在中天山峰顶上,说起中天山的高大,离天只有三丈三尺三厘三,可见杞人忧天神话传说将中天山认为是宇宙山,将中天镇认为是天地之中心也在情理之中了。

上、中、下、东、西、南、北等空间方位之间不是一盘散沙的状态,而是一个非常严密的体系。原始初民以自己为参照,确立了上、中、下三层空间;又以太阳运行确立东、西、南、北四个空间方位。太阳东升西落,离地平线不远,所以横向的东西方等同于纵向的中间层次。正午时太阳被认为运行到南方,同时又在人头顶,所以横向的南方被等同于纵向的上方;夜晚太阳被认为运行到北方,又因太阳沉入地下,且晚上黑暗一片,横向的北方又被等同于纵向的下方。我国神话中的"幽都"被认为是死者所去的地下冥国,在神话地理上被认为处于北方;北欧神话中赫尔所主宰的冥国被认为和地处极北隅的尼夫尔赫姆——雾与黑暗之家同一。这样,创世神话的空间就可以用上下——纵轴和东西——横轴来表示,其典型象征物就是"十字架"。而每个创世神话中的人类,就居住在纵轴和横轴交叉的中心点上。原始初民认为世界的中心是神灵往返天界和人间的通道,并且该中心还和地下冥界紧密相连,处在中心,便能和上下界神灵及时沟通,获其福佑,因此,世界上各古代民族无不把中心看得非常神圣,竭力宣扬本民族处在世界中心并以此自豪,对周边民族嗤之以鼻,心存鄙视。

2. 杞人忧天神话传说内含的上、中、下空间和东、西、南、北方位是有时间和生命感的,对人类精神世界有很大的影响

杞人忧天神话传说确立了上、中、下、东、西、南、北等七个空间方位。而这七个空间方位又可归结为一个上下、东西交叉形成的"世界之轴",上古先民都把自己定位在"世界之轴"的中心。与此同时,一天当中的晨、昏、午、夜,一年当中的春、夏、秋、冬,人一生当中的婴幼、青壮、老弱、死亡,乃至万事万物的生长、壮大、衰退、消亡无不归附到相应的空间方位上去。"神话思维尚不能把较为抽象的时间观念从较为具体的空间方位中抽象出来,所以神话叙述中空间的顺序展开也就是时间顺序的展开。"

上古先民的时间是充满生命感的,一天中的晨、昏、午、夜,一年中

的春、夏、秋、冬,乃至万事万物的生长、壮大、衰落和消灭无不与人一生的幼年孱弱、青年强壮、老年衰弱、最终死亡相仿佛,这种相似通常被认为本质的同一。生命化的时间和"世界之轴"的四方相对应使时间、空间紧密融合为一体,上古先民就是用这种生命化的时空模式表达他们对事物的原初认识。而人们的认识总是掺杂着情感的认识,神话是原始初民认识事物的方式,但这种方式"不能被看着是缺乏情感的,它恰恰是情感的某种表达"。对不同的时间、空间上古先民有不同的认识与感受,这种认识与感受又深深地浸透着他们的情感。在上古先民看来,时间、空间不是均质的,而是有着明、暗、生、死、神圣、邪恶等区别,相应地他们对时间、空间又有不同的喜憎好恶,"每一特殊的空间规定因而就获得了神圣的或恶魔的,友善的或仇视的,高尚的或卑劣的性格"。正因为有情感好恶渗透其中,上古先民的空间和时间才不是均质的。

东方和日出相联系,对应着一年当中的春季。早晨旭日东升,意味着光明战胜黑暗,原来混浊不分的世界也一下子变得条理分明、秩序井然,新的一天从此开始。春天万物复苏、莺歌燕舞,花草树木、鸟兽虫鱼也从一片严冬肃杀的荒凉、萧索、死寂中复苏,一切变得生机勃勃、欣欣向荣。人的婴幼年以及其他事物的发轫期,莫不与此类似,因此,东方象征着新生与创造——光明取代黑暗,生机取代死寂。古埃及《对太阳神阿通的赞颂》中云:"你升起,他们则升;你落下,他们则死。"太阳升落的东西方显然具有生死的意味。玛雅创世神话中造物主看到:"当黎明破晓时,人类必定出现。"东方和新生紧密相关。在希伯来耶和华上帝本创世神话中,上帝把新创造的人类安置在伊甸园内,继而又在园中创造出花草树木、飞禽走兽。这样一个五谷丰登、鸟语花香的人间乐园安置在伊甸东方,看来也绝非偶然。

西方与日落相联系,对应着一年当中的秋季。黄昏时光线微弱,热力下降,黑暗即将吞没光明,寒冷即将取代温暖,万物将随之蛰伏,从而失去生机与活力。秋天,秋风萧瑟,气候渐凉,植物叶黄果落,渐趋枯萎,鸟兽飞走迁徙,终至蛰伏冬眠。人到老年,事物发展的衰退期,都与之类似。因此,西方象征着垂死与没落——黑暗即将取代光明,死亡即将取代活力。北欧神话诉说诸神的劫难时则"陆地沉没于海下,太阳暗淡无光,明亮的群星从天际落下"。我国《山海经·西山经》曰:"西王母其状如人,豹尾虎齿而善啸,蓬发戴胜,是司天之厉及五残。"由此可见,劫难死亡、刑罚伤残与日落黄昏的西方紧密关联。

南方和日中相联系,对应着一年当中的夏天。中午阳光明媚,热力充足;夏季鸢飞鱼跃,万物峥嵘,因此南方象征着繁荣兴旺,温暖光明。人的青壮年是其最为奋发、有为、积极进取的时期,事物的鼎盛阶段也是其优越性展示得最为充分的时期,这些都和上述象征有一种内在联系。北欧神话的创始之初,无底洞以南是火焰巨人苏尔体尔之家,创世时所造的日月星辰也取材于南方之火,并且"太阳在南方照耀在干涸的土地上"。我国《山海经·海外南经》云:"南方祝融,兽面人身,乘两龙。"祝融是火神,因此南方和光明温暖紧密相关。又因为南方等同于上方,二者就有了某种相似性、一致性。在上古先民看来,天界高高在上,神灵居住,日月盘旋,是神圣、永生、温暖、光明、富乐无边的境地。在世界各民族创世神话中,创世神往往居住在遥远浩渺的天宇或直入云霄的峰顶。如古希腊宙斯诸神居住在奥林波斯山上,希伯来的上帝也往往降临山顶显圣,古埃及拉神每天乘舟在天界巡行,古巴比伦主神马尔杜克给自己建造的宫殿取名为苍穹。我国神话中的诸神也多居住在天上,通过宇宙山、宇宙树和人交往。因此,上天神圣无比。天神的神圣不朽,使上方从而也使南方成为不死的象征。

北方和夜晚相联系,对应着一年当中的冬季。晚上黑暗少光,寒冷寂静;冬季草木枯萎、鸟兽虫鱼纷纷蛰藏,大地一片荒凉、死寂、寒冷、萧条,因此北方象征着死亡、贫瘠、匮乏和消逝。北欧创世神话中,无底洞以北是名为尼夫尔赫姆的雾与黑暗之家,冥国女神赫尔就住在这里;我国《山海经·海内经》曰:"北海之内,有山,名曰幽都之山。黑水出焉。"幽都是亡者国度,因此北方和黑暗、死亡紧密相关。在古巴比伦创世神话中"主神马尔杜克踏在提阿马特的腿上,用他毫不留情的大棒劈开她的头骨。他割断她的血脉,让北风把她的血吹得不知去向"。由此可见,北方和流血杀戮紧密相关。又因为北方等同于下方,二者就具有了某种相通性。在上古先民看来,地下世界处于地下深处,鬼魂充斥,日月不到,是邪恶、死亡、黑暗、潮湿、阴冷的场所。邪恶的蛇蝎爬虫、水生怪物通常是下界的象征。地下冥界的死亡属性以及各种妖魔的邪恶、毁坏属性,使下方从而也使北方成为死亡、邪恶的象征。

163

从整体上看,上(南)代表着温暖光明、繁荣富足、神圣永生等,其事物有飞鸟、山峰等;东方代表新生、再生、创造、活力等,所有这些都代表着有利于人类生存的一面,它们激起的是人们肯定、赞美、热爱的感情;而北(下)则代表着黑暗阴冷、饥饿匮乏、邪恶横死等,其事物有游鱼、爬虫等;西方代表着垂死、没落、死气沉沉等,所有这些都代表着有害于人类生存的一面,它们激起的是人们否定、斥责、憎恨的感情。天地之中,是联系神界、阳界和冥界的枢纽,是诸神来往于人间的沟通,故任何一个地方的中心都被上古先民视为威严神圣之地,充满虔诚敬畏之情。

3. 杞人忧天神话传说中内含的上、中、下空间和东、南、西、北方位对人类行为方式的影响

上古先民对东、西、南、北、中等空间方位赋予了不同的象征意义和情感内涵,这会影响到人类行为的方方面面。就从建筑形式上,这种影响可见一斑。我国夏、商、周时期的建筑遗址经复原后,大多为坐北朝南走向,《冬官考工记》载:"匠人营国,方九里,旁三门,城中九经九纬,经途九轨,左祖右社,前朝后市,市朝一夫。"后来,"左祖右社"、"前朝后市"、"前朝后寝"成为我国建筑的基本格局,祖先牌位也按祖居前"左昭右穆"的结构排列,不同的空间方位表达着人们对事物的不同认识。《礼记·名堂》载:"昔者周公朝诸侯于名堂之位,天子负斧依南乡而立。"因为南方象征着神圣、光明,北方象征着死亡、黑暗,所以"面南背北"是天子的朝向,诸侯只能是"背面而事之",南北方向遂成为尊卑高下的象征。对于中心的偏爱,在我国可谓源远流长。中国的观念在周武王时已经出现,指的是今嵩山洛水一带,周公筑雒(洛)邑,就是实现周武王的设想,建立一个"四方贡道里均"的居天下之中的城邑,也可以说是"中国"。就起源来说,"中国"的概念与都城的核心性有密切关联。"翼翼商邑,四方之极",说的是商都,"四方之极"就是四方的中心,已经含有"中国"的意思。

为了获得中心的神圣性、权威性,秦始皇重序名山,借以使偏于西部的秦王朝居天下之中。先秦时期已形成"五狱、四渎"的概念,对于中原国家来说"五狱""四渎"的方位分布比较均衡,但对于后来定都于咸阳的秦朝来说,则"五狱、四渎皆并在东方"了,这种局面有损于秦朝的正统性。为了实现"地德"的完美,秦始皇令祠官重序名山大川的

名单,增加名山的数目,使咸阳东西各有名山数座,从而达到方位的均衡。不难看出,这里所谓的均衡,只是相对于帝都咸阳而言,是秦朝人所感到的均衡。这是人文理解,而不是自然现象。这种现象一直延续了几千年:"古代地理文献上对于都城的描述,无不宣扬它的'拱极'地位,即使在自然地理位置上都城明明偏于一方,比如明清北京,但人文理解也照样写道:'盖其神行胜,天府膏腴,扼四塞以居中,处上游而驭远,郁钟王气,龙盘凤舞之祥,俯视侯封,棋布星罗之势',有'千百国朝宗之盛'。"

不仅仅我国人民对空间方位的认识影响到他们的行为,其他各古代民族也大抵如此。古希腊的神庙除了位居高山,处于中心外,大多呈坐西朝东走向,帕特农神庙、宙斯神庙、阿波罗神庙无不如此,这种建筑格局和人们对空间方位的认识恐怕不无关系。古埃及人认为红沙漠的西方是死者的世界,东方是活人的世界,所以,位于下埃及的国王的金字塔陵墓以及后来的帝王谷、王后谷无不建在尼罗河两岸,神庙大多建在尼罗河东岸。著名的卡尔纳克神庙、卢克索神庙和阿布·辛拜勒神庙全部位于上埃及,卡尔纳克和卢克索神庙位于尼罗河东岸坐北朝南。阿布·辛拜勒神庙位于尼罗河西岸坐西朝东。希伯来人的庙宇通常门朝东开,耶路撒冷圣殿也是坐西朝东走向的。

二、鲜明的地域文化特征

杞人忧天传说在几千年的传承中,以其自身的文化内涵和人文魅力,影响了一代又一代中国人,已成为中华民族精神文化的重要组成部分,"杞人"已成了当地人民群众的精神文化符号。"杞县"也成了"杞人忧天传说"的文化地理标志,具有鲜明的地域文化特征。

所谓精神文化符号就是某一历史事件或文化现象能够以其自身的文化内涵,反映某一地区的精神文化风貌,这一历史事件或文化现象成为该地区的象征或地理文化标志。从精神文化符号的定义可以看出,精神文化符号必须具备有自身的文化内涵和科学精神、哲学精神的支撑的主要特征。如:"深圳梦"的文化内涵是"压力"、"活力"、"新鲜",反映了深圳人快节奏发展城市的生活现实,所以,"深圳梦"就是深圳人负重拼搏、高速发展的精神文化符号。再如"汶川精神",其文化内涵主要包括以下几个方面:一是反映了"民为贵,社稷次之,君为轻"的"以人为本"的中华传统文化的美德;二是反映了"一方有难八方支援"、"血浓于水"的中华民族凝聚力精神;三是反映了"不怕牺牲、不怕困难"的人民"子弟兵"精神;四是反映了"天行健,君子以自强不息"的汶川人抗灾自救的精神。所以"汶川精神"作为一个精神文化符号,不仅仅代表汶川地区人民群众的精神文化风貌,也是代表中华民族的精神文化风貌。是中华民族的集合象征,是中华民族对外的精神文化符号。

杞人忧天传说包含杞人忧天神话传说、杞人忧天寓言传说和杞人忧天历史传说三部分的内容,有三个方面的文化内涵。其中杞人忧天神话传说反映了上古先民(杞人)对日、月、星、辰等宇宙天体探索的追求精神和部族之间战争引发的生存忧患意识。杞人忧天寓言传说则塑造了"杞国本无事,庸人自扰之"的"庸人自扰"的形象。杞人忧天历史传说是以杞国东迁淳于、缘陵后,在大国间艰难生存的历史事实为背景而编撰的传说,反映了春秋之际小国在大国间艰难的生存处境,具有强烈的忧患意识。

以上三种文化内涵,因杞人忧天寓言传说由列子编撰并记录在先秦的历史文献中,故得以普及并广泛传承,并将杞人忧天传说的文化内涵误解为"无所事事,庸人自扰",而忽略了"对大自然积极进取的探索精神和忧国忧民的忧患精神"的文化内涵。若今杞县人到外地工作或求学,当陌生朋友问其是哪里人时,若回答是"杞县人",对方便一脸茫然,不知其具体的地理位置,若再解释一句,"杞人忧天的故事就发生在我们那里",对方便释然开怀,好像知道了它的地理位置。就连当地人谈起杞人忧天传说,也必定将其定位于"庸人自扰"的形象,每每在谈论某些人对某些事犹豫不决、徘徊不定时,往往会信口开河说其为"杞人之忧"或"庸人自扰"。"庸人自扰"已成了杞县的一种精神文化符号,使今杞县人大跌面子。近年来,许多历史、民俗方面的专家对杞人忧天传说进行了深度和广度的研究,对杞人忧天的文化内涵进行深入挖掘,已将其文化内涵定位于"对大自然孜孜不倦的追求精神和对生存环境具有忧患意识的忧患精神"。并将杞人忧天传说列入河南省非物质文化遗产保护名录。"对大自然的追求精神和对生存环境的忧患精神"已成了"杞人"的精神文化符号。杞县也成了杞人忧天传说的文化地理标志。

三、鲜明的乡土特色

杞人忧天传说在几千年的传承中,与当地的地貌、景观、气象、古建筑等联系,有古迹相伴,有习俗相传,富有鲜明的乡土特色。

1. 与杞人忧天传说相关的地貌

(1)杞人忧天传说中的地貌与今杞县城的地貌相似。杞县城位于县中部偏北,初名雍丘,为夏、商、周杞国都城,因居三丘之上而得名。关于三丘的高大,我们从丘之西者可窥一斑。西丘初名谷林山,俗称"高高山"、"新高山",明称"西岗",高十余仞,方数百亩,其东里许为二丘相连,杞县治所便居其上。从西丘的巍峨高大可知东边相连两丘的状况。上古时期,杞县属于豫东平原,境内无山无陵,只有绵延不断的土丘。上古时期,豫东平原杞县属于洪水泛滥之区,这些高大的土丘便成了先民们逃避洪水的理想居所。因境内无高山,这些土丘便是上古先民心中高大的山,是上古先民心中的神圣之地。故杞人忧天传说中杞县城的地貌为:"据说在很久以前,杞县为中天镇。中天镇地处中天山峰顶上,离天只有三丈三尺三寸三厘三。说起来中天山的高大,除了西天镇下的不周山比它高二寸九厘三,再没有比它高大的山了……"

由此可见,杞县城的地貌与杞人忧天传说中杞县的地貌是极为相似的。只是几千年的风雨变迁,由于自然的水土流失和黄河泛滥的淤积,杞县城的地貌不再高大巍峨,现如今仅看到比四周略高,微微隆起的端倪。

(2)杞人忧天传说中"共工怒触不周山,折天柱,地维绝……"与杞县整体的地形、地貌相似。杞县的整体地势为西北向东南倾斜,自然坡降1/4500~1/6000之间,平均海拔58米,在县中部邓圈、陶屯之间;最高点64.4米,在县西北部代寨;最低点53.3米,在县东南部许老,两点地距百里,落差11.1米。杞人忧天传说中有:"共工和祝融为争抢一个天鹅蛋,打了起来,共工怒触不周山,将西方顶天柱——不周山撞塌了,使西方的天塌了下来。"天的倾斜使西北方高起来,因而日月星辰都向西北方移动,地的倾斜使东南方陷下去,因而河水都向东南方流去。由此可见,杞县的整体地势与杞人忧天传说中的中天镇(杞县)的整体地势是一致的。

2. 与杞人忧天传说相关的景观

(1)西岗挺翠。西岗,宋名谷林山,明时称富岗,清时称西岗,雅称新高山,俗称高高山。该岗其实为一土丘,高数仞,方圆数百亩。为杞人忧天传说气人尸骨的风化物。其上昔有青松朱樱,为邑人春游之所。宋杨侃《皇畿赋》曾志其盛:"城之西郊,山曰谷林。其或花迎野望,烟禁春深,景当妍丽,俗重登临,移市竟日,倾城赏心。"明时,这一优美的去处,竟至引人倾城出动,流连终日,乐不思归。在组织杞县景观时,将此列为一景,名曰:"富岗鹤唳。"清时春季岗上绿树成荫,翠柏挺立,野草滋蔓,杂花盛开,景色宜人。杞人来此游玩者络绎不绝,故当时成为一景名曰:"西岗挺翠。"杞县知县周玑赋诗赞曰:"翠霭连云起,西岗列古松,霜皮溜雨黑,黛影入天浓,挺作高成荫,居然秀气钟;莫言培楼上,不似丈夫封。"举人苏尔翼也题诗曰:"西天岗气挂岗腰,隔岸深烟结小桥,遥听笛声人不见,孤松盘郁入云霄。"后来张庄(今葛岗镇张庄)一富家看中此处风水,在岗上建院居住,这一美景遭到人为的破坏,该岗成了光秃秃的土丘。如今该岗已被夷为平地,其上被工厂、住宅占用。"西岗挺翠"这一景色只留在了人们的记忆中。

(2)禹祠瑞草。禹祠即大禹庙,在县城东门里。《水经注》雍丘故城条"城内有禹祠,昔在(商周)二代,享祀不辍",即指此祠。杞为夏禹之后,自夏初封国,以奉禹祀,其后历商、周二代,至周平王三十一年(前740)东迁淳于,在杞立国982年。杞国虽迁,但禹祠不废。三国魏曹植封雍丘王,曾迁祠于箕城。(旧志:在县城西北三十里,隋末王世充曾置县于此)。后又迎回,直至建国后尚有正殿三间,东娄公庙一幢,单间三层(东楼公,周封杞国始君,原在禹祠配享,明万历时另立庙于祠西南)。明时将大禹庙列为杞县一景,名曰"禹祠瑞草"。

3. 与杞人忧天传说相关的气象、古建筑、民间习俗

杞人忧天传说在几千年的传承中,与当地的气象、古建筑、民间习俗密切相联。气象方面的文化遗存有天文历法著作《夏小正》和鹿台岗古代天文台遗址,这些都是古代杞人探索大自然奥秘的有力证据。古建筑有雍丘故城、淳于故城、缘陵故城、大禹庙、东楼公庙等,这些都是古代杞人创造的物质文明。民间习俗有"三奶奶"古庙会和大禹、东楼公的祭祀活动,这些都是研究古杞国文化的"活化石"。因以上遗迹、古建筑和民间习俗前面已作介绍,在此不再赘述。

第二节 杞人忧天传说的文化内涵

杞人忧天神话传说是中原神话传说的重要组成部分,和其他神话传说一样,不仅是华夏民族的文化源头,同时也是华夏民族文化精神的渊源和集中体现。杞人忧天传说在几千年的传承中,以其自身的文化内涵逐步形成了造福于民、泽被后世的无私奉献精神,积极进取、勇于探索的精神和忧国忧民的忧患精神,这些宝贵的精神文化财富是华夏民族生生不息、发展振兴的精神基础,在人类的历史长河中永远闪耀着美丽的光辉。

1. 造福于民、泽被后世的无私奉献精神

古代神话中的英雄们是美德和贤能的化身,肩负着救民济世的历史使命。在人类被大自然恶劣环境所困扰,生存面临威胁时,这些英雄们为了众人的利益,往往会奋不顾身、义无反顾作出无私奉献的壮举。古代神话在反映先民与自然、命运抗争的同时,重点歌颂了英雄们造福于民、泽被后世的无私奉献精神。在杞人忧天神话传说中,女娲就是补天、治水、斩除妖魔的英雄,是救民济世的英雄化身,她面对天塌地陷、洪水泛滥、妖魔横行给人类带来的巨大灾害,不畏艰难险阻,远上昆仑山,采捡五色石子,修炉筑灶,熔炼七七四十九天,终于熔炼成了五色彩云和一柄阴阳斩妖除魔剑,她用五色彩云以补苍天,用阴阳斩妖除魔剑,断鳌足以立四极,杀黑龙以济神州,积芦灰以止淫水,使天下重现光明。而同时杞人忧天神话传说中的"杞人"也是救民济世的英雄化身。天塌地陷等自然灾害给人类留下了心灵的创伤,"天再塌下来怎么办? 地再陷下去怎么办?"面对受过灾害创伤,重整家业的人类,"杞人"以智者的形象提出了人类如何生存的命题。其目的也是让人类免遭自然灾害,过上安稳幸福的生活。甚至为了引起人类的警觉而献身。"杞人"的这种"想天下人之所想,忧天下人之所忧"的思想不一定能被上古先民所认可和接受,以至于被误认为是疯子、傻子……杞人忧天传说中女娲和杞人的无私奉献精神同大禹、神农、夸父等神话英雄一样都是一脉相承的,他们这种造福于民、泽被后世的无私奉献精神如春风化雨般沉淀于中华民族心理结构中,内化为一种深沉而自觉的历史责任感,这种"以天下为己任"的社会责任感在

169

文化传承过程中得以发扬光大,如"先天下之忧而忧,后天下之乐而乐","国家兴亡,匹夫有责"等行为准则的形成与原始先民的救世观念是相一致的。

2. 积极进取、勇于探索的追求精神

先民在长期与大自然的斗争中逐渐认识了月落日出、电闪雷鸣、生老病死等一些现象并产生了简单的进化观念。他们开始认为世界是由物质变化而来的,天和地是混沌的气体演化而来的。因此,盘古不仅开辟了天和地,也是万物的缔造者。他死后,呼吸变成云,声音变成雷霆,双眼变成日月,肢体变成山丘,血液化为江河,发鬓变成星辰,皮毛变为草木,等等。正是这种朴素的唯物主义的思想,使先民积极探索客观事物的基本规律,并勇于创新。天会不会塌下来? 地会不会陷下去? 天塌地陷了人类该怎样生存? 原始人类根据自己的幻想,塑造了一个探索天、地运行规律的智者形象"杞人"。在杞人忧天传说中,"杞人"提出的"天会不会塌下来? 地会不会陷下去? ……"的科学命题便是原始先民吹响的向大自然积极探索的号角。但是"杞人"提出的科学命题在神权高于一切的原始社会并不一定被时人所接受,甚至会被当做异端学说遭受攻击,"杞人"会被误解为疯子、傻子和"庸人自扰"的怪异人物。"杞人"这一不朽的艺术形象,作为追求精神的象征和载体,和民族文化同融共存,绵延不绝,永远焕发出绚丽的光彩。

3. 对生存的自然和社会环境的忧患精神

在人类早期的原始社会,由于人类对自然的认识还很少,当风、雨、雷、电及地震、洪水等自然灾害对人类造成伤害时,原始先民开始思考这些灾害是怎样形成的,该如何解决? 当人类进入文明社会后,部落内部,部落和部落之间的财富分配及部落之间的征伐等问题也会困扰原始先民,如何有效地解决这些问题? 原始先民开始了认真地思考。于是在原始社会,人们根据其生存的经历,就幻想了一个对生存的自然和社会环境忧思的智者形象,杞人忧天神话传说就是这样的一则神话。杞人忧天神话传说是女娲神话传说在中原地区的一则遗存,它是女娲补天神话的后续。在女娲补天神话传说中,因天塌地陷给人类带来了巨大灾难,女娲为拯救人类,不畏艰难险阻,补住了苍天,治住了洪水,使人类重归于安静的生活。虽说女娲补住了苍天,治住了洪水等灾害,但是天塌地陷、洪水等自然灾害的巨大破坏力给人类造成的心理创伤是无法治愈的。洪水退后,大地恢复安静后,原始先民就开始思考、研究这些自然灾害,以防止再度出现这些自然灾害,杞人的这种居安思危的忧思就是伟大的忧患精神。在历史的长河中,杞人的这种忧患精神不断地得到传承,在春秋初期,杞国在雍丘时处在郑、宋、陈三国之间,不断遭受三国的侵袭,为了生存保国,不得不背井离乡,东迁山东淳于和缘陵等地。东迁淳于和缘陵后,杞国又处于齐、鲁、莒、徐等国之间,经常遭受这些国家的欺凌,为求生存,忍气吞声,仰人鼻息,过着血泪般的生活,杞人在山东缘陵、淳于生活的经历便是杞人忧天历史传说的来源,杞人忧天历史传说就是杞人对生存的社会环境的忧思。战国时代,列子从天地的形成及存在的时间用隐喻的手法,再次从生存的自然环境的角度对忧思进行了阐述,同时孟子从人类的发展角度,从对生存的社会环境出发,提出了"生于忧患,死于安乐"的思想,使忧患精神得到了进一步的升华。在战国以后的中国历史发展中,杞人的这种忧患精神不断地被灵活运用到民族和平的发展中,如汉、唐时期的中国经常受到少数民族的侵扰,为了解决这一社会问题,汉唐时的中央政府进行了认真的思考,都采取了"和亲"政策,确保了边塞的安宁,这才有了流传千古的"昭君出塞"和"文成公主和松赞干布"的故事。忧患精神的可贵性就是在于能够从承平中预见危机,从有利中发现不利,未雨绸缪,防患未然。正是有了对生存的自然环境的忧思,才使人类有了改造自然和征服自然的精神动力,正是有了对生存的社会环境的忧思,才使人类有了解决社会问题的方法,才能推动社会历史向前发展。居安思危,未雨绸缪,杞人的这一高贵的忧患品德,是华夏民族得以生存的精神动力,是中华民族精神文化的重要支柱,它将与日月共存,永放光辉。

第三节　杞人忧天传说的保护计划和开发设想

杞人忧天传说是我国农耕(游牧)文明时代的精神文化产物,随着全球化趋势的加强和社会现代化进程的加快,我国的文化生态发生了变化,农耕(游牧)文化的生活、生产方式以及传统的风俗习惯逐渐淡化。杞人忧天传说虽受杞县人民群众的珍爱,但长期以来由于对杞人忧天传说的保护处于自发和无序状态,对传说的深度挖掘、理论整理、资源整合不够,加之目前文化的多元化,杞人忧天传说作为年轻群体中的一员,影响逐渐变小。因此,杞人忧天传说目前处于濒危的状况。为使杞人忧天传说这一民族文化遗产得以传承和保护,杞县人民政府定制了杞人忧天传说保护和开发计划,由县非物质文化遗产保护中心负责组织实施。

一、杞人忧天传说的保护计划

1. 1990 年《河南省民间文学三套集成·杞县故事卷》收集整理了有关杞人忧天传说的故事三篇

在 1990 年普查、收集、整理的基础上,进一步全面深入地普查收集杞人忧天传说的故事,挖掘杞人忧天传说的内涵,丰富杞人忧天传说的内容。

2. 成立杞人忧天传说文化研究会,建立一支由专家组成的"杞人忧天"文化研究队伍

根据普查收集整理的故事,适时召开以杞人忧天传说为主要内容的"杞人忧天"文化研讨会,深入开展对杞人忧天传说的研究工作。进一步揭示杞人忧天传说的文化内涵、基本特征和重要价值,以使人们更加正确地认识杞人忧天传说深邃的思想内涵和人文精神的魅力。对杞人忧天传说的研究成果要结集出版,提高研究该传说的学术水平,同时,还要对杞人忧天传说产生的衍生物"娄氏起源"和"杞国史考"进行理论研究,拓展杞人忧天传说的外延。

3. 保护杞人忧天传说传承人,探索新形势下传承人的保护问题

一是对杞人忧天传说现有的传承人要加以保护,要加大资金投入,切实解决现有传承人的生产和生活难题,使他们能够集中精力对杞人忧天传说进行传承。二是要加大培训力度,培养一批杞人忧天传说新的传承人,尤其是要对民间的说唱艺人进行培训,鼓励他们成为杞人忧天传说的传承人。三是要将杞人忧天传说的故事及研究成果编写成乡情读物印发给学生,使他们从小就了解掌握杞人忧天传说的精神实质,激发他们热爱杞县、建设杞县的巨大热情。

4. 组织专业人员编写《杞人忧天传说》剧本,将杞人忧天传说搬上舞台和银幕,扩大杞人忧天传说的普及率和影响。

二、杞人忧天传说的开发设想

1. 建"杞人忧天"文化园

"杞人忧天"文化园是宣传"杞人忧天"文化和精神实质及杞国历史文化的综合性人文景观公园。文化园内建杞人忧天传说中的"杞人"塑像和"忧天柱",表达古代杞人认识自然、追寻自然规律的探索精神,文化园内建"杞国历史文化博物馆",将近年来考古工作者在杞县发现的杞国文化遗存的遗物进行展览,让杞县人了解杞县悠久的历史文明,文化园内建杞人忧天传说文化长廊,将近年来杞县收集整理的杞人忧天传说故事镌刻在石碑上,让人们领略杞人忧天传说不同时期的文化内涵,文化园还要建"历史名人长廊",可将从古到今在杞县生活过的历史名人雕成塑像,镌刻简介,让人们在从这些文化名人身上升起身为杞县人的自豪感。

2. 建"古天文观测台博物馆"

在鹿台岗古天文观测台遗址上建"古天文观测台博物馆"或复原古天文观测台模型,在杞县城内建"古天文观测台博物馆"。"古天文观测台博物馆"内将仿造古人的天文台原型建成原大的天文观测台模型,让人们可直观地了解到古人是如何观测天象的,同时还可像古人那样到观测台内观测天象,身临其境感受古人观测天象的方法,感受我国古人先进的科学技术,"古天文观测台博物馆"内还要建"科普馆",展览古今人类观测天象的重要成果,人类观测天象仪器的演变及一些天文知识,从文化和科技层面弘扬"杞人忧天"的文化精神。

3. 复原禹祠和娄公庙

禹祠和娄公庙是夏、商、周时期杞国人遗留下来的建筑物,是夏、商、周时期杞国地上的文化遗存,也是杞人忧天传说的外衍物。

禹祠又称夏后行宫、大禹庙、禹王庙,始建于商,是为纪念大禹而建造的纪念性建筑。恢复禹祠宣传大禹九年在外,三过家门而不入的献身精神与治平水土的伟大功业,让杞县人为有这样的老祖先而感到自豪。

娄公庙是为纪念东楼公而建造的纪念性建筑。原为禹祠的一部分,后杞人认为"东楼公乃肇封之君,不得以配享掩其正祀,当立专祀",遂从禹祠中搬出,重新建造娄公庙。东楼公是娄氏子孙的祖先,复原娄公庙,对娄氏开展寻根问祖文化活动,增添杞县的人文景观具有重要的现实意义。

第七章　杞人忧天传说对后世杞人的影响

　　文化是由人创造的,反过来又影响人、熏陶人、塑造人。文化对人的影响既来自特定的文化环境,也源于人们参与的各种文化活动。每一个人都生活在一定的文化环境之中,都在不知不觉中受到影响。人的社会化过程就是不断接受文化影响由生物人变成文化人的过程。因为祖祖辈辈代代相传,家家户户耳濡目染,即使一个不识字的人也自然浸润之中,受其影响而变化气质。文化对人的影响是一个水滴石穿的过程,是个润物细无声的过程。一个人小到饮食起居,待人接物,大到世界观、人生观、价值观,无不是一定文化影响的结果。杞人忧天传说是由古代杞人创造的优秀文化,在几千年的传承中,它与杞国的政治制度、生产方式、伦理道德、风俗习惯交相融合,逐步内化为古代杞人的态度和观念(杞地民众的文化心理)。杞人忧天传说内化为杞地民众的文化心理后,就会以极强的穿透力、辐射力影响后世杞人的行为方式、思维方式和价值观念。在杞文化思想的影响下,几千年来,一代又一代的"杞人"为了人类科学事业的发展和社会进步积极进取,殚精竭虑,呕心沥血,做出了巨大贡献。他们的故事与日月同辉,在金杞大地乃至全国各地广为流传。

第一节　杞人忧天传说在不同的社会历史
时期的功用和影响

一、杞人忧天传说在不同的社会历史时期的功用

　　神话传说是人类幼年的文化,产生于原始社会时期,神话传说产生的思想基础是原始社会"万物有灵"的思想。由于上古先民认为天地万物皆有神灵,故上古先民对天地万物非常崇拜,基于"万物有灵"

古代杞人的忧思——杞人忧天民俗文化研究

的思想,原始社会时期的宗教祭祀活动是部落中的头等大事。在上古时期的宗教仪式上,巫师们念念有词,巫师们的念词就是巫师沟通天地的语言。人们相信巫师是沟通人与神之间的使者,通过他可以得到神灵的保佑,还能丰衣足食,驱鬼治病。巫师们沟通天地的语言就是神话传说。所以说神话传说最初的形态就是以语言巫术的身份出现的。杞人忧天神话传说就是上古杞族先民祭祀天地时的语言,它表达了上古杞族先民面对天、地自然灾害及部落战争的灾难而产生的忧思,希望上天神灵施展神力来平息自然灾害和部族战争,使人民重新过上美好生活的愿望。杞人忧天传说在原始社会时期的功用就是杞族先民宗教祭祀仪式上的语言巫术。在夏、商、周奴隶社会时期,杞人忧天(神话)传说承袭了原始社会宗教祭祀的语言巫术功能。杞人忧天(神话)传说的这种语言巫术功能能够得以长期传承的原因是由夏、商、周时期的"天命"思想决定的。夏、商、周时期的"天命"思想源自于原始社会"万物有灵"的思想,是原始社会"万物有灵"思想的承袭和发展。在夏代,奴隶主贵族认为自己的政权得之于"天命",是上天赐予的,故《尚书·召诰》说:"有夏服(受)天命。"商代对神的崇拜和对祖宗的崇拜到了无以复加的地步。商王对神的意志绝对信仰,事事都要征得神的旨意,以至于每事必卜。为了表达信从上帝的意志,占卜成为表达天命的方式。事无大小,都要通过占卜,以预测吉凶,决定行止。西周时期的统治阶级基本上继承了夏、商以来奴隶主贵族的统治思想,把上帝视为至高无上的主宰者,而呼之为"天",最高统治者——周王,则为受天之命而王天下的"天子"。但是前有商王代夏,后来又有周王代商,都相继变革了天命。这样的历史事实,又使他们不能不感到"天命靡常"、"天不可信"。但是在当时的历史条件下,他们不仅不可能从根本上否认"天命",而且还要大力维护"天命"。于是他们就在不动摇"天命"的前提下,强调人事的重要性,提出"顺乎天而应乎人"的观点,就是既要顺从天意,又要适应人心,才能维持"天命"。基于夏、商、周时期对天敬畏的"天命"思想,所以从王室到邦国都将宗教祭祀活动搞得隆重盛大。否则就被视为大不敬。杞人忧天(神话)传说就是在"天命"思想的影响下,以宗教语言巫术的身份在杞国得以传承的。

在春秋时期,随着轻天重民思想的形成,一向受人尊崇的天神已远非凌驾一切之上的神灵,而是处于人的附属地位,这一时期宗教祭祀功能大为削减,而作为宗教语言巫术的神话传说已渐渐从宗教的功能退出,成了保存远古先民史实资料的文学作品。这一时期,由于杞国生存环境的变化,杞人在传承杞人忧天(神话)传说的同时,又根据杞国东迁后处于大国之间的辛酸遭遇,产生了杞人忧天的历史传说。战国中后期,道家代表人物列御寇根据传承的杞人忧天神话传说和杞人忧天历史传说,写出了富有寓意的杞人忧天寓言传说。杞人忧天寓言传说保存在《列子·天瑞》一书里,是先秦时期的哲理散文。

杞人忧天传说(杞人忧天神话传说、杞人忧天历史传说、杞人忧天寓言传说)在秦至晚清的封建社会时期,由于长期受儒家思想的浸润和影响,已内化为杞地民众的态度和观念,成了杞地民众相对稳定的心理行为。杞人忧天传说转化为杞地民众的思想观念、心理素质、行为方式、生活习惯、思维方式后,就会形成杞地民众的世界观、人生观、价值观,并影响杞地民众的行为动机和行为的全过程。杞人忧天传说形成的精神文化在历史的变迁中并没有因为朝代的更迭而中断,相反却得以绵延不绝的传承和发扬。杞人忧天传说精神文化思想之所以有如此强大的生命力、辐射力、穿透力,主要有以下两个方面的原因:一是杞人忧天传说(精神文化思想)符合和顺应了中国传统文化发展的要求,其文化思想同出一辙。中国传统文化和杞文化都是以农耕文明为基础,以封建制文化制度和儒家传统思想为核心形成的精神文化思想。杞文化是中国传统文化的重要组成部分。杞文化是杞地民众的文化思想,具有一定的地域性特征。二是杞人忧天传说(杞文化)本身就具有强大的文化魅力。杞人忧天传说的内涵对大自然积极追求、探索的精神和对生存的自然和社会环境忧思的忧患精神是"生于忧患、死于安乐"、"先天下之忧而忧,后天下之乐而乐"、"国家兴亡,匹夫有责"行为规范准则的思想基础。不管儒家思想在长达两千多年的封建社会如何变化,但杞人忧天传说(杞文化)的追求探索精神和忧患意识是不变的,它是中华民族得以发展的精神支柱。正因为杞人忧天传说(杞文化)与中国传统文化的渊源关系和其独有的文化品德,在长达两千多年的封建社会里,作为杞地民众的文化思想,才不会被封建统治阶级封绝或扼杀,而是作为中华民族的精神发扬光大。

在晚清以来的旧民主主义革命、新民主主义革命和社会主义建设时期,杞人忧天传说杞文化在资产阶级改良思想和马克思主义思想的影响下,在反帝、反封建、反官僚的政治背景下,成了杞地民众反帝反封建的思想武器和战斗号角。尤其是在反抗西方列强和抗击侵华日军的斗争中,杞人忧天传说(杞文化)内涵的忧患意识是凝聚民族向心力和战斗力的重要精神支柱。

二、杞人忧天传说在不同的社会历史时期对杞人的影响

在夏、商、周时期,由于宗教祭祀活动代表着天意和国家权力,所以宗教祭祀活动只掌握在奴隶主贵族手中。如夏代的大禹、商代的商汤、周代的周文王既是政治领袖,而且还是大巫师,其他奴隶是不能染指宗教祭祀事务的。所以作为具有语言巫术功能的杞人忧天(神话)传说也只能掌握在杞国国君和奴隶主贵族手中,并在他们之中传承。故,在夏、商、周奴隶社会时期杞人忧天(神话)传说影响的历史人物只能局限在少数奴隶主贵族中间。

在秦至晚清的封建社会时期,由于杞人忧天传说受儒家思想的影响,内化为杞地的精神文化,所以上至封建地主阶级,下至平民百姓都在它的影响之下。在杞人忧天传说(杞文化思想)的影响下,杞地出现了以下几种历史人物形象:一是"富贵不能淫、贫贱不能移、威武不能屈"的刚正不阿、宁折不弯、秉公执法的封建廉吏形象;二是忠君爱国、呕心沥血、鞠躬尽瘁的"先天下之忧而忧,后天下之乐而乐"的封建社会的文人士大夫形象;三是为了祖国和民族的利益出使异域、不辱使命的英雄大丈夫形象;四是积极探索自然科学奥秘,在自然科学和社会科学领域做出重大贡献的杰出文人和科学家形象。

在晚清以来的旧民主主义革命、新民主主义革命和社会主义建设时期,杞人忧天传说受资产阶级改良思想和马克思主义思想的影响,在内忧外患的政治背景下,杞人忧天传说内涵的忧患精神是杞地民众抵抗外来侵略和民族独立的精神力量。在这一历史时期,杞地出现了以下几种历史人物形象:一是宣传资产阶级改良思想和马克思主义思想的进步人士形象;二是为了民族的独立和自由反抗西方列强和抗击侵华日寇的英雄人物形象;三是在社会主义现代化建设中涌现出来的爱岗敬业、勤勤恳恳、任劳任怨、无私奉献的模范人物形象。

第二节　杞人忧天传说影响下出现的历史人物简介

一、夏、商、周时期杞地出现的历史人物简介

1. 杞人

"杞人"是上古时期杞地的先民在改造和征服自然的斗争中及人类社会发展的斗争中幻想的对自然积极探索追求和对所处的社会环境具有忧患意识的艺术形象。"杞人"不是单指某一个人,而是上古时期杞地民众的总的概括,是杞地人民征服自然和改造人类社会无私奉献的文化符号。

杞人忧天神话传说中的"杞人"是中天镇镇首的小儿子,名叫气人,长得眉清目秀,细皮嫩肉,英俊漂亮。但是性格却胆小怕事、量狭气窄,气人有两个哥哥和一个妹妹。哥哥一个叫祝融,一个叫共工,妹妹叫女娲。气人的两个哥哥好争斗,动不动就打起来了。一次,共工和祝融因抢着吃妹妹女娲捡来的天鹅蛋打了起来。直打得你死我活,天昏地暗。最后,共工因打不过祝融,一怒之下将西方顶天柱不周山撞塌了。霎时,残片碎石填满了西方的江河,江河里的水便咆哮着涌向东方,淹没了中天镇。中天镇一时是死人无数,堆尸如山,气人一看天塌地陷,洪水泛滥,心里惧怕,天天吓得连口大气都不敢出,时间久了,患了"忧天症"。气人的妹妹女娲,见哥哥气人终日疯疯癫癫,不吃不喝不睡,整日喊着"天塌地陷,人不能活啦"和黎民百姓处在水深火热当中的状况,心里非常难过和痛苦,她决心拯救人类。于是她打点了行装,不畏艰难险阻,远上昆仑山,采捡五色石子,修炉筑灶,熔炼七七四十九天,终于熔炼成了五色彩云,将西方的天补了起来。使天下黎民百姓重见了光明。气人自从得了"忧天症"以后,完全丧失了理智,经脉错乱,神智不清,疯疯癫癫不知喊了多少年,最后到周武王将中天镇封为杞国时,因有扰民心,被周武王用剑砍死。气人死后,变成了一座高大雄伟的土山,杞国人称"高高山"。

杞人忧天寓言传说中的"杞人"是说的古时候杞国的一个人,因为不了解天、地运行的情况,整日提心吊胆害怕天塌地陷,天塌地陷后人不知该怎么办,以至于吃不好饭,睡不好觉。有一个叫晓者的人听说这件事后也为杞人担忧,于是他前往杞人那里,向杞人讲明天地运行

的道理。晓者对杞人说："天是由气体组成的，无处无气，就像我们整天生活在天中，天怎会塌下来呢？"杞人问："天果积气，日月星宿，不当坠耶？"晓者回答说："日月星宿，也是由有光的气体组成的，就是坠下来，也不能伤着人。"杞人又问："地会不会坏呢？"晓者又说："地是块状物组成的，充塞回虚，无处无块，我们整日在地上行走，怎么会担心它会坏呢？"杞人明白了这个道理非常高兴，给杞人讲道理的晓者也非常高兴。后来长庐子和子列子在讨论这件事时，长庐子笑着说："天、地由气和块状物组成的，难道有不坏之理，忧其坏的人，实际上是有远见的人。说它不坏，也不为过。天地不会坏，到了它坏时，难道不应该忧虑吗？"列子说："说天地坏的人也不错，说天地不坏的人也不错。天地坏和不坏，都是我们所不能知道的。就连我们都不知道什么时候生，什么时候死，什么时候来，什么时候去，天地坏与不坏，我们又何必放在心上呢？"

杞人忧天历史传说中的"杞人"是杞国东迁山东淳于、缘陵后，对居住在那里民众的通称。杞国在西周末、春秋初期，因迫于郑、陈、宋等国的侵扰，唯恐被灭国，不得不东迁山东淳于，在那里寻找安身之居。东迁山东淳于、缘陵后，又处于鲁、莒、齐等国之间，也经常受到这些国家的欺凌，在这些国家当中，杞国人整天过着提心吊胆的日子，唯恐国家灭亡了，人民将无处可去，遭受灾难。杞人为了能够存国，先后采取向大国进贡、和亲的政策在这些国家中周旋，仰人鼻息、委曲求全，在山东淳于、缘陵一带存国了三百多年，最后被南方楚国所灭，杞国天倾。

2. 颛顼

颛顼（前2514～前2437），上古帝王，为五帝之一。据《史记》载："黄帝崩，葬桥山。其孙昌意之子高阳立，是为颛顼帝也。"20岁即帝位，初国于高阳，建都于高阳古城（今河南杞县高阳镇），故又称其为高阳氏。颛顼性格深沉而有谋略。15岁时就辅佐少昊，治理九黎地区，据传当时九黎信奉巫教，崇尚鬼神而废弃人事，一切都靠占卜来决定，百姓家家都有人当巫师搞占卜，人民不再虔诚地祭祀上天，也不安心于农业生产。颛顼为解决这一问题，决定改革宗教，亲自静心虔诚地祭祀天地祖宗，为万民作出榜样。他命令一个名叫重的"南正"官专门主管祭祀天，以会合群神，使降嘉福，又命令一个名字叫黎的"北正"官专门主管地上的事,以监督人民不得乱祭祀。并劝导百姓遵循自然的规律从事农业生产,开垦田地。颛顼的这项举措就是"绝地天通",也就是断绝地民与天神相通,使祭祀天神为贵族的特权。颛顼在位期间,创制了九州,使中国首次有了版图界线,据《史记·五帝本纪》载:"北置于幽陵,南置于交趾,西置于流沙,东置于蟠木,动静之物,大小之神,日月所照,莫不砥属。"他建立统治机构,定婚姻,制嫁娶,研究男女有别,长幼有序。他改革甲历,定下四季和二十四节气,用于指导农业生产,为了打击部落分化和争权夺利,他发动了对共工部族的征伐,使共工部族得以驯化。颛顼是一位泽被后世、功德盖世的帝王,是华夏民族共同的人文始祖,颛顼在位 78 年,据传死后葬于今河南内黄县梁庄镇三杨庄。

3. 伊尹

伊尹,名挚,夏末商初人,生于空桑(今河南杞县葛岗镇西空桑村),躬耕于有莘之野,(今河南省开封县陈留镇莘口村,距杞县空桑村 15 公里)。伊尹是中国历史上有名的贤相,他辅佐商汤王建立商朝,又辅佐卜丙、仲壬、太甲、沃丁稳定社会,发展经济,是商朝的五代元老。伊尹一生对中国古代的政治、军事、文化、教育等多方面都做出过卓越贡献,是杰出的思想家、政治家、军事家,中国历史上第一个贤能相国、帝王之师,中华厨祖。伊尹乐尧舜之道,伊尹在历史上被喻为

先知先觉伊尹、商汤三聘伊尹公　伊海誉绘

古代杞人的忧思——杞人忧天民俗文化研究

"先知先觉"之人,他说:"我与其默默地在田野上恪守尧舜之道寻求自身的快乐,不如使商汤成为尧舜一样的明君,让黎民百姓亲身感受尧舜盛世的恩泽。上天创造苍生,就是要先知先觉者来使后知后觉者有所感悟。我是百姓中间的先觉者,我就得用尧舜之道使现在的人有所觉悟。不是我去使众生觉悟,又会有谁呢?"在政治上,他主张"居上克明,为下克忠"。做国王的要"唯亲阙德,始终唯一,时乃日新"。他强调:"任官惟贤材,左右惟其人。"在道德上,他主张"德无常师,主善为师"。对于德和政的关系,伊尹认为:"七世之庙可以观德,万夫之长可以观政。"伊尹在中国历史上享有较高的声誉,宋大中祥符七年(公元

伊尹庙(在今杞县葛岗镇空桑村)

1014)宋真宗驾幸杞县空桑伊尹庙,并勒石纪盛。伊尹是历史上著名的军事谋略家,他参与了灭夏战争的策划、准备与实施,对军事战争有较为深刻的认识。他在军事方面的贡献主要表现在以下几个方面:一是将人心向背的政治因素用于指导战争;二是运用了"上智为间"的谋略;三是根据敌我力量变化选择有利战机。伊尹是中国的烹饪始祖,被烹饪界尊为"厨圣"、"烹调之圣"。他创立的"五味调和说"与"火候论"至今仍是中国烹饪的不变之规。伊尹认为,烹调美味,首先要认识

原料的自然性质，"夫三群之虫，水居者腥，肉玃者臊，草食者膻。臭恶犹美，皆有所以"。伊尹说，美味的烹调："凡味之本，水最为始。"伊尹说，烹饪的用火要适度，不得违背用火的道理："五味三材，九鼎九变，火为之纪，时疾时徐。灭腥去臊除膻，必以其胜，无失其理。"伊尹认为，调味之事是很微妙的，要特别用心去掌握体会："调和之事，必以甘酸苦辛咸。先后多少，其齐甚微，皆有自起，伊尹认为，烹饪的全过程集中于鼎中的变化，而鼎中的变化更是精妙而细微，语言难以表达，心中有数也更应悉心领悟。伊尹认为，经过精心烹饪而成的美味之品，应该达到这样的高水平："久而不弊，熟而不烂，甘而不哝，酸而不酷，咸而不减，辛而不烈，淡而不藻，肥而不腻。"伊尹是中药汤剂的创始人，他最拿手的是用草药为人治病，药到病除。他在为百姓治病过程中，尝遍百草，中毒无数次，并从做饭的道理中得出生食草药不如煮熟为好，从而发明了中药汤剂。《资治通鉴》称他"闵生民的疾苦，作汤液

伊尹碑赞碑额

本草，明寒热温凉之性，酸苦辛甘咸淡之味，轻清浊重阴阳升降走十二经络表里之宜"。伊尹是中国的教育家，比大教育家孔子还要早出1363年，史称"元圣人"。《墨子尚贤》称"伊尹为有莘氏女师仆"，师仆

古代杞人的忧思——杞人忧天民俗文化研究

就是奴隶主贵族子弟的家庭教师,伊尹是我国第一个见之于甲骨文记载的教师。他虽耕于有莘之野,却乐尧舜之道。他教育贵族子弟尧、舜、禹的施政之道,被商汤拜为相国后,他给商汤讲解谋划灭夏的方略和治国驭民之道。商汤死后,伊尹历任外丙、仲壬,又做了汤王长孙太甲的师保。当太甲不遵守汤规时,他将太甲安置在特定的教育环境中——成汤墓葬之地桐宫,并著《伊训》、《肆命》、《徂后》等训词,讲述如何为政,什么事可以做,什么事不可以做,以及如何继承汤的法度等问题,使太甲悔过反善,并勤政修德,商朝的政治又出现了清明的局面。伊尹于商王沃丁戊子八祀卒,年130岁。

4. 东楼公

东楼公是周代杞国的肇封之君,本姓姒,名云衢,是大禹的第36代,夏桀的22代孙。据《杞国楼氏宗谱》记载,夏桀败于鸣条之后,便带领他的两个儿子仲和、仲礼逃到江东会稽山中,为逃避商军追杀,隐姓埋名,改姒姓为娄姓,靠营木为生。夏桀死后,其后世子孙以夏桀为戒,都恪守勤俭家风,在一起同吃同住达200多世。在商统治的600年里,夏桀后世子孙不做商朝的官。周武王克殷得天下

东楼公像

后,寻找到了在江东的夏之后裔娄公云衢并求其做官。因其先世更姒为娄,周武王命将"娄"字添木,是为"楼"字,并说:无木不成楼,犹无水不成源也。并将他拜为谏议齐侯,封到杞地,以主夏祀,号东楼公。东楼公主政杞国期间,和夫人齐氏勤俭治国,在杞国境内"行夏道,用夏礼,守夏时",将周初杞国治理得繁荣昌盛。东楼公死于周成王三年,与夫人齐氏合葬于暨阳马鞍山。

5. 悼姒

悼姒,生卒年限不详,大概为公元前593年~公元前517年间人,春秋杞国人,杞桓公之女。嫁与晋桓公后,史称"悼姒"或"晋悼夫人"。

杞国东迁山东淳于后,为了安身保国,免遭郑、宋、陈等国侵暴的灭国之祸,便积极寻找靠山,当做保护伞。当时鲁国是东方比较强大的诸侯国。杞国为求得鲁国对其的保护,就将靠山瞄准了鲁国,并积极采取朝贡和和亲政策向鲁国靠拢。但是事与愿违,鲁国根本就没有看得起杞国,虽杞国多次朝贡鲁国并和鲁国建立了亲戚关系,但是鲁国照样对杞国进行欺凌,使杞国多次蒙受奇辱,让杞国对其的生存没有安全感,而且时时担忧有被灭国的危险,于是杞国积极了解其他诸侯国的发展状况,并有重新寻找靠山的想法。公元前573年,杞桓公朝鲁,慰劳访晋归来的鲁成公,并向成公询问晋国的相关情况。成公就把晋悼公的政治主张告诉了他。于是杞桓公就很快到晋国朝见晋悼公,并强烈请求和晋国通婚,把女儿嫁给晋悼公。有美女相送,晋悼公答应了这门亲事。

悼姒非常漂亮、善良、贤惠,到了晋国后,她不负杞桓公的厚望,很快赢得了晋悼公对她的宠爱。不久,她为晋悼公生下一子,也就是后来的晋平公,晋悼公对她更是宠爱。悼姒便确立和巩固了她在晋国的位置。晋悼公死后,悼姒夫人的儿子晋平公即位,晋平公对她母亲的话言听计从,晋国的政权完全掌握在悼姒手中。悼姒在娘家杞国时,亲身经历和感受了杞国遭受欺凌、委曲求全的艰难处境。对杞国的命运非常担忧。掌握晋国实权后,便依托晋国的力量做了一些保护和发展杞国的措施。公元前544年6月,为了能将杞国置于晋国的有效保护之下,脱离齐国对杞国的控制,晋国派大夫荀盈集合齐、宋、卫、郑、曹、莒、藤、薛、小邾等12个诸侯国的大夫修筑淳于城,使杞国复都淳于城,史称"城杞"。晋国在"城杞"的同时,又派使者司马女齐到鲁国交涉,用高压手段强迫鲁国归还了侵占杞国的土地,史称"晋治杞田"。

悼姒是杞国和亲政策的一个成功的,也是一个非常重要的砝码。悼姒到晋后,为发展晋、杞关系做出了巨大贡献,她采取的"城杞"、"治杞田"措施对发展和确立杞国在诸侯国的地位具有非常重要的意义。自悼姒到晋至春秋结束的一百多年间,杞国虽不再朝鲁,鲁国也不敢对它侵暴了。

二、秦至晚清封建社会时期杞地出现的历史人物简介

1. 郦食其　郦商

郦食其(？～前204),秦代雍丘县高阳里(今杞县高阳镇)人。出

身贫寒,聪颖好学,足智多谋,成年后出任里监门吏,很有威望。因性情放荡不羁,常借酒发泄不平,人称"狂生",自称"高阳酒徒"。

秦二世三年（前207），沛公刘邦进军至高阳,食其闻刘雄才大略,胸怀坦荡,早有归顺之意,便委托同乡一骑士求见。刘素轻儒生,食其入见,刘踞坐床上令二女子给他洗脚,十分傲慢。食其斥责他慢待长者,非求贤之道。刘急忙赤脚下床道歉,请食其上座,并请指教。食其说:"足下纠合乌合之众,以不足万人的散乱之兵攻打强秦,等于以卵击石。

高阳酒徒图　蒲国咏绘

依我之见应先占领陈留,再向外扩展,必能取胜。因陈留为天下要冲,又积存许多粮食,我与陈留令是故交,可以劝他投降;如不成,再举兵攻打,我作内应。"刘邦依计而行,率兵攻下陈留城。刘邦念其功劳,封他为广野君,委为说客,驰使各国联合抗秦。

汉高帝三年（前204）秋,项羽乘刘邦大将韩信攻齐之机,发兵攻荥阳,屡败汉军。刘邦欲放弃成皋（今荥阳氾水镇）,屯兵巩洛以拒楚,食其急献计说:"臣听说民以食为天,今楚军攻荥阳而不守廒仓（粮食仓库,在成皋西）,引兵东去,乃天助我也。请足下速进兵收取荥阳,占领廒仓,据成皋之天险,断太行之通道,控飞孤之口（直隶蔚县东南60里）,扼白马之津（河南滑县北）,必能反败为胜。今燕、赵等地已经平定,尚有齐国未攻下,我愿前往说服齐王归降。"刘邦连声称好,遂命食其出使齐国。齐国田广在食其的劝说下归汉称臣,解除战备,整日与食其饮酒作乐。韩信见食其不动一兵一卒,凭三寸不烂之舌得齐国72

郦食其、郦商墓

城，十分嫉妒，便调遣大军攻齐。齐王认为食其欺骗了他，遂将食其下油锅烹炸而死。

郦商，食其之弟，秦末陈涉起义时曾聚众数千人屯陈留一带。秦二世三年，沛公进军至高阳，商率部归刘。其后攻长社，征缑氏，定汉中，累立战功。刘邦为汉王，封商为信成君，陇西都尉。汉王称帝，他因参与平定燕王藏荼反乱有功，被封为右丞相，赐爵列侯，封于涿郡，称涿侯。后又随汉帝征服陈豨、黥布，改封曲周侯，死后谥号景侯。

东汉延熹六年（163）杞县人在高阳西南侧为"二郦"建祠修墓，春秋致祭。

2. 董宣

董宣（公元前31～43），字少平，东汉陈留郡圉县（今杞县圉镇）人。光武年间被大司徒侯霸举荐为高弟，历任北海相、江夏太守、洛阳令等职，以为政清廉、不畏权势而著称于世。

董任北海相时，当地有一豪强公孙丹迷信卜者之言，在营造家园时令其子杀路人祭宅。董闻报后，将公孙丹父子处以死刑，又命部下水丘岑把为公孙丹"鸣冤叫号"、围攻官府的宗族亲党30余人杀死。

青州太守以滥杀罪弹劾董宣，董宣被判死刑，他在狱中日夜吟诵诗书，处之泰然，并无惧色。临刑，光武帝派使者至刑场，特诏免死，给他改为降职处分。后来，大盗夏喜在江夏作乱，他被调任江夏太守，夏喜慑于他的威望，不战而降。时，皇后阴丽华母家子弟任郡都尉，董宣认为借外戚关系做官并非真才，对其轻慢而被罢官。不久，董宣又被任命为洛阳令。有人状告光武帝之姊湖阳公主的家奴杀人后藏在公主家里，官吏无法搜捕。于是董宣亲自带人在夏门亭守候，趁该家奴做陪随公主外出时，拉住公主的车，高声数落公主的过错，并宣布凶手的罪恶，当场将凶手用棍打死。公主回宫后即向光武帝哭诉董宣欺侮了她。帝大怒，立即将董宣召到殿上，准备用棍打死。董宣愤然说："由于陛下的圣明，才使汉室中兴，可是现在您却纵容公主的家奴随意杀人，还怎么治理天下？我不要您打了，让我自已去死吧！"说罢以头撞

强项令　徐玉庆绘

柱，头破血流。光武帝赶忙命人拉住，对董宣说："你向公主赔个礼算了！"董宣不从。帝命人按住他的头强迫磕头，他两手撑地，坚决不低头认错。光武帝无奈，只好说："强项令出宫去吧！"又赏他钱30万，他却把钱全部散给了小吏。

　　此事传扬出去后，京师达官豪强无不震慑，骄横气焰大为收敛，百姓们一齐称赞说："现在没有人击鼓鸣冤了，因为有董少平这样的好官

啊!"

董宣任洛阳令5年,建武十九年卒于任上,享年74岁。光武帝派人吊唁,见董宣破被覆尸,妻子在一边号哭,家中只有大麦数斛,破车一辆。光武帝听了汇报,十分感伤地说:"董宣如此廉洁,可惜直到他死我才知道!"于是下诏赐以艾绶,葬以大夫礼,录用其子为郎中。

董宣家乡人后来在圉镇修一座三贤祠,将他和本乡的蔡邕、江统合祀其中。

3. 蔡邕 蔡琰

蔡邕(132~192),字伯喈,东汉陈留郡圉县(杞县圉镇)人,生于世代官宦之家。少时以"博学能文、精音律、善鼓琴"而闻名郡县,成年后隐居书斋,"覃思典籍,韫椟六经,安贫乐贱,与世无营",曾拜当代大儒胡广为师,专心致志做学问。其间他辞过陈留郡的聘请,拒绝过朝廷的征用,因而得免于两次"党锢之祸",为他治学方面取得丰硕成果奠定了基础。"螳螂向蝉"和"倒屣相迎"就是有关蔡邕精通音律和博学爱才的成语典故。灵帝建宁三年(170),他步入仕途,官至议郎,受命到东观著作,参与编纂国史《后汉书》,因祸中辍。但他仍时刻关心朝政,不顾祸患,建议废"婚姻之家及两州人士不得交互为官"之禁令,

蔡邕故里(今杞县圉镇)

改行以法治吏。熹平四年（175）他受命校定六经文字，用篆隶体书写，镌碑立于太学之侧（即后世所传"熹平石经"），学者均以此纠正当世文字流传之误。熹平六年7月，他又上书，提出"敦明教化、广求得失、奖擢谏臣、肃清吏治、区判人才、考绩官吏、杜绝诈伪"等7条建议，剀切陈词，切中时弊。光和元年（178），灵帝下诏询问灾异及消除办法，并特旨蔡邕尽言，不许有所避讳。他"出命忘躯，不顾后害"，揭露当朝

蔡文姬造像　顾红英绘

权贵为"亡国之怪"，庸主刘宏忠奸不辨，蔡邕遭诬陷流放朔方。但他忠心不改，仍将花费多年心血所著《十意》奏献朝廷。灵帝嘉其才高，又逢当年大赦，于光和二年（179）将其赦还原郡。途经五原郡时，五原郡太守王智为其饯行，失礼于邕，邕拂袖而去，王诬奏他"怨于囚放，谤讪朝廷"。他自度不免灾祸，"乃亡命江海，浪迹吴会（吴郡、会稽郡）"，开始了长达12年的流亡生活。在衣食无着、穷困潦倒的艰苦环境中仍坚持撰写《上汉书十字疏》及许多赋、铭、诗、赞，较集中地反映了他的文人气质和艺术家情操。

中平六年（189），灵帝驾崩，董卓专权，自任相国，强令蔡邕入朝，三日历职三台，拜为侍中；初平元年（190）又拜中郎将，封高阳乡侯，食邑500户。初平三年董卓被诛，蔡邕受株为囚，"下狱论死"，临难前，他请求"黥首刖足，续成汉史"。王允不准，遂死狱中，终年60岁。

蔡邕一生著作颇丰，有《蔡中郎文集》、《独断》等流传后世；所书

蟑螂向蝉　蒲国泳绘

"熹平石经"被后代奉为书法瑰宝;所创"飞白"书体为后代书法界所推崇;其碑铭流传极广,尤其是抒情小赋更在文学史上占据一定地位。

蔡邕死后,乡人念其功勋,哀其无辜株连被祸,于圉镇建"三贤祠",将他与董宣、江统合祀其中。唐初,圉镇并入雍丘(杞县),县人又将其祀于"乡贤祠"。

蔡琰,字文姬,幼受其父蔡邕家教,博学多识,精通音律,擅长书法,是东汉时期著名的文学家和音乐家,也是中国文学史上第一位杰出的女诗人。幼年时因父受诬获罪,全家充军,在外流浪12年。兴平二年(195),嫁给河东卫仲道,不久夫亡,无子女,寡居娘家。初平三年,天下大乱,琰被匈奴骑兵掳至南匈奴(今内蒙古自治区伊克昭盟),改嫁给匈奴左贤王,滞留胡地12年,生2子。建安十二年(207),曹操统一北方,怜蔡邕无后,便派人出使匈奴,以黄金千两、白璧一双、锦绢百匹赎回蔡琰。琰归汉后,再嫁同郡(陈留)屯田都尉董祀。之后,应曹操之命,忆写旧日所藏之书400余篇,"文无遗误"。蔡琰一生

倒屣相迎　蒲国泳绘

坎坷,感时乱离,追怀悲愤,作《悲愤诗》108 句,540 字,是中国文学史上第一篇五言长诗。所著《胡笳十八拍》收入宋人朱熹所编《楚辞后语》,为后世广为流传。

4. 江统

江统(? ~310),字应元,西晋圉县(今杞县圉镇)人。生于世宦之家,性情冷静沉着,志向远大。成年后继承其父江祚之爵位,被任命为山阴县令。时,陕西、甘肃边境不断遭到氐、羌族的侵扰,为防患计,他作《徙戎论》上奏,为皇帝出谋划策,未被采用。他改任太子洗马,很受太子信任。后太子被废,迁许昌,江统送其至伊水泣别,因此受株连下狱洛阳,不久获释。太子死,他作词悼念,文辞悲切,催人泪下。再后任齐王司马冏参军,曾对齐王骄奢荒淫多次忠劝。继任廷尉正、成都王司马颖记室,政绩显著。母亲病故,他去职奔丧,服丧期满后任左长史、东海王司马越别驾,曾推举郄鉴为贤良,阮修为直言,程牧为方正。他因荐贤举能有功,被提升为散骑常侍、黄门侍郎兼国子博士。永嘉四年(310)避乱逃成皋,不久病逝。

江统死后,乡人在圉镇为他立祠,与董宣、蔡邕合祀,称三贤祠。

5. 孔维

孔维(约 927 ~991),字为则,雍丘人,宋太祖乾德四年(966)进士,开宝年间任考试官,太宗太平兴国元年(976)升任太子左赞善大夫,后又任职国子监《周易》博士、《礼记》博士。太平兴国七年(982)他代表宋王朝出使高丽国(今朝鲜),是继宋准之后杞县籍官员第二个出使外国的使官。高丽王向他询问中国礼仪,他讲述了儒家学说及其君臣父子之道,高丽王听后十分佩服,称赞道:"我今天又见到中国的孔圣人了。"雍熙三年(986)孔维升任国子司业,皇上赏赐他金紫之服。他整理了从周代至唐代的政治沿革、典章制度,著书献给皇上,众人皆佩服他的博学。再后,他又升任国子祭酒,奉命校定《五经疏义》。淳化元年(990)兼任工部侍郎,第二年病逝,享年 64 岁。临终他还口授遗书,以未完成《五经疏义》校定感到遗憾。

6. 宋准

宋准(937 ~989),字子平,雍丘(今杞县)双塔村(1928 年划归民权)人,生于仕宦之家,自幼受到良好的家教。北宋太祖开宝三年(970)宋准考中进士第一名,贡士徐士廉控告主考官、翰林学士李昉徇私舞弊,考选不公。太祖大怒,令宋准于便殿复试,见宋准身材魁伟,神情丰茂,答辩敏捷,学识出众,仍定为第一名(状元),并任命他为秘书省秘书郎、直史馆。开宝八年受命修定诸道图经,不久又受命出使契丹,圆满复命,成为杞县人历史上第一个代表国家出使外国的使官。回国后出任南平军长官。太平兴国四年(979)先后升任著作郎、梓州通判,继任左拾遗,参与撰修许多著作,并于太平兴国八年参加主持全国考试后升任河北转运使。雍熙三年(986)以原职务兼知制诰再次任主考官,不久又任大理寺判官。雍熙四年因病辞去知制诰职务,改任金部郎中。端拱二年(989)病逝,享年52岁。皇帝念他一生忠勤,特赐钱百万作为丧葬费用。

宋准风度儒雅,为文清丽,善于谈论。做官多年,多有政绩,且不避权贵,敢于直言。当宰相卢多逊获罪流放时,其门生李穆受株连罢官,满朝官员不敢相救,唯宋准从容据理面奏皇上,为之开脱。太宗感悟,遂令李穆官复原职,宋准因此受到众人钦佩。

宋准死后,杞人将其祭祀于乡贤祠,后又祭祀于五状元祠,位列五状元之首。

7. 宋庠 宋祁

宋庠(996～1066),字公序,宋代人,初名郊,为避"宋交"之讳改名宋庠。祖籍丰邑,曾祖宋骍迁雍丘,居双塔村。

庠出生于世代名宦之家,家教优越。北宋仁宗天圣二年(1024)他与弟祁同赴京参加进士考,礼部定庠为第三,祁为第一。章献太后改庠为第一,召试后授职直史馆,同修《起居注》,再升左正言,因争论郭皇后被废不当事,被罚款并改任审判院长官。时密州地霸王澥违反禁令私自酿酒,其邻父子4人去其家搜查,王指使家奴诬邻为盗,将其父子杀害。因宰相陈尧佐祖护王家,州官只将其家奴绳之以法,王澥却逍遥法外。宋庠不畏权势,排除干扰,将王澥依法处死。仁宗感其忠直,将他提升为知制诰、翰林学士,委以重任。其间李淑多次对他毁谤中伤,仁宗不但不为所动,反而于宝元年间先后任命他为右谏议大夫、参知政事。由于他执政处事沉着果断,是非分明,遭到宰相吕夷简的忌恨和诬陷,被外调任扬州长官。庆历末参知政事范仲淹去世,仁宗思念宋庠,根据宰相章得象的提名,将他召回任参知政事。一次,仁宗令二府(中书省、枢密院)大臣至资政殿作《时务策》,宋庠认为将资深

双塔图（今河南省民权县双塔乡双塔村）

功高的大臣与新考进士同等对待属非礼，奏请仁宗把群臣集到中书省议论国事。大家一致评价宋庠所论"识大体，顾大局"。皇祐年间，宋庠任兵部侍郎同中书门下平章事，谏官包拯以"兄与弟并为中枢大臣不当"弹劾他，他以刑部尚书衔被调任开封长官，再任检校太尉同平章事、枢密使，封莒国公。其间他多次奏请"按上代旧制，京师驻兵40万，轮流防守京城"，得到采纳。英宗继位，他改任镇武军，改封郑国公，加衔司空，不久退休，于治平三年（1066）病逝，享年70岁。皇帝追赠他为太尉兼侍中，谥号元献，篆其碑曰"忠规德范之碑"。

宋庠严于家教，从不因私枉法，并经常告诫子孙力学笃行，谦谨处世。其子充国，在家中举后赴京应进士考，时宋庠任参知政事，恐考官碍情徇私，即令子罢考回避。后为仁宗得知，召充国至学士院单独考试，赐进士出身，官至太常礼院。其孙乔年，官至龙图阁大学士，曾孙升，官至显谟阁学士，均为一代名臣。

宋庠自应举即与弟祁以文学闻名于世，读书至老不倦。著有《别集》四十卷、《国语补音》三卷、《纪年通谱》十二卷、《尊号录》一卷、《丛书》十三卷、《掖垣丛志》三卷、《谈苑》十五卷、《宋元献集》三十六卷。

宋庠死后，县人将其祭祀于乡贤祠，后又祭祀于五状元祠，位列第二.

宋祁（998～1061），字子京，宋庠之弟，与庠被时人并称为"大小宋"，后世以兄、弟一科两状元传为佳话。

宋祁中进士后，经皇帝召试，任职直史馆，继任太常博士，参加撰修《广业记》。书成，升任工部员外郎、国子监直讲，同修《起居注》，后任权三司度支判官。当时国家用兵陕西，经费拮据。他向皇帝指出当朝官吏人员冗滥，工作效率低下；僧道日多，不劳而食；厢军空耗粮饷不会打仗，以及边防虚支滥报，不务实效等弊端，建议"去三冗，节三费"，表现出他的过人智慧和敏锐的政治眼光。后其兄被罢参知政事，祁亦被外调，出任寿州长官。明道元年（1032）奉诏还朝，任殿中丞、知制诰，皇帝召试后又改任龙图阁学士、史馆修撰，与欧阳修同修《唐书》。后官至右谏议大夫、群牧使。仁宗景祐年间（1034～1037）下令群臣提建议，献良策。宋祁奏请"强君威，别邪正，急先务"，直陈"与贤人谋而与不肖者断，重选大臣而轻任之，大事不急小事图"等"三患"，切中时弊，受到皇帝的重视。后又出任亳州长官十余载，携带《唐书》稿，勤奋著述。任成德军长官时，曾奏请开放河东、陕西马市，复行唐代"驮幕"制度。改任定州长官后，他将有关边防事宜写成《御戎论》七篇上奏当朝。皇帝感其忠心，提升他为三使司、御史中丞。谏官包拯以"兄既报政，弟不可复任三司"弹劾他，于是他以龙图阁学士衔改任郑州长官。嘉祐五年（1060）《唐书》成，他被封为左丞、知制诰，继而升任工部尚书。因体弱多病请求休养，皇上封他翰林学士承旨，令入直（在皇宫上班），并准其一子随侍汤药。后又改任群牧使。嘉祐六年病逝，享年63岁，皇帝赐谥号景文。

宋祁以文著名，著有《宋景文集》百卷、《唐书》百五十卷、《大乐图》一卷、《明堂通义》三卷、《摘粹》一卷及《籍田志》、《集韵》等；又擅词，所著《木兰花》中有"红杏枝头春意闹"名句，人称他为"红杏尚书"；所著《唐书·列传》，是《唐书》中的精粹作品，在著述过程中他参考了《大唐新语》、《巫山记》、《邺侯家传》、《国史补》等历史典籍和诏令奏章，在汗牛充栋的文献中筛选考证，写就了《公主》、《蕃将》、《奸臣》、《宗室宰相》等人物传记，塑造了魏徵、李泌、刘晏、高骈、高力士等呼之欲出的历史人物形象，为后世史学家所推崇。

宋祁死后，县人将他祭祀于乡贤祠，后又祭祀于五状元祠，位列第三。

8. 孙贤

孙贤(？～1478),字舜卿,明代杞县傅屯(今苏木乡傅屯)人,家世失考,代宗景泰五年(1454)甲戌科状元,授翰林院修撰,参与撰修《寰宇通志》,书成,改侍讲学士。英宗天顺初年(1457)任左中允,为太子师傅,官拜侍读、侍讲。宪宗即位,授职为太常少卿。不久请假回家探亲,宪宗念其辛劳,给予丰厚赏赐,并特命沿途驿站迎送护卫。还朝后参与撰修《英宗实录》,书成,升任太常寺正卿兼翰林院学士。后来他返乡办理母亲丧事,将家产全部让给两个弟弟,受到乡邻称赞。守孝期限满还朝,任翰林院掌院学士。向宪宗提出"早立皇子"等多项忠言后,当即请求退休。成化十四年(1478)五月病逝。宪宗特命河南等处承宣布政使司左参议宋有文奉御制祭文致祭,追赠他为礼部左侍郎兼翰林学士,赐谥号襄敏。著有《鸣盛集》二卷。

孙贤死后,县人将其祭祀于乡贤祠,后又祭祀于五状元祠,位列第四。

9. 李可大

李可大,字汝化,生于明嘉靖年间,杞县荆岗(今圉镇乡荆岗村)人。幼习诗书,颇有成就。因其母多病,家人屡受牵累,遂弃儒习医,投拜多家名医为师,博采众长,潜心研读医学名著,将理、法、方、药理论及辨症施治原则运用于实践,不断丰富临床经验,终成一代名医。

他医德高尚,凡求医者,不论贫富亲疏,不计日夜寒暑风雨,随请随到。他诊断细心,用药精当,以真知灼见多次治愈奇难大症:一青年诉说其母40岁,忽然拇指肿大,猝倒在地,昏迷不醒。李至其家,确诊为"月经至而忽为冷水所激",令服当归甘遂汤,立愈。又一妇女产后大喘不止,众医会诊,均主张戒用参,而李却诊为"孤阴绝阳之症",使服"参遂加苏木汤",立见奇效。某官员有子刚周岁,日夜啼哭不止,李隔墙听其哭声,用桔梗汤调乳香、没药灌之立愈。某县尉伤寒体冷,口流清水,李诊为"阴毒已极",仅用附子一味,药到病除。董某发热,口干、咳血,众医诊为虚症,李诊其脉,断为实症,用苏子、香附、益智仁治之而愈。李之族母,年70余,中酒昏迷呼吸停止,其子认为已死,准备埋葬。李往视,见眼未塌陷,心有余温,急用黄连葛根汤灌之,又用井底泥涂其心上,不多时病者复苏。因此,人称李能"起死回生",名声远扬,许多青年慕名前来学医。后来他被皇帝召入太医院授修职郎,卒年68岁,葬荆岗李氏祖茔。

10.李际春　李茂春

李际春(约1536～1583),字应元,明代杞县青龙岗村(今西寨乡黄土岗村)人。20岁考中嘉靖丙辰科进士,授职行人司行人。时琉球国(今日本冲绳县)为中国的属国,其君主中山王奏请明王朝派员前去赐封号。因地隔大海,倭奴骚扰,道路艰险,所以行人司可当此任的30多人纷纷设计脱身,不肯应命。际春对此十分愤慨,于是自告奋勇受命前往。他带领随员乘船刚入海,即遭飓风,一时波涛汹涌,天日无光,几乎将船摧裂,众随员伏船颤抖,际春却镇定自若,端坐船上,处之泰然,待风息浪静又继续前进,直至目的地,圆满完成任务,国威远扬海外。3年后他还朝复命,嘉靖帝念其忠勤报国,不辱使命之功,先后提升他为尚宝寺丞、通政使司,位列九卿。时张居正为宰相,满朝官员畏其权势,多依附他,唯际春光明磊落,不为所屈,常遭张的报复。际春见权臣当道,国事日非,遂长叹道:"大丈夫以堂堂七尺之躯,怎能学那些无耻小人靠巴结权贵去做官!"即请求罢职归乡。万历十一年(1583)病逝,年47岁。

李氏墓园

李茂春，际春之弟，万历庚辰科进士，官至雁门兵备道，镇守边疆，因补修长城 200 余里，节银 5 万余两，全数上缴国库，被提升为参政。其辖区振武卫原马场土地 8 万亩长期为当地豪绅侵占，历任官吏均不敢过问，茂春却不避豪强，下令丈量边界，全数收归国家。不久，告老还乡。著有《盐梅志》等。

11. 侯于赵

侯于赵（1536～1958），字宗度，明代杞县焦喇村（今泥沟乡焦喇村）人。嘉靖四十四年乙丑科进士，初受平阳府推官。继任户部主事，去河西考察税务，发现征收的税额隐匿甚多，上报不过十之一二。他查证落实后惩处了那些贪污肥私的税务官员，将税款厘清全部上缴国库。回朝后，户部长官握住他的手说："你真是个清官啊！"隆庆初（1567）他改任兵部给事中，曾详奏漕运之利弊，很受皇帝的赞赏。时逢灾异，皇帝命群臣献计献策，他无所讳忌，直陈"势要侵夺及编审、免役、驰驿、供张过滥"等弊端，所言多指皇帝亲近权臣。因此，每当于赵议事，朝中奸佞小人无不坐卧不安，唯恐牵涉自己。万历皇帝继位，适逢久旱不雨，于赵借机奏请施行宽恤政策以救民于水火。不久，他又上奏《近幸招权恣意疏》，指出近幸权臣以权谋私，肆无忌惮欺虐平民的罪行。万历三年（1575）他升任兵部给事中，时皇帝舅父自恃皇亲之尊，要皇帝给银三万两营造生墓，皇帝碍于情面应允。事为于赵所知，即上书批评皇帝滥赏无度，破坏国家法制，危害社稷。满朝文武均为他捏一把汗，而他却谈笑自如，将福祸置之度外。皇帝感其忠直，也未怪罪他，并妥善收回成命。时黄河常有淤塞，宰相张居正指使漕务大臣奏请开挖泇河。于赵认为不妥，众臣也赞同他的意见，但又惧怕张居正之权威，只好奏请"派员勘察再议"。于赵受命往勘，绘图具文上报，挖河之议遂止。张居正大为不满，施计将于赵逐出京城，派往江西任参政，再后又调他到张的家乡任湖广按察使、右布政使、代理左布政使等职，置于张的党羽监视之下，致使他 3 年中与京都音信断绝。万历九年（1581）于赵调任山西左布政使，清理豪绅地霸隐瞒的土地，实行"均田"，公平百姓负担，大快民心。万历十一年他又升任都察院右副都御史、山西巡抚，成为一省最高长官。时当地赋重，历年积欠数十万，征收者实行"带征法"，新旧一并清理，百姓怨声载道。于赵上书，指出此举无异于驱民逃亡，导致人去地荒，赋源枯竭。皇帝准奏，酌免历年积欠,万民欢腾。

于赵晚年服孝归里,多次谢绝官方聘请,安居穷乡僻壤 13 年,于万历二十六年(1598)卒,享年 62 岁。次年皇帝遣河南布政使司分守大梁道袁奎致祭。

12. 刘理顺

刘理顺(1582~1644),字复礼,号湛六。明代人,原籍山西,明初迁尉氏,二世祖迁杞县花园村(今城郊乡花园村)。刘出生 1 个月丧父,随母亲长大成人。明万历三十四年(1606)考中河南乡试丙午科举人。其后 27 年间,连续 9 次参加进士考落榜,贫病交困,仍励志苦学,不作伪诈,不随流俗,因此被乡邻讥之为迂阔,不通世故。杞县何寨豪富何登云见刘志向不凡,勉励他坚持学习,并资助他读书及生活费用 29 年。崇祯七年(1634)甲戌科,他第十次赴京应试,文中所论皆治国安民之良策,主考官却不解其意,将其列入下等(第二百七十三名)。崇祯帝复查考卷时,对他的论断和忧国忧民之心十分赞赏,遂亲自批准他为第一名状元,封为翰林院修撰,负责《起居注》,管理六曹奏章,纂修《明会要》。时刘已 52 岁,获此殊荣,众人纷纷恭贺。刘决心勤奋供职,报答崇祯帝的知遇之恩。他历任南京司业、右谕德、经筵讲官,为皇帝讲述儒家安民治国之道,所言多被采纳。刘兼任东宫讲官时,皇帝又加封他侍读、侍讲之职,对他十分器重。时兵部尚书杨嗣昌之父病故,按当时礼俗,杨应停职守丧,但杨眷恋名利,出任督师征剿李自成起义军。刘弹劾他"夺情非礼",又说他"如战不胜,则进退失据"。杨因此怀恨在心,唆使刘之上司将刘罢官。后来皇帝思念刘之忠勤,再次起

刘理顺状元神道碑(今杞县城郊乡花园村)

用他主讲经筵,兼知制诰。他秉笔直书,在其撰著中,对忠良之臣大加颂扬,满朝文武都以能得到他的赞誉为荣,以"此鼎元刘公之笔"相诩。按明制,任修撰 9 年即应提升职务,而刘因不肯贿结权贵,延至 10 年才升任左春坊左中允。时李自成在中原屡败官军,诸将帅争相贿赂上司,掩饰败绩,逃避罪责,刘对此忧心忡忡。李自成围汴,刘陈述防御之策,被当权者斥为庸论,不予采纳。崇祯十七年李自成起义军攻陷京师,刘与妻姜家仆 12 人投缳俱死。义军制将军李岩系刘的同乡,至刘宅欲加保护,见刘等已死,遂令军士守护,禁止抢掠,叹息而去。

刘死后,南明王朝赐谥号文正,追封为詹事;清顺治四年(1647)家人迎其棺尸归杞;顺治十年(1653)清王朝追赐谥号文烈,遣使臣来杞安葬、致祭,祀于杞县乡贤祠、忠义孝悌祠;康熙二十五年(1686)为其建专祠于县城大西关官道北侧,赐祭田 70 亩,永免赋役;后又祀于五状元祠,位列第五。著有《文集》十二卷,由其长孙刘菖石刊行。

13. 李岩

李岩(? ~1644),原名信,杞县人,明天启七年丁卯(1627)举人。出身官宦门第,为人行侠仗义,乐善好施,人称"李公子"。

明代自万历以来,官府加派"三饷",横征暴敛,民力枯竭。崇祯年间,水、旱、蝗、风交替肆虐,豫东大地歉收连年。其间督师杨嗣昌又率兵来杞,苛求供应,纵兵扰民,致使杞境饿莩遍野,斗粟千钱。李信目睹此状,挺身而出,请求县府"停征赈济",知县不允,李信便拿出家粮 200 石救济灾民。官府以"散财收买人心,图谋不轨"罪名将其逮捕入狱。饥民群起营救,在卖艺女红娘子率领下,攻破县城,救出李信,于崇祯十三年(1640)一起投奔李自成起义军。李自成大喜,亲自改"信"名为"岩"。由于李岩多谋善断,带兵屡创官军,战无不胜,很受李自成的器重。李自成积极采纳李岩"勿滥杀、济贫苦、招人才、收人心、据河洛以争天下"的建议,倡导"均田免赋",整顿军纪,使起义军迅速发展壮大。崇祯十六年李岩被封为中营制将军。

崇祯十七年起义军攻占北京,李岩与刘宗敏等分居明勋戚府第,拘捕明官吏"追饷"。刘等酷刑毙死千人,追银千万两;李岩执行宽松,不忍刑讯,追银不及其半,乃与弟李牟及部下另筹银 400 两上交。当时起义军将骄兵惰,军纪涣散,戒备松弛。李岩及时提出"清六官,择日即帝位;分等处置降官,惟贪污抗拒者严惩;移军城外,不与民众混居;招降吴三桂,妥善安置明太子"等建议,自成不听。李岩则身体力行,与李牟各率部下秩序井然地移居城外,绝不扰民。

不久,镇守山海关的名将吴三桂降清,李自成于是年四月十三日仓促东征,李岩与牛金星留守北京。二十二日李自成兵败"一片石",二十六日退回北京。李岩与刘宗敏合兵迎敌,二十八日大败明总兵金某。三十日局势骤变,北京失陷。李岩随李自成撤离北京,吴三桂与清军前锋兼程急追。六月,起义军退至平阳,李自成闻河南明旧部大举逐杀其任命的地方官吏,急召部将研究对策。李岩主动请兵2万去河南平乱,李自成犹豫不决,私与牛金星商议。牛素忌李岩名高望重,乘机进谗言,谎说李岩欲分兵据河南,与自成争雄天下;又以童谣"十八子(李)主神器"煽惑自成,劝自成借机除掉李岩。于是李自成以"饯行"为名,将李岩及其弟讨北将军李牟杀害。

三、晚清以来的旧民主主义革命、新民主主义革命、社会主义建设时期杞地出现的历史人物简介

1. 步金门

步金门(1839～1904),字梦莲,号荣诏,杞县步大楼村人,居县城西门大街。生于世宦之家,家财万贯,出生8日而母亡,随父长大成人,自幼天资聪明,读书不倦,又擅书法,兼习兵略,平日习拳自卫。20岁考中秀才,知县黄见三十分器重,将他收为弟子。后乡试不中,家道中落,遂以增贡生资格步入仕途,先后任灵宝、修武、济源等县儒学教谕。

步金门热心教育,任教职多年,始终坚持先做人后做学问、后做官的信条,以身作则,率先躬行。由于当时学风败坏,人品扫地,任职者不求尽职,只计较礼品多寡,他深以为耻,慨然以"兴教化、讲廉耻、力行励学"为己任,勤勤恳恳,尽职尽责,因而遭到同行的忌恨;他一再教育子女努力求学,砥砺品节,堂堂正正做人,在他的严格教育下,长子中进士,二子中秀才,三、四、五子考中举人,人称"五子登科"、"五凤齐飞"。

步金门任侠好义,救危扶贫,热心公益事业。光绪三年(1877)杞县遭旱灾,百姓死亡、流离众多。外省捐赠救济粮运至浚县通知杞县领运,他自费带领牛车数百辆,跋涉千里,两渡黄河将粮运回,救济贫民。时,杞县徭役繁重,官吏每年又加派漕运丁银两万余两,贪污中

饱,民怨沸腾。知县黄见三委任步金门成立社会所办理徭役,以革此弊,未及执行,黄被调离。继任知县恐此举影响其财路,便向省及开封府诬告步金门。步申明原委,省、府欲加罪诬告者,步乘机建议官府体恤民力,减轻百姓负担,不再追究知县责任。知县愧悔不已,登门谢罪。步大楼村北临惠济河,群众深受往来涉水之苦。步带头捐款,亲自督工建英障桥一座(今英庄桥),群众称便。知县聘步总领县儒学修缮事宜,他精心调度,一年告竣。他对贫苦人的借贷求助无不应允,对孤苦无依者常给以衣食,计六七十人之多。

步热心地方文献,光绪末年曾撰写《杞县志》,著有《杞县节孝录》。

2. 步凤鸣 步凤藻

步凤鸣(1859～1904),又名翔藻,号翰高,杞县步大楼村人,生于世宦之家,在其父步金门的熏陶下,10 岁能文,参加童子试名列第一,13 岁补博士弟子员,14 岁食廪,16 岁中举。主考官爱其才华,曾题赠"惟藻耀而高翔,乃文中之鸣凤",暗嵌其名为赞,一些主持学政者认为他有前途,争相把他揽于自己门下,当时著名学者福建黄心源、荣城孙佩南把他比为"今之贾谊"。

步凤鸣曾佐理山西及两湖考务,为国家选拔了一批人才。其间他曾周游大江南北,登临泰山,放眼渤海,鼓楫江汉,扬帆洞庭,写下了许多豪情奔放的诗篇。光绪二十一年(1895)他与三弟凤苞、四弟凤书赴京应试(此次他考中进士),参与了康有为、梁启超等发起的"公车上书",提出"拒签合约,迁都抗战,变法图强"三项主张,受到了光绪帝的赞赏。庚子(1900)之役,八国联军进占北京,光绪、慈禧逃西安,他奔赴"行在",受命担任侍读、典籍厅主稿。光绪二十八年(1902)任顺天府乡试同考官,录取 36 人,为其他房官所不及。不久,他遭诬陷外放福建漳州府云霄同知加知府衔,息讼兴学,政绩卓著。光绪三十年病逝,享年 45 岁。

步凤鸣著有《别录》二卷、《鸡肋集诗》二卷、《肋余编诗词》二卷、《甄余篇》一卷、《书启》十二卷及《兰穆斋骈文》等。

步凤藻(1874～1933),步凤鸣之五弟,字章五(别作彰五、章武),号翰青,自号杞人、林屋山人。自幼攻读诗文,学业出众,参加童子试名冠诸生,后到信陵明道书院学习,受到师长的器重。光绪二十三年

（1897）选拔贡，入国学，与祥符靳志（仲云）、孟津许鼎臣（石衡）并称为"中州三杰"。光绪二十九年他考中顺天府乡试第十二名举人。时，袁世凯在小站练兵，他应聘任北洋书局总纂、督练处总文案、北洋军官学校文衡等职，后又以知县官阶分配到直隶省藩、臬两司任文案兼统计处事宜及房山高线铁路会办。辛亥革命后，他到洹上（安阳）劝说袁世凯参加共和。袁当大总统后聘他为总统府秘监、清史馆协修，与袁次子袁克文（寒云）结为金兰之好，克文视他为同胞，亲书"无著天亲"相赠。袁氏谋帝制，他极力劝阻；民国5年（1916）袁氏称帝，他愤然辞职，去上海与袁克文同入济生会，寓集云轩行医济世，以治愈总统冯国璋妻之奇症而名噪京沪。其间他还经常为《晶报》撰文，鞭挞时弊。后独办《大报》十年，深受各界欢迎。

步凤藻热爱自己的祖国，时刻盼望祖国的统一和独立富强。从甲午战争签订《马关条约》起，到九一八事变后的30余年间，他以诗歌、民谣、醉客、短评、答客问等多种形式痛斥清王朝丧权辱国、民国初军阀混战、蒋政权恬颜事敌，呼吁当局尊重民心，团结御敌，写下了许多激昂悲壮的名篇。甲午之战，以李鸿章为首的主和派把台湾割给日本，出卖国家主权。他借用时人悼念京剧名丑杨三所作挽联"杨三死后无昆丑，李二先生是汉奸"，痛骂卖国贼，直指李鸿章。民国19年，他的义女、名演员曹艳秋在台湾演出时，他特地寄诗一首"版籍殊方俗，衣冠主国风，何时罢歌舞，一吊郑成功"，表达他对台湾人民的深切思念和盼望台湾早日回归祖国的爱国之情。特别是他晚年困居上海，中风卧床，濒于病殁之际，目睹祖国大好河山沦入敌手，乃愤然写下："有来袭，无反攻，安怪敌房日汹汹！有退守，无进占，安怪边境为敌陷……塞上屯兵三十万，风吹不度受降城。"严辞斥责蒋介石的不抵抗主义，并呼吁停止内战，派兵应敌。民国21年他又寄诗给曾和他一起在小站随袁世凯练兵的李应谦中将，劝他"转战入东洋"，把日军赶出国境。

步凤藻曾在《山人醉语》一文中写道："奴隶俳优，世人所鄙，食力作苦，何鄙之有？若夫执政奸政，执法枉法，文也舞弊，武也黩武，虽居权贵，吾亦谓之下流矣！"他十分同情下层群众，深恶军阀政客。他精通乐曲，当时上海的名演员有100余人拜他为义父，经常在一起唱和酬酢，欢洽异常，但他对权贵却不屑一顾。他曾在保定军校任教，他的学生中许多人当时已位居将帅,每年都给他寄来大量汇款以示敬意,他从未向任何人回信,并将所有寄来之钱随手散给穷人。

民国22年7月他病逝于上海,归葬故里步大楼村。著有《林屋山人集》十三卷,收入所作诗文861篇。

3. 徐本善

徐本善(1860~1932),号伟樵,道号乾乙真人,杞县人。少时曾随父朝拜武当山,谒遇真宫,武当山气象万千的景色,金碧辉煌的建筑,精湛绝世的拳术使他为之倾倒,遂起弃世出家之念。20岁由家经南阳,入武当,拜龙门派王复邈、刘复宝为师,研经习武。

徐本善性情忠厚,聪敏过人,随师诵经,过耳不忘。数年后被明了真人纳为灵门弟子,授以武当内功、拳术。在老师的严格指教下,他勤学苦练:夜行曲径定时往返,深夜置身深谷野岭,砺志练胆;平日于庙堂立桩,跃行其上;继练独臂取水、足趾行走、手指挂物、悬空击袋;又于双臂套铁环各5只,每只1斤,抖臂发射,直出横飞,环环中的。他从师习艺十余载,深得武当拳术奥秘,坚持闻鸡起舞,风雨不辍,武功日臻上乘,却深藏不露。

光绪十五年(1889),他监修武当山神道,劳绩卓著,被襄阳府尹熊斌命为武当山全山道总。宣统元年(1909)拟扩建紫霄宫十方丈环廊大院,均州香客200余人寻衅闹事,为首者自恃膂力过人,出言污秽,蛮横无理。知客、监院规劝无效,徐本善不得已示艺震慑。他顺手操起一根粗6寸,长丈5的过木梁,舞动生风,吼道:"谁敢上来!"闹事者个个吐舌缩颈,伏地求饶。自此,武当道众及百姓始知徐道总武功高强,遂有徐武侠、徐大侠、徐教师之称。

1931年春,贺龙率红三军由洪湖撤退,经襄阳、谷城、均县、郧阳折至武当山,派部下郭凡先行拜徐。农历四月二十日,徐率道徒50人于紫霄宫东天门外迎接贺龙及其部下,并亲自安置。将父母殿作为贺龙卧室兼司令部办公室,他与精于武功的弟子冷合斌、水合一、李合起等暗中护卫贺龙;又腾西宫道院为后方医院,安置伤员,派道徒协助护理;再尽出仓库资财以助军需。农历五月,侦知敌范士贞部自老河口经水路向郧阳运送弹药,贺龙派部下化装截取,另派小分队于土关垭设伏接应。徐本善要求相助,被贺龙婉言劝阻。入夜,徐暗率弟子3人飞行山路200里,拂晓到达老河口,在群众帮助下,配合红三军截获敌人子弹50万发。贺龙对此十分感激，代表全体指战员表示谢意，并拜徐为师，演练武当拳法。入秋，红三军作战略转移。行前，贺龙特留黄金2斤修缮武当，并亲作一联赠徐："伟人东来气尽紫，樵歌西去云腾霄"，首嵌"伟樵"，尾嵌"紫霄"，借喻徐为紫霄宫之首，以示推崇。留下的500多名伤病员在徐本善及其道徒的调护下渐次痊愈，由徐分批护送至房县大木场归队。

贺龙赠金，被均州民团团长马老七侦知，于1932年秋率匪徒强索，遭徐严辞拒绝。匪徒蜂拥扑来，徐飞脚踢倒石栏杆一根，又将700斤重的望桩连同云板一起抛出丈外，众匪徒骇然逃窜。马老七贼心不死，数日后乘徐单身下山之机将其暗杀于万松亭山垭口。众道徒将徐葬于紫霄宫东天门陈沟湾。

4. 侯意园

侯意园(1860~1936)，名汝诚，杞县焦喇村人，居县城西门大街。生于世宦之家，青少年时代勤奋好学，喜画爱诗，以县考、府考、院考皆第一名考中秀才。其后科考不遂人愿，出外交游。光绪十三年(1877)在归德知府文仲恭处客居时，曾在莲池书院山长吴挚父主持的庠生考试中替人捉刀取得第一名，吴深服其才，收他为弟子。光绪二十五年(1899)他代理直隶省布政司理问职务。次年(1900)八国联军攻占北京，烧杀抢掠，人民惨遭蹂躏，他写下"飞鸿乱影家何在，谈虎色变气不豪……侯生不是寻常血，可有英雄百炼刀"的诗句，痛斥清朝统治者不战而逃的行径，抒发了爱国志士不忍外辱的愤懑之情；同时在北京全力创办同善堂，收养避难妇女儿童1400余人，供应食宿；又数次与联军司令瓦德西交涉，要他下令禁止联军杀掠，保证妇幼安全。是年9月，清王朝为讨好洋人，下令直隶地方官吏大肆逮捕"拳匪"(义和团)，侯因任职理问，参与审讯。他虽多方斡旋，竭力为之开脱，但仍有许多人难免监牢之苦。他满腔悲愤，借酒浇愁，作诗哀叹无力救助同胞"惊魂无定欲何之，日坐法庭权理司，枭首难平诸国恨，存心自有上天知"，遂以老母年迈为由辞职。此时，李鸿章主持和议，将支持义和团抗击联军的直隶布政司(侯的上司)罗廷雍处死。侯闻知悲痛万分，泣作"腥风吹血剑光寒，匝地黄云万马盘……飞磷几处添新鬼，末吏无能救长官"，以志哀悼，并辗转寻觅，将罗之遗金千两送交其家属。

民国元年(1912)，北洋政府委任侯为军政执法处发审官。民国3

年,侯利用职务之便保释被捕之国民党员(传为于右任)。后见国事日非,遂退位隐居,以文会友,创作诗画,研究金石。民国23年,他由北平移居开封,民国政府监察院院长于右任邀其至南京叙旧,数月始返。民国25年4月5日病逝于开封,年76岁。著有《意园诗句》《意园印石录》及国画山水、花卉多幅,南京解放前夕被国民党去台人员携去,曾在台湾中原文化展览会上展出。美国东方文化研究所将侯收入《东方画家列传》。

5. 蒋藩

蒋藩(1871~1944),字恢吾,号蓼庵,祖居睢县,后迁杞,住县城大南门街。光绪二十八年(1902)壬寅补行庚子、辛丑(1900、1901)恩正并科河南乡试举人,朝考大挑一等,授职拣选知县(未任),是晚清及民国年间河南著名学者之一,有"南有李敏修,中有张仲孚,北有蒋恢吾"之誉。

蒋博览群书,学力深厚,其居室"梧荫楼"藏书数千卷,平生潜研经史,文宗昌黎、诗法少陵、史尊班马,造诣颇深,尤擅于史志,精于金石考证。1915年7月、1938年6月,他曾受聘纂修《杞县志》、《河阴县志》,任总纂,著有《杞县志稿》(未刊)《河阴志》。其间还受聘河南通志局(亦称河南通志处、通志馆)任纂修,授八等嘉禾章,著有《金石考》。在多年的实践中他编纂了许多志书,总结了志书篇目、体例、编纂、校注及资料搜集、整理、鉴定等方面的经验,对研究和发展方志理论和纂修志书做出了很大贡献。他重视资料的搜集,强调"采访之要,心思、耳目、手足——皆到,方能称职,盖考索之精确,阅见之详审,手书足履之频烦劳苦,举无可少者,大忌以耳代目,以目代足"。谈到采访与编纂时,他又指出:"采编之与编纂,文字虽有繁简,纪录虽有先后,而责任实无重轻。"特别强调了采访作为编纂基础的重要性。1932年他撰写了《方志浅说》,实为修志指南,文中就"方志之原始与其变迁"、"方志与国史之异同"、"通志与通史之异同"、"省志与一统志、郡县志之异同"、"修志三要"(人才、钱财、史材)、"修志三长"(才、学、识)、"修志二纲"(采访、编纂)、"采访四术"(躬亲、专治、择要、耐劳)、"编纂四则"(体例精、材料丰、去取审、文字洁)、"成书三期"(校理旧志、开纂长编、刊成定本)等方面,根据他的实践作了精辟阐述和独到的见解,对今日编修新地方志仍富有借鉴价值。

抗日战争期间,他回杞整理旧志,潜心研究学问,或以文会友,或指导门生习作,乐此不疲,尤其晚年仍为登门求教的青年答疑解惑,诲人不倦。

他一生著作颇丰,已刊行的有《梧荫楼诗钞》二卷、《梧荫楼文钞》六卷、《梧荫楼骈体文钞》一卷、《求愧怍斋笔记》三卷、《蓼庵笔记》一卷,未刊行的有《梧荫楼诗话》、《河南金石目》、《杞县金石考》、《河阴金石考跋》、《隋唐金石考跋》、《笃雅堂文集》、《四书求心录》、《梧荫楼家书》、《梧荫楼日记》等,方志理论文章除《方志浅说》外,还有《河阴修志意见书》、《河阴志稿编纂细则》、《河阴文征序》、《河阴县志凡例》、《杞县商例》、《通志首列圣制议》等;在给好友胡巽青、步彰五等的书信中也阐述了一些对编纂方志的意见。他在从事修志工作的同时,又费尽心血收藏河南志书 170 余种,日伪时期悉数为河南省伪省长李敬斋掠去,后辗转流徙,存失莫知。

6. 何心榕

何心榕(1892~1935),杞县何寨村(今邢口乡何寨)人,生于殷实农家,弟兄 3 人,居长。幼年在家读书,后入私塾,成年后佐父料理家务。父何祖泗通文墨,思想倾向维新,二弟心桐于 1922 年前后就读于县城孟昭朴私塾,接受进步思想启蒙教育。每返里,父子 4 人常在一起研读《饮冰室文集》、《天演论》等书刊,留意时局发展。

1925 年冬,中共豫陕区农运负责人萧人鹄来杞开展农民运动,发展何氏三兄弟加入中国共产党,建立了杞县最早的 4 个党支部之一——何寨党支部。支部设于何家,何心榕任支部书记,在杞县特支领导下秘密开展革命活动。年底,在何寨建立区农民协会。1926 年 2 月 1 日,何当选为杞县农民协会执行委员会委员兼武装部长。同月,在何寨召开杞县农民自卫团成立大会,何被选为总团长。是年 3 月,他在中共杞县地委委员、农运部长张海峰率领下,与孔寅初、孔泽文、靳豫九等领导的农民自卫武装千余人,排除劣绅孟子义等的阻挠,开入县城,受到群众夹道欢迎。自卫团义正辞严地向县府提出"承认农民协会和农民自卫团、取消苛捐杂税、停止预征、改革陋规、惩办贪官、保障人民四大自由"等 10 项要求。当局承诺了部分要求,并答复其余条件待向上级请示后解决,自卫团于当夜秩序井然地撤出县城。9 月,何心榕率何寨自卫团与傅集张玉敬自卫团在邢口村虎丘寺集合,由张

何氏祠堂(杞县农民起义旧址)

海峰、箫人鹄率领,星夜奔袭睢县姬房李村北洋军阀招兵处,生俘敌首刘培堂等10余人,缴获战马3匹,步枪10余支,粉碎了北洋军阀诱骗睢杞农民入伍,破坏农民运动的阴谋。10月,太康县轩丙均部红枪会绑架杞南边境群众,他与中共杞县地委委员吴芝圃带领少数武装,以杞县农民自卫团名义前往交涉,轩部蛮横无理,竟开枪打伤吴的随员1人。吴、何返杞后,立即集结何寨、傅集、赵村等自卫团分团武装于瓦岗,准备反击。轩部慑于声威,立即派人前来赔情道歉,放回绑架的群众,并保证永不再犯。

1927年3月,杞县农民自卫团改编为国民革命军河南别动队第二路纵队杞县支队,于5月23日(农历四月二十六日)集结何寨举行武装暴动。在支队司令、党代表吴芝圃和军事指挥员箫人鹄带领下,何心榕以联队指挥官身份和张玉敬等7个团上万人武装,持刀、矛、土炮、步枪将县城包围。24日拂晓,箫人鹄率何心榕部首破东门,北门、南门相继攻克,守城奉军及地方武装警察队缴械投降。农民军代表会同地方名流建立了杞县临时治安委员会,焚烧了县衙钱粮征册和公文司法案卷,没收劣绅财产分给群众,以严明的军纪获得群众称誉。

是年秋,大革命失败,杞县党组织和农民自卫团被迫解散,只有个别党员在外地活动或在狱中斗争。何心榕带领部分武装以看家防匪为名改编为联防队,保存力量,伺机再起。并以联防队名义向国民党杞县政府提出"凡土地在 15 亩以下的农民免交苛捐杂税,赤贫户优先享受政府救济"等要求。1928 年年底张海峰被捕入狱,他四处活动,设法营救,其父何祖泗多次前往监狱探望,送钱送物。1929 年秋,他在共产党员吴金科的协助下,于李店(今属傅集乡)李清林家秘密建立造枪局,改善联防队武装装备。从此联防队声威大振,何心榕成为县南一带众望所归的人物。

是年冬,国民党高阳区区长勾结土豪劣绅肆虐一方,何即与高阳朱允功(共产党员)商议,让朱父出面到国民党县政府控告,弄的伪区长惶恐不安,扬言"找机会惩治何心榕"。何闻讯遂带警卫人员到高阳区部,面斥该区长鱼肉乡里、中饱私囊的罪行,然后示意警卫员以枪威逼,挟持该区长"送出"高阳东门。区众震慑,未敢轻举妄动。

1931 年后,何心榕带领联防队在邢口、傅集一带剿匪,先后惩处了鲁国庆、刘根督、李振荣、李发营等匪徒,联防队活动地区基本上消除了匪患,而国民党杞县当局及土匪却对何恨之入骨,必欲除之而后快。1936 年 9 月 21 日夜,在国民党杞县党部负责人裴志纯阴谋策划下,指派惯匪李振国(李五林)等匪徒数十人夜袭何寨。何率家人据宅抗击至拂晓,最后何氏兄弟 3 人及眷属 2 人遇难,1 人重伤,匪徒焚掠而去。

新中国成立后,何氏兄弟被人民政府追认为烈士。

7. 王毅斋

王毅斋(1896~1972),原名子豫,杞县城文化街人,生于小手工业者家庭。初入私塾、小学,14 岁入开封中学,未毕业又插班考入河南高等学堂,1915 年以甲等第一名的成绩毕业,由校长推荐到嵩岳军统领刘镇华家任家庭教师,1917 年起先后在长葛县中学和开封一中任教。1921 年在陕西省长公署任译电室副主任。1923 年起,先后在德国、奥地利留学,1928 年年底毕业于维也纳大学,获经济学博士学位。

1929 年回国后,刘镇华(时任第十一路军总指挥,驻防河南)派他任济源县县长。他到任后革除弊政,严禁烟赌,因此不到 3 个月便被撤职。

1930 年他到河南大学经济系任教授。九一八事变后,他满怀爱国热情写出慷慨激昂的《泣告河大同学书》,倡议组织"抗日救国敢死团",他常被邀请到公共场所作抗日救国演讲,受到广大爱国青年的热

孔子庙——杞县大同中学旧址

烈拥护,因而引起国民党河南当局的仇视,学校遂以思想"左"倾罪名于1935年暑假将他解聘。

为实现"挽国魂于童蒙"的愿望,他于1932年创办私立杞县大同小学,两年后增设中学,自任校长,自聘教师,自筹经费。他被河大解聘后,为维持学校正常上课,他变卖了仅有的家产,不得已去求助刘镇华(时任国民党安徽省主席),谋到合肥烟酒税务局局长职务,他一人在外,省吃俭用,把节余的钱全部献给学校。他聘任的教师都是进步知识分子,不少是中共地下党员,学校师生在进步教师的带领下积极从事抗日救亡活动,他也在百忙中不失时机地对学生进行抗日救国教育,有时讲到国难深重,国家民族危如累卵时,慷慨悲歌,声泪俱下,师生无不深受感动。为培养学生的革命意志,他又聘请了军事教官和武术教员,要求学生学文习武,随时准备保卫祖国。每逢国耻纪念日或国民党丧权辱国的消息传来,他总是亲自领着学生到街头宣传,游行示威,而且总是走在队伍的最前面,不顾可能被迫害的危险,赤着臂膀,敲着铜锣,激昂愤慨地高喊抗日救国口号,为此,他曾被人称为"王疯子"。1935年后,随着国家民族灾难日益深重,大同学校的抗日救亡运动更加深入,杞县国民党当局采取各种手段禁止宣传抗日,而大同学校一进门的影壁上就有他手书的"坚决对日抗战"6个醒目大字。为此,国民党杞县党部曾多次派人来校寻衅闹事,甚至给学校戴上"赤化"帽子,但在他正义凛然的斗争下,县党部也无可奈何。

七七事变后,王毅斋到豫北师管区司令张轸处任总参议兼政治大队长,负责收容和训练平、津流亡学生。在训练班里他宣传抗日,反对妥协投降,并将学生送到延安。因此他于1938年春节被国民党十三军军长汤恩伯扣押在许昌,后转押到鲁山农村。释放前汤企图拉拢他,遭到他的严辞拒绝。是年6月开封沦陷前夕,省会各机关学校纷纷迁往豫西山区,他担心大同学校师生的安全,当得知学校师生已由中共党员教师段佩明、王静敏等带领参加了抗日武装,他才放心到镇平任留守处负责人。

1940年,他被告聘任河大(时在嵩县潭头)经济系主任,对进步学生组织的社会科学研究会、文艺笔会等积极支持,常为之题词、写文章、作演讲;他还费尽心血筹集《资本论》、《反杜林论》等一批进步书刊,创办了资料室,供师生查阅。一次他在社会科学研究会作演讲,知道在场有国民党特务,仍慷慨陈词,揭露国民党腐败无能,并说"是我王毅斋说的,随便你们去告吧",因此不到一年他便被解除了系主任职务。

1947年3月,民盟总部决定任命王毅斋为河南民盟负责人,中旬,他在开封主持成立了河南民盟地下省支部。5月22日,河南大学学生自治会组织全校学生举行"反饥饿、反内战、反迫害"游行示威,并欢迎河大学生赴京请愿代表团。23日,王毅斋与马辑五教授被推选为河大教授会代表赴京请愿,回来后他再次被解聘。吴芝圃知道后托人给他送去500元钱,他说"现在革命斗争需要钱,钱应该用在最需要的地方去",坚辞不收;刘镇华的儿子、国民党师长刘献捷送钱给他,也被他退了回去。

新中国成立前夕和新中国成立后,他历任中原大学筹委会副主任、河南大学教授兼秘书长、河南省人民政府委员、中南军政委员会委员、中南行政委员会委员、河南省第一届人民代表大会代表、河南省人民委员会委员、省文委副主任、河南省副省长、省政协副主席、第一届全国人民代表大会代表、民盟中央委员、民盟河南省委员会主任委员等职。他对党交给的任务总是尽职尽责,圆满完成。1951年5月,他参加郑州地区农村工作检查团,深入农村检查工作,1953 年 9 月参加中国人民赴朝慰问团,任河南分团副团长,回国后在《河南日报》发表了《最可爱的人和最可爱的事》等文章。1953 年至 1956 年河南农村多次受灾,他虽年近六旬,仍多次率领慰问团深入农村视察、慰问,亲到田间、农舍,带头捐款捐物。1957 年 1 月,他带病参加省慰问团,顶风冒雪赴鸡公山慰问解放军休养员。

是年,他被错划为"右派"送新乡师范学院监督劳动。"文革"中再次受到迫害,下放封丘县农村劳动,1972 年 9 月因病回到新乡,是月 14 日含冤逝世,终年 76 岁。中共河南省委于 1979 年 7 月为其平反昭雪,恢复名誉。

8. 杜继曾 杜缵曾

杜继曾(1896~1972),字省吾,别字省物,杞北万寨人,寓居开封,生于官绅之家。幼读家塾,继入官立高等小学、中学,学习勤奋,追求进步。五四运动中在开封与各校进步师生一起游行,声援北平学生反帝反封建斗争,1920 年入国立北平高等师范学堂,1921 年 12 月 12 日参加北京学生集会游行,反对北洋政府与日方谈判山东问题,1924 年毕业后从事教育工作。

1926 年 1 月杜加入中国共产党。3 月 18 日,在北京参加李大钊组织的万人国民大会,反对帝国主义公使团最后通牒,声援国民军封锁大沽口。事后由中共北方区委派任中共哈尔滨特委秘书,在牡丹江、宁安、海林、穆棱和五虎林金矿等地宣传中国共产党的主张,发动群众"求生存、护国权、御外侮",秘密发展党员,创建中共吉林、关东两县党支部。1928 年春,杜乔扮劳工偕妻莫氏到旅大工作,3 月 15 日被日本宪兵队以共产党嫌疑拘捕入狱,莫氏寄押拘留处,乘机逃脱。后经中共地下党组织营救,莫氏出 3 万元赎金,于 1935 年 9 月 15 日将杜赎释返汴。10 月任教开封私立梁苑女中,12 月 21 日参加开封师生声援"一二·九"北京学生运动的集会游行。

1936 年他回到杞县,次年 3 月中共河南工委书记刘子久来杞给他恢复了党籍,指示他在杞恢复发展党员和进行革命活动。5 月,国民党河南省党部执行委员薛剑光借浚杜庄河为名,欲以邻为壑下淹田程寨等 10 余村。他和中共党员张海峰等发动和领导田程寨等地群众与之斗争,挫败薛之阴谋。是年秋,全县遭受水灾,他联合各阶层知名人士

100多人,向国民党杞县当局呼吁免粮赈灾。

七七事变后,中共河南省工委指派杜与张海峰、袁青到陕西三原县云阳镇"河南地下党员干部训练班"学习。8月,张、袁留陕,杜返杞。9月,在杞县私立大同中学秘密建立中共杞县县委,杜任书记,吸收段佩明入党,与段在县城东门大街私宅办长期抗战免费实习学校,招收高小毕业失学贫苦青年20余人补习初中语文、数学,进行抗日救亡教育。不久,补习学校与大同中学合并。1938年1月,杞县成立各界民众抗敌(日)后援委员会,国民党杞县县长谢随安任主任,杜、段与各界知名人士18人为委员。2月,中共杞县县委扩建为中心县委,杜任宣传部部长。5月底,杜随中共杞县中心县委书记王静敏率大同中学部分师生40余人到杞南赵村参加中共豫东特委书记吴芝圃领导的抗日武装。6月3日日军陷杞,杜等奉命联络地方各派武装,召集李广居、曹得林、刘悦亭等72支武装的首领于赵村共商抗日救国大计。此后,经过3个多月的工作,将杞南程庄李广居700余人收编为新四军游击支队第三团(代号汉阳)。

1939年4月,杜任中共睢杞太特委组织部部长兼睢杞太大队参谋长,两次取出其县城汇丰永商号本息4000余元为部队购买枪支弹药。1940年8月,杜在杞南谷熟岗与日军作战中被俘,辗转关押于日伪开封监狱,后经党组织营救及其亲友保释回家(开封)。不久,乘机出逃鲁西解放区。次年10月任冀鲁豫区第二十二专署司法科长。1942年12月到苏皖区做文化工作。1944年秋,经苏皖区党组织审查恢复党籍。

抗日战争胜利后,杜先后任中共哈尔滨市一区委书记、松江省方正县县长、松江省贸易局局长、粮食局局长,与国民党开展军事、经济斗争。

新中国成立后杜省吾历任江西省水利局局长、长江水利委员会处长、华东军区国防工程处工程师、河南省治淮指挥部副指挥、水电部水电科学研究院研究员、河南省科学技术委员会副主任,为长江、淮河的治理和黄河三门峡水力发电站的建设以及河南省科学事业的发展做了大量工作。国民经济三年困难时期,杜将节省的1000元工资寄回杞县赵村,照顾生活困难的烈属,并多次回杞进行调查研究,向中共杞县县委提出多项有益建议。

古代杞人的忧思——杞人忧天民俗文化研究

"文革"中，杜受林彪、江青反革命集团迫害，于 1972 年 5 月含冤逝世，年 76 岁。党的十一届三中全会后，党为他平反昭雪，恢复了名誉。

杜缵曾（1897～1989），杜继曾之弟，字唯亭，曾用名杜占真，早年即追求革命，寻求救国之路。1926 年在北平参加进步刊物《每日评论》、《哈哈报》的编辑工作，结识了李大钊、鲁讯。他靠半工半读毕业于北平师范大学，先后在北平、绥远、广西梧州、山东枣庄等中学和师范学校任教，假期还到农村办教育。1938 年他在国家危难之际携夫人奔赴延安参加革命，其 4 个子女也相继到延安，是延安为数不多的"全家革命"。他历任延安小学教师、教导主任，陕甘宁边区中学和师范教师、指导员，延安大学教师、图书馆馆长，冀鲁豫、晋察冀边区华北新华书店资料室主任等职。1948 年 8 月任长春师范学校副校长。1950 年任吉林省师范学校校长。1956 年 8 月任北京市西城区师范学校校长。著有《幼儿期之性教育》等。1989 年病逝于北京。

9. 张萃中

张萃中（1902～1981），原名勃，曾用名张海峰、张永俊、张竞仁，杞县前营村（今属柿园乡）人。1926 年参加革命，是中共河南省委早期领导成员之一；新中国成立后从事教育，卓有贡献，是党内学有专长的历史学家、教育家。

张萃中青少年时代先后就学于杞县甲种农校、杞县黉学（私塾）、开封培文学院、中州大学，经常阅读进步书刊，接受革命思想，立志寻求救国救民的道路。在十月革命和五四运动的影响下，他开始接触马列主义，向往共产主义。1923 年暑假，他与同乡吴芝圃、杜孟谟、韩绍棠等进步青年，在杞县黉学组织风俗改良会和读书会，并亲自主持会务，发起风俗改良运动。翌年，经马沛毅提议，他与吴芝圃赞同将读书会改为社会科学研究会，研究马列理论，传播革命思想。1925 年 3 月，经恽代英、马沛毅介绍加入中国共产主义青年团，奉命在杞县开展农村调查和建团工作。他介绍知识分子靳豫九入团，与团员汪涤源（固始人，杞县中学教师）于是年 5 月建立了共青团杞县特别支部干事会，并任书记，在傅集开智小学以教书作掩护从事革命活动。五卅惨案发生后，他根据党的指示，在团组织配合下，在县城和傅集召开群众大会，声援罢工工人，组织募捐，成立宣传队，发动群众开展反英、反军阀斗争。是年7月,经中共开封地委书记唐绍虞介绍加入中国共产党。8月,他介绍靳豫九、江道中入党,建立中共杞县特别支部干事会,任书记。在开封地委领导下,团结各界进步力量,向国民党杞县右派势力展开斗争。经过一个多月的努力,改组了国民党杞县县党部,靳豫九、杨子固等左派当选为国民党杞县党部委员。是年冬,他与中共豫陕区党委农运委员箫人鹄在杞县开展农民运动,建立了何寨、傅集、十里岗(葛岗、莲花坡)3个区农民协会。在农运中他先后发展孔寅初、安子敏、韩晓亭、何心榕、何心桐、何心彬、阎凤书、孔泽友、张藏斋、杨国才等加入共产党,成立了傅集、何寨、十里岗3个党支部。1926年2月1日,他在杞县甲种农校礼堂主持召开杞县农民协会成立大会,并当选为杞县农协主席。是年2月7日,他在杞县县城主持群众大会,公开纪念二七惨案三周年,向杞县反动官绅示威。不久,中共杞县特支改为杞县地委,他担任农运部部长,参加中共豫陕区农委,协助箫人鹄开展豫东农民运动。3月间,在箫人鹄指挥下,他亲率农民自卫武装千余人,扛着少数步枪,带着大刀、长矛进城请愿,赶走了国民二军收枪队,向反动政府提出取消苛捐杂税、停止预征钱粮、承认农民协会和农民自卫团等10项要求,取得了胜利。8月,他又率领何心榕、张玉敬两个农民自卫团在杞县虎丘寺集合,星夜奔袭设在姬房李村的北洋军阀招兵处,生俘敌首,缴获马3匹、步枪10余支,粉碎了北洋军阀在睢杞边境诱骗农民武装、破坏农民运动的阴谋。9月间,反动分子索翰臣带领县警察队到董桥口(中共地委机关)搜捕他,而他事先已去农村工作,才得以幸免。

　　1927年年初,张萃中调任河南省委豫东特派员,与箫人鹄在杞县召开了睢杞地委党的负责人会议,商讨农民武装起义方案。4月初,他奉命东进睢县、宁陵、商丘、永城、夏邑等地开展革命活动,同中共河南省委派往永城的周禾立一起,配合地方党组织,以红枪会为基础组织农民自卫军4万余人,成立了国民革命军别动队永城支队。为了争取友军,孤立敌人,他又同睢县李西峰、通许娄伯循、孙宏猷等红枪会首领会盟于夏邑县柳堤圈,团结了豫东可能团结的红枪会力量,商定配合农民自卫军武装暴动,响应北伐的统一行动方案。之后,他又率领农民自卫军攻打了亳县县城。

　　是年9月,中共河南省委派张萃中到汲县任县委书记,1928年9

月调任中共河南省委秘书长。他不顾国民党反动派的白色恐怖,坚守岗位,坚持战斗。同年 12 月 25 日由于叛徒出卖被捕入狱。在审讯中,敌人使用了灌辣椒水、轧杠子、吃火头等酷刑,将他折磨得奄奄一息,但他始终没有泄露党的机密。敌人无奈,判他无期徒刑,先后关押在开封监狱和河南省反省院。在狱中,他带病坚持斗争,表现很坚强。1934 年,由于监狱的恶劣环境和敌人的折磨,他的肺病已进入第三期,生命危在旦夕,在党组织的多方营救下,于是年 10 月获准出狱,回家养病。1935 年暑假,他的病情好转,经介绍到偃师中学教书,与该校中共党支部书记席国光接上了临时组织关系。后又辗转到洛阳中学、辉县简易师范教书。1937 年 7 月,由河南省工委介绍到陕北,经党组织决定,恢复了他的党组织关系。

抗日战争初期,张萃中先后担任豫北特别委员会书记、晋冀鲁豫省工委书记等重要职务。他正确执行党的抗日民族统一战线政策,放手发动群众,卓有成效地开展抗日救亡运动。后遭诬陷,被停止党籍(后恢复),改作文化教育工作。他顾全大局,处之泰然,先后担任太行文化教育出版社编辑及太行抗战学院编辑、师范部主任等职,继续为抗日大业作出贡献。

抗日战争胜利后,张萃中担任北方大学历史研究室主任;新中国成立后历任中央教育部教学指导司副司长、中央教育部教育行政院副院长、人民教育出版社副社长、沈阳师范学院院长、辽宁大学副校长、辽宁省历史学会会长等职。他教书育人,以身作则,任沈阳师范学院院长时,已年近花甲,去市里开会坚持不坐小汽车;家属和他一样过着俭朴的生活,给师生树立了榜样。他坚持深入教学,勤于调查研究,注重理论实践结合,关心爱护知识分子,为党的教育事业倾注了全部精力。

“文革”中张萃中惨遭林彪、江青反革命集团的迫害,身心健康受到严重摧残。1980 年党中央对他的历史问题作出了公正的结论。他精神振奋,不顾年老多病,勉力担任辽宁大学顾问等职,并一再向组织表示“愿以垂暮之年,为党的事业,为四化建设竭尽全力”,直至 1981 年病逝。

　　10. 杜孟谟

杜孟谟(1904~1974),名宏远,杞县万寨人,生于官绅之家,1919

年入私塾,受教师孟昭朴的影响,阅读《天演论》等进步书刊,关心时局的发展,后考入开封第二中学。

1923 年暑假,杜孟谟回杞县和吴芝圃、韩绍棠、高炳坦、段镜三、靳豫九、张海峰等人在杞县黉学成立了两个组织:一个是"风俗改良会",试图从社会风俗方面革除旧礼教、旧习惯,达到改革的目的;另一个是"读书会",组织青年学习社会科学和马克思列宁主义的进步书刊,如《共产党宣言》、《社会主义从空想到科学的发展》、《第三国际议案及宣言》以及《向导》、《新青年》、《中国青年》等,通过学习,他们开始懂得一些共产主义的基本知识。

1924 年夏,在南京大学附中读书的杞县青年马沛毅,听了中共党员恽代英的演讲,开始明确共产主义政治方向,经他和张海峰建议,吴芝圃、杜孟谟赞同,将原来的"读书会"改组为"社会科学研究会",进一步学习马列主义和研究中国革命问题。该组织的总部设在开封二中,杞县另设分会。至 1925 年暑假,杜孟谟主持该研究会的工作,同年经马沛毅介绍,加入中国共产主义青年团。

1925 年下半年,他考入北京大学数学系学习。1926 年年初转为中国共产党党员。此后,曾任中共北京大学党支部负责人。四·一二政变后,一度任中共东城区委负责人。三·一八惨案发生当天,他和同学们去天安门参加国民示威大会和游行,反对帝国主义的联合进攻和段祺瑞执政府的卖国罪行,腿部负伤。在北大期间,他还勤奋学习高等数学,并于 1930 年参加译校德国古尔萨著的《解析数学讲义》一书,为引进国外现代数学科学做出了贡献。

1931 年大学毕业后,杜孟谟先后在北京、济南、开封等地任教。1932 年与段子彬结婚。在开封,他一边教书,一边从事抗日救亡活动,并于芦沟桥事变前后输送一批进步学生到解放区去。

抗日战争爆发后,在中共党组织活动十分困难的情况下,他把积蓄的几十块银元交给党作活动经费。不久,开封高中南迁,杜孟谟携家随校辗转奔波,过着颠沛流离的生活,仍与党组织保持着联系,他坚持在开封高中的进步师生中组织党的外围团体"社会科学读书社",宣传革命真理和党的抗日主张,动员进步青年参加抗日民族斗争。他们的活动引起敌人的注意和痛恨。1943 年 1 月,在内乡县夏馆镇(开封高中临时驻地)杜孟谟与一批师生被国民党"伏牛山工作团"逮捕。在狱中,他严格保守党的机密。后经多方营救,并慑于开封高中进步师生的压力,国民党反动派于 1943 年 2 月被迫释放了他。

抗日战争胜利后,杜孟谟回到开封,先后在黄河水利专科学校、河南大学工学院任教。他参加了中共领导的"反饥饿、反内战、反独裁"的革命群众运动,同时与党的地下工作者曾杰光、杜征远等保持着联系。1947 年 3 月,他根据党的要求在开封加入了当时处于地下状态的中国民主同盟会,参与组织河南民盟的进步活动,并向中共豫皖苏区委员会提供情况。他住开封双龙巷 34 号,以"大学教授寓所"掩护革命活动。

1948 年开封解放,党派他到豫皖苏区建国学院任教,并要他在党外多做工作。后改任开封高中校长,他动员同学参加中国人民解放军,参加地方干部队伍;鼓励年仅 14 岁的大儿子入伍,投入解放全国的战斗。1951 年杜孟谟参加土地改革工作队,在陕县大营村进行土改。1951 年至 1952 年任河南师范专科学校副校长。1954 年任开封市副市长,同时任教河南师范学院,讲授高等数学。他是河南省数学学会第一任理事长。1955 年调任新乡师范学院副院长兼教务长。1958 年,调任郑州大学数学系教授。1959 年当选为民盟河南省主任委员、民盟中央委员和河南省政治协商会议副主席。1964 年当选为河南省副省长。他是第二届和第三届全国人民代表大会代表。

为便于开展统一战线工作,中共党组织多年未公开他的党员身份,他始终严守党的纪律,保守党的机密,认真执行党的政策,在争取、团结、教育广大爱国人士和知识分子,组织他们为社会主义革命和建设服务方面做了大量工作。在教育工作中,他孜孜不倦,勤奋好学,精益求精,在他家不宽敞的宿舍中摆满了他多年珍藏和经常阅读的各种书籍。20 世纪 60 年代初期,他虽年事渐高且工作十分繁忙,还让在莫斯科留学的儿子为他购买最新出版的英、俄文数学书籍,研究泛函分析、测度论等。他虚心好学,治学严谨,从不懈怠。

他对党和社会主义祖国有深厚的感情。在 60 年代初国民经济困难时期,他常常引用"君子之过也,如日月之蚀焉"这样的话,教育子女亲人,要正确认识党在前进道路上所犯的错误。生活上他也严于律己,十分简朴。他常对家人说"处理生活问题就是一个字——简",他家里除书架、书桌、书柜外,几十年未添置过一件新家具。他虽是教授又任省政府领导职务,却十分平易近人,常同普通工友聊天,并接济他们的生活。他和老伴都很注意自己的孩子政治上和学业上的进步,指出他们的缺点、弱点,有时召开家庭会帮助孩子分析、认识问题。他的优良作风,多方面的学识,敏锐的头脑,常给人留下深刻的印象。

"文革"之初,杜孟谟被列入要打倒的一批老干部和民主人士黑名单中,林彪、江青反革命集团利用国民党特务捏造的材料,把杜孟谟打成"叛徒",关入"牛棚",大搞法西斯式的审讯。1969 年 1 月他的终生伴侣、共产党员段子彬在受到残酷批斗后,惨死在西平县农村,几块木板草草掩埋了她的尸骨,好心的农民堆了一个坟头作记。当时对家属"保密"。半年之后,杜孟谟在"牛棚"得知这一噩耗,精神受到极大打击,被害致残的身体状况更加恶化,终于 1974 年 9 月逝世。

粉碎江青反革命集团后,中共中央组织部部长胡耀邦亲自过问了他的冤案。在贯彻中共十一届三中全会精神时,中共河南省委为杜孟谟彻底平反。并于 1979 年 8 月召开平反昭雪追悼大会。省委负责人在接见杜孟谟子女时说:"你爸爸是共产党员,这件事只有省委少数几位负责同志知道。"他当了几十年无名英雄,始终遵守党的纪律,是一位好同志。省委根据中央组织部通知精神,公开了他的党员身份,并在骨灰盒上覆盖了党旗,历史为杜孟谟的一生作出了公正评价。

11. 韩达生

韩达生(1905～1941),名绍棠,杞县韩楼村人。少时以优异成绩先后考入杞县甲种农校、开封第二中学。在求学期间接受了五四民主与科学思想的启蒙,与同学张海峰、吴芝圃、杜孟谟、马沛毅等组织了反对旧礼教、旧文化的"杞县风俗改良会",与封建势力进行斗争。他们阅读《向导周报》、《新青年》、《中国青年》等进步刊物,逐步理解了马克思的无产阶级革命学说,提高了对中国革命性质与任务的认识,又组织了"社会科学研究会",在开封各学校青年中探讨救国救民的革命道路,传播马克思主义理论。1925 年 5 月,经马沛毅、彭振刚介绍加入中国共产主义青年团,1926 年转为中国共产党党员,3 月,中共杞县地委成立,韩达生任委员,并兼任共青团地委书记。他深入农村办夜校,向农民讲解革命道理,发动群众参加反对帝国主义及其走狗的斗争。他参与组织农民协会和青年社,推动了杞县群众运动的开展。

1926 年国民革命军誓师北伐,河南已组织起来的群众革命情绪更加高昂,农民要求武装起来反对军阀,打倒土豪劣绅,惩办贪官污吏,迎接北伐革命军。1927年春,党组织派往广东农民运动讲习所学习的吴芝圃回河南和张海峰、韩达生共同领导豫东革命斗争。5月,在中共杞县地委领导下,1万多武装农民一举攻克了杞县城,第一次建立了农民民主政权——杞县治安委员会。严惩土豪劣绅,没收他们的浮财,免除苛捐杂税,解放狱中无罪的农民群众,为人民伸了多年的冤气,给北伐军以有力的支持。

蒋介石发动"四·一二"反革命政变后,党的干部和革命群众不断受到迫害,党的组织被迫转入地下。

1927年夏,韩达生调任共青团河南省委秘书长,这一时期,他主要在机关工作,有时也到下边巡视。为掩护省委机关,他以在火车站做生意为掩护,携带家眷,先后住在开封东棚板街、游梁祠街等背街小巷里,白天应付敌特军宪的搜索、追捕,夜间复写文件,用米汁、白矾水写信,抄上级指示,或找交通员接关系。1927年至1929年间,中共河南省委3次遭到大破坏,一些同志被抓进监狱,有的被杀害。在日趋严重的白色恐怖下,他仍坚守工作岗位,后来党又调他到信阳,以信阳打蛋厂员工身份掩护党委机关。在近两年中,他不论寒冬炎夏,经常外出巡视工作。当时,活动经费不足,生活非常困难,为节省开支,他常常忍饥挨饿,有时在村外场边过夜,因而积劳成疾。穷困之中,妻子又将生育,他不得不回家乡休养治病,病中仍手不释卷,钻研哲学和历史。

1932年韩达生病愈后,经吴芝圃介绍,到偃师中学教书,这时他和吴芝圃均未和上级党组织接上关系,二人本着长期隐蔽和积蓄革命力量的思想,积极宣传革命,发展党员,建立基层组织。1933年暑假,吴芝圃、韩达生去上海寻找上级党组织,同时阅读中译本的政治经济类书刊。逾半年,因经济拮据,吴芝圃先行回偃师教书,韩达生仍留上海继续找党组织。至1934年春始接上组织关系。不久,又因军警查出他藏有"违禁"的进步书刊而被捕入狱。在酷刑审讯中,他一口咬定自己是无罪的普通群众,终被释放回乡。

1937年年初,中共豫西工委调韩达生任洛宁县工委书记,他以洛宁中学语文教师身份作掩护,一面恢复和发展党组织,一面加强对青年学生的思想教育,激发其为民族解放而献身的精神,一时,洛宁城乡出现了热气腾腾的抗日救亡活动。

根据形势发展和工作需要,不久,洛宁中心县委由豫西省委统一改称洛宁地委,领导洛宁、宜阳、新安、渑池 4 个县委的工作,韩达生任书记,邵文杰、曲乃生、贺崇升分别任组织、宣传、统战部部长。此时,他们利用洛宁县抗敌救援会的合法地位,以洛宁中学为基础,通过地方党支部及洛宁中学学生的关系,先后动员进步青年和乡村小学教师近 600 人,开办抗日救亡训练班、师训班、政训班。抗日战争进入相持阶段后,国民党内反动顽固派破坏抗日统一战线,从"限共"、"溶共"到"反共",于是洛宁地区发生反对撤换洛宁中学校长曲乃生、解聘进步教师韩达生的斗争。洛宁地委分析了环境日趋恶化的形势,研究了有理有节的斗争策略,发动了震惊豫西的洛宁学潮。他们组织师生举行罢课、游行、请愿。以曲乃生、韩达生的名义印发了《告洛宁人民书》,揭穿换校长、解聘教师的阴谋,取得了这场斗争的胜利。

1939 年秋,党为保存革命力量,将身份已公开的韩达生等同志调到敌后抗日根据地工作,韩达生步行 3 个月,到达豫皖苏边区,在永城县南新兴集见到了区党委书记——老战友吴芝圃。经边区党委研究决定,韩达生被任命为豫东地委书记兼新四军游击支队睢杞太独立团政委。此时,该地区环境复杂,斗争尖锐激烈,原睢杞太地委书记马庆华牺牲不久,敌伪顽匪气焰嚣张,抗日军民吃用困难,缺医少药,又远离游击支队主力。韩达生以坚强的信念,充沛的精力,主持着党委的全面工作,一次又一次地粉碎敌人的扫荡和进攻。

1941 年,国民党顽固派发动震惊中外的"皖南事变"后,盘踞在新黄河西的国民党顽军乘日军扫荡睢杞太地区之际,偷渡黄河,深夜围攻驻杞县梁寨(今属竹林乡)的中共睢杞太地委机关,韩达生被俘,惨遭杀害,时年 36 岁。

1944 年 8 月 20 日,中共冀鲁豫区行政委员会命名杞、通、陈边抗日中心区为达生县,以示纪念。

12. 马沛毅

马沛毅(1906~1932)原名培义,又名宜轩,化名一波、逸波等。生于杞县城内一个商贾家庭。1913~1920 年在杞县读小学,成绩优异,名列第一。1921 年考入省立开封二中,假期回杞后,常到进步知识分子孟昭朴私塾里阅读《饮冰室文集》等书刊,追求维新改良。翌年转南京大学附中道尔顿班求学,参加旧教育家穆济波组织的青年合作社,并在穆办的《合作周刊》上发表有关社会问题的文章。中共党员恽代英在该校的讲演,使他的思想发生深刻变化,遂积极要求参加革命组织,从事革命运动。1924年夏,他由恽代英介绍加入社会主义青年团,不久转为中共党员。同年冬,他带着组织交给的建团任务,返杞向张海峰、吴芝圃、韩绍棠、杜孟谟、高炳坦等进步青年进行教育,并共同将原来张海峰等组织的读书会改为社会科学研究会。1925年他在上海大学学习时,由恽代英介绍张海峰加入中国共产主义青年团。此后,他又到开封将这些进步青年的情况向豫陕区团委彭振刚作了介绍。彭于是年春先后接收吴芝圃、韩绍棠、杜孟谟、高炳坦等加入共青团。五卅运动游行中他被捕入狱,敌人查不到证据将其释放。后来他被选为上海学联领导成员,积极参与上海工商联合会活动。

1926年党派他回河南工作,先在开封南关从事工运,后调任共青团开封地委(市委)书记。他建议将社会科学研究会改为团的外围组织——河南青年社,后又建议将河南青年社、青年学社、青年干社、青年救国团等组织合并为河南青年协社。1927年年初,他被任命为共青团河南省委书记,奉命去安阳、临漳、林县一带建立农民武装,利用白枪会击扰奉军,迫使奉军某团缴械,支持北伐战争。是年秋,蒋介石、汪精卫发动反革命政变,河南党、团组织转入地下活动。9月,因叛徒告密,团省委机关被破坏,他再次被捕,关押在河南第一监狱,与同时被捕的中共河南省委委员、秘书长张海峰等在狱中建立党组织,坚持对敌斗争。1930年"蒋、阎、冯"中原大战中冯玉祥败走,南京派人到河南处理被冯玉祥关押的政治犯,马沛毅经党营救出狱。

他返乡后继续从事革命活动。1931年年初中共河南省委调他去开封,其父不允,并以如外出就断绝父子关系相威胁。他毅然同家庭决裂,赴开封、唐河、汉口等地进行革命活动。1932年在汉口法租界被捕遇害,年26岁。

13. 吴芝圃

吴芝圃(1906～1967),原名殿祥,字芝圃,杞县赵村(今傅集乡赵村)人。青少年时先后就读于杞县甲种农校、杞县黉学私塾、北平励群学校、开封培文学院、河南省立二中(开封)。求学期间于1923年与进步学生张海峰、韩绍棠(韩达生)等组织成立反对旧礼教、旧风俗的"风俗改良会"和探讨革命理论的"读书会",1924年又与开封二中同学韩晓亭、刘少文、高炳坦等联系校外进步青年成立"社会科学研究会",研讨《共产党宣言》等马列主义经典著作,从事革命活动。他主编了《我们的通讯》和《现实生活》两种刊物,发表进步青年学习共产主义理论的心得及驳斥反动谬论的文章。翌年,"社会科学研究会"改为"河南青年社",发展社员500余人。

吴芝圃纪念碑亭和塑像

1925年,他加入中国共产主义青年团。五卅运动发生后,在开封党组织的领导下,发动全市学生、工人、市民和各界人士成立"惨案后援会",6月5日,10万余人在开封南关演武厅集合,发表声援"五卅"宣言,会上他作为学生领袖登台演讲。是年秋他受党组织派遣回杞县领导农民运动,年底加入中国共产党。

1926年2月,他受党的派遣到广州农民运动讲习所学习,聆听了毛泽东等的教诲,并到海陆丰参观学习,列席当地农民代表大会和群众大会。9月,他回到河南,任中共杞县地委民运部部长,秘密发展农民协会会员,建立农民协会;同时以办夜校等形式,将红枪会转化为革命武装力量,至豫东农民暴动前夕,发展农民武装基干6000余人。

1927 年 5 月,他与箫人鹄等领导了杞县农民暴动,攻克杞县县城后,他被推选为杞县治安委员会主任(俗称县长)。农民暴动失败后,反动当局下令通缉他,并以缺席判决形式判处他无期徒刑;在右倾机会主义路线影响下,中共河南省委又以"农民运动过火"为由,停止了他的党籍(中共"八·七"会议后才恢复他的组织生活)。

大革命失败后,他先后流亡到睢县、扶沟、永城、兰封、偃师、洛阳等地,以教书为掩护,秘密从事革命活动。1937 年 9 月中共河南省委重新建立后,吴芝圃任省委委员、豫西特委书记。

1938 年 5 月,党派吴芝圃任豫东特委书记,他依靠睢县、杞县两个中心县委,以党领导的抗日武装为基础,联合地方势力,于 6 月间在赵村整编成立了睢杞大队,共 200 余人,由他统一调动指挥。是月下旬,在杞县花胡寨附近打击了日军下乡抢粮的骑兵小队,首战告捷。继而成立豫东抗日游击三支队,吴任支队长,在睢、杞、太(康)、通(许)县结合部开展抗日游击活动。

是年 10 月,三支队与彭雪枫领导的抗日部队整编为抗日游击支队,彭任司令员,吴任副司令员。在游击支队东进途中于淮阳窦楼一带遭日军袭击。彭、吴指挥若定,利用有利地形痛击来犯之敌,经过 1 个小时的激战,击毙日军林浦少尉以下官兵数十人。

吴芝圃随游击支队主力东进豫皖苏边区后,先后任边区党委副书记、书记。在永城、涡阳等地开展减租减息运动,建立了各级地方政权和群众团体以及永城、蒙城、亳州、夏邑、蚌埠、泗县、睢宁、灵璧等 10 余个县级抗日民主政府。其间于 1939 年 1 月上旬,他率支队三大队(代号"淮阳")及特务连回师睢杞太地区,在地方党组织和抗日武装配合下接连出击日、伪、顽、匪。2 月 17 日聚歼大朱庄地主武装朱子固部,缴获大量武器弹药;19 日歼荆岗土匪司令李继书部 500 余人,缴获步枪 400 多支、手枪 10 多支;继而又歼灭睢县长岗伪军张心贞部 300 余人,活捉伪区长李继美。在支队节节胜利的形势下,杞县土匪杨逢云、刘悦亭、曹德林等部 500 余人先后被编入新四军游击支队第三团(代号"吉安团")。因此,彭雪枫称赞他是"革命的秀才","回回造反,回回成功"。

1940 年 10 月,国民党顽固派发起了第二次反共高潮,纠集 30 万兵力进攻豫皖苏边区。在这紧迫形势下,革命内部又发生了耿(蕴斋)、吴(信荣)、刘(志仁)叛变。作为边区党委书记的吴芝圃奉命处理这一事件。狡猾的耿蕴斋设下伏兵,派人"请"吴芝圃"谈话",当时吴芝圃分析,如果不去,敌人会以此为借口挑起事端,给革命队伍带来重大牺牲;如去,个人可能惨遭杀害,但可以彻底揭露敌人的反动面目。为了争取大多数干部和战士,为革命挽回损失,他置个人安危于不顾,如约赴"请"。当他带领几位警卫人员到达戒备森严、剑拔弩张的叛军团部后,面对叛徒,镇定自若,义正辞严地痛加斥责,规劝他们不要自绝于人民。叛徒慑于吴芝圃的凛然正气,未敢轻举妄动,并放回了扣押在该部做说服工作的干部。待刘志仁派兵追杀时,他已安全返回。由于他深入虎穴,申明大义,使许多受骗的干部和战士受到教育,重新回到革命队伍中来。

1946 年冬,国民党反动派向豫皖苏根据地全面进攻。吴芝圃与张国华率领一部分武装到豫东地区,把水东地委与津浦路西八地委合并,重建了豫皖苏区党委和军区,张国华任司令员,吴芝圃任政委兼区党委书记。在完成思想转变和整顿组织的基础上,放手发动群众,坚持游击战争,扩大革命根据地。至 1948 年夏,豫皖苏区已扩大到陇海路以南、淮河以北、津浦路西、平汉路东的广阔地带,武装力量由 3 个军分区发展到了 8 个军分区,有力地支持和配合了刘邓大军挺进大别山,为淮海战役和解放军过江创造了有利条件。

1948 年 11 月开封解放后,吴芝圃担任开封市委书记兼市长。翌年 1 月,他参加了组建中共河南省委、省政府、省军区的工作,历任中原临时人民政府副主席、河南省人民政府主席、中共河南省委副书记、第二书记、书记、河南省军区政委、河南省省长等职,并当选为第一、第二届全国人民代表大会代表,1956 年被选为中共第八届委员会委员,领导河南广大军民,为安定社会秩序,巩固革命成果,恢复和发展国民经济,完成生产资料所有制的社会主义改造,发展工农业生产等,作出了积极贡献。

1957 年以后,由于党在指导思想和工作方针上的严重失误,河南省在 1958 年和 1959 年接连开展了反右倾运动,使得高指标、瞎指挥、浮夸风和共产风的错误严重泛滥。对此,吴芝圃曾严格地检查自已,并积极采取措施,努力挽回和减少损失。1962 年他调任中南局书记处书记。

"文革"期间,吴芝圃受到林彪、江青反革命集团的诬陷和迫害,1967年10月19日在广州逝世。

1979年1月24日,在邓小平主持下为吴芝圃等召开了平反昭雪大会,党中央评价他"为人民的解放事业和共产主义事业鞠躬尽瘁,无私地贡献了自己的一生"。

14. 师陀

师陀(1910~1988),原名王继曾,字长简,杞县化寨村(今属柿园乡)人,现代著名散文家、小说家、剧作家。常用笔名有芦焚(1946年前)、师陀(1946年后),还使用过君西、康了斋、韩孤、佩芳等。

师陀青少年时代先后在农村私塾、杞县第一小学、开封省立第一商业学校、开封省立第一高中文科读书。在开封求学期间思想进步,爱好文艺,阅读了不少文学作品,曾与志同道合的同学创办小型刊物《金桥》。1931年秋他来到北平,目睹当时教育制度的腐败,决定放弃报考大学的机会。九一八事变后,抗日怒潮席卷全国,他加入了"反帝大同盟",以写标语,游行示威,写报告文学等形式参加抗日活动。

1932年1月,他在"左联"的《北斗》等刊物上发表《请愿正篇》和《请愿外篇》,反映青年学生的抗日爱国热情。同年5月,他与汪金丁、许盈合办刊物《尖锐》,鞭笞国民党反动派的罪行,并在创刊号上发表文章,热情歌颂五一国际劳动节,向劳动人民致以同情和敬意,发出"被压迫者的嘶叫",号召被压迫者"起来,到尖锐的旗帜下"。其后,他又在《现代》、《文学》、《文学季刊》、《申报·自由谈》、《大公报》上发表一批具有进步意义和独特艺术风格的小说和散文。如小说《谷》、《里门拾记》、《落日光》,散文《黄花苔》等,反映了30年代中国劳动人民的苦难生活,表达了对旧社会的强烈斥责。1937年5月,他的短篇小说《谷》与曹禺的剧本《日出》、何其芳的散文集《画梦录》同获《大公报》第一届文艺奖,他本人也在"几年之间成为中国第一流的作家"。此间他于1936年从北平到上海,分别在鲁迅、巴金、曹禺等人联合签署的《中国艺术工作者宣言》和郭沫若、茅盾、叶圣陶等人联合签署的《中国文艺家协会宣言》上签名,表示自己对中共抗日民族统一战线政策的热诚拥护和加强文艺界团结的强烈愿望。

1941~1947年他担任苏联上海广播电台文学编辑,"心怀亡国之悲愤牢愁,长期蛰居上海"。尽管生活十分清苦,但他却从未为汉奸报纸写片言只字,保持了可贵的民族气节。当发现汉奸盗用他的笔名发表文章时,他立即公开驳斥,揭穿敌人的阴谋,但对中共领导的抗日军民则多方热情支持。他节衣缩食,买来一些进步书刊,拆成单页卷到汉奸报纸里,寄往抗日根据地,还经常为新四军第四师主办的《拂晓报》和豫皖苏边区文协出版的《文化战线》撰写文章。这个时期他的作品以讴歌广大抗日军民的献身精神和英勇气概为主题,表达了作者同侵略者斗争的决心。其代表作有短篇小说《野马集》、《无名氏》,散文集《江湖集》、《看人集》、《上海手札》,中篇小说《无望村的馆主》,长篇小说《马兰》、《结婚》及话剧《大马戏团》等。其中《大马戏团》搬上舞台后曾轰动上海剧坛,新中国成立后被誉为全国"十大传统剧目"之一。

抗日战争胜利后,国民党反动派阴谋发动内战,窃取人民的胜利果实,他及时地提醒"这些单纯的、可怕的、而又顺从的人们——那些汉奸、暴发户当然不在其内……假使将来必须跟过去一样受苦,仍然没有自由,中国的战胜和战败又有什么关系呢? 他们将来的希望又是什么呢?"号召人民群众起来为保卫胜利果实和争取自身的解放而斗争。

解放战争期间,他先后担任上海戏剧学校教员、上海文化电影公司特约编辑,出版了短篇小说集《果城园记》、话剧本《夜店》(与柯灵合作)、电影剧本《历史无情》和同名长篇小说,显示了作者多方面的创作才华。其中《果城园记》对旧中国中原小城和农村的封闭、顺从、怠惰三种落后文化心态作了独特的艺术批判,表现了作者对家乡诚挚的爱,受到了文艺界的重视。

新中国成立后,他历任上海出版公司总编辑,上海电影剧本创作所编剧,中国作家协会上海分会专业作家,上海市第二、三、四、五届政协委员,上海市文联理事、主席,中国作家协会上海分会历届理事。新中国成立初期他还作为特邀代表参加了河南省第一届人民代表大会,多次深入工厂、农村体验生活,以饱满的政治热情,积极投入三大革命运动,写出了许多反映社会主义革命和建设的作品。如散文《开封散记》、《陇海线上》、《南湾》,短篇小说《石匠》,散文、历史小说、历史剧合集《山川·历史·人物》。1957 年他出访保加利亚,写成《保加利亚行记》,热情歌颂中保两国人民的深情厚谊。

50 年代末到"文革"前夕,他主要从事历史剧的创作,其中剧本《西门豹》、《伐竹记》被誉为"笔墨干净、口语犀利、笔头生花、妙趣横生"的佳作。此外,他还创作了电影剧本《农村钟声》、《洋场狼群》、《蒋平阶诗稿系传》等。

"文革"期间,他长期遭受迫害和折磨,中共十一届三中全会恢复了他的专业作家职务。他不顾年迈体弱,又开始了新的创作生活,除重新编订《芦焚散文集》、《芦焚短篇小说集》外,又对旧作作了再版校订、新版序言,并在许多刊物上发表总结自己创作经验的文章,直至1988 年 10 月 7 日病逝上海之前的几年中,依然笔耕不辍。他独具风格的作品越来越被国内外广大读者所重视,对他的思想和创作的研究已取得初步成果,长篇小说《结婚》被美国出版的《中国现代小说史》评论为"真正值得我们珍视的作品",《里门拾记》、《春梦》、《噩梦集》等作品正在国内和香港地区重新出版。

15. 杨宏猷

杨宏猷(1915～1983),又名应谦,杞县大杨屯(今属圉镇乡)人。祖父是清末秀才,父亲行医,家境富裕。他幼入私塾,喜读古典小说,崇尚豪杰。1935 年 2 月因抗婚出走滁县、镇江,以行医结交地方名士,阅读进步书刊。返杞后于 1938 年 6 月参加中共党员吴芝圃领导的豫东抗日游击三支队,翌年 3 月加入中国共产党,历任至连政治指导员。1940 年 3 月入豫皖苏边区党校学习,8 月任中共杞县县委组织部部长,以行医掩护做革命工作。1942 年 6 月,任杞北中心分会副主任,广泛联合各界力量,开展统战工作,创建杞北武装,打击日、伪、顽、匪。翌年 3 月改任杞北办事处副主任(无主任),领导群众战胜灾荒,开展赎地运动,推行民主政府政令,成绩卓著,群众称之为"文武全才",他却改名"应谦"以自勉。1945 年 10 月任克威县抗日民主政府县长兼县大队长,坚持斗争,迎击国民党军对水东解放区的第一次"围剿"。1947 年 1 月参加水东停战谈判小组。2 月被任命为小组秘书,赴新乡参加国、共、美三人小组谈判,用事实驳斥了敌人的谎言。返回克威县后,协同县委领导开展土地改革运动,打击反动武装——地主还乡团(俗称"老虎队")。

1947 年 8 月,杨宏猷升任豫皖苏区一地委委员、克威县委书记。翌年 3 月,护送中原军区司令员李先念和中共中原局组织部部长陈少敏安全越过陇海铁路。睢杞战役中,大力支援前线,组织民工随军行动,4 小时内救护伤员 400 余名。战后他到杞东李岗、官庄等战场,带领干部群众一连三天三夜打扫战场,掩埋烈士尸体。1948 年 10 月,克威县撤销,他改任中共兰封县委书记,翌年 1 月至 9 月,先后任商丘专署副专员、陈留专署专员,为"肃反"、"镇反"运动做了大量工作。

1950 年 11 月,他调任河南省政府办公厅主任、秘书长。1962 年 12 月任中共河南省委农工部副部长、省农委副主任兼林业厅厅长。1973 年 8 月调任水电部黄河水利委员会副主任、党组副书记,为郑州建设及河南农业、林业、水利建设和生产救灾做了大量工作。"文革"中受到林彪、"四人帮"迫害。重新工作后,积极进行调查研究,整理 30 多本有关黄河的资料,为治理黄河作出了重要贡献。1983 年 10 月 29 日因积劳成疾,病逝于郑州,年 68 岁。

16. 倪祥明

倪祥明(1925～1952),杞县聂寨(今泥沟乡聂寨)人。生于贫苦农民家庭,父母早逝,由姐姐抚养长大。1949 年参加中国人民解放军,1951 年参加中国人民志愿军赴朝鲜参加抗美援朝战争,历经 5 次重大战役。1952 年 7 月,所部移防临津江某高地,美军屡攻不下,乃于 21

倪祥明烈士纪念亭

日夜袭。时倪任副班长,率全班战士与数十倍之敌激战 2 小时,敌被毙百余后稍退。他与战士周元德、宋成元虽已负伤,又苦战半日,滴水未进,困疲已极,仍毅然共同将重伤员移入坑道,由宋照料,倪、周复返前沿阵地守卫。不久,又有 5 个敌人窜至,倪先击毙其一,待周赶来,两人与 4 敌肉搏,倪先以手榴弹砸敌脑袋,继而用牙咬敌耳朵、以手扼敌咽喉,搏斗之际,又有数敌窜来,倪高呼"共产党万岁!""毛主席万岁!"拉响手榴弹,与数敌同归于尽,周亦壮烈牺牲,残敌惊窜,未敢再犯。

拂晓,志愿军反击部队赶到,阵地完好,伤员脱险,唯见烈士身下压一敌尸,右臂所挽之敌鼻耳俱烂,衣服亦被撕碎。

战后,倪所在师党委据其遗愿,追认他为中国共产党党员,志愿军总政治部授予他特等功臣、一级战斗英雄称号,并命名其生前所在班为"一级战斗英雄班"。1953 年,忠骨迁沈阳烈士陵园,葬杨根思、黄继光、邱少云烈士墓之侧,并立纪念碑,述其事迹。1954 年,杞县于县城建"倪祥明烈士纪念亭"。1987 年 9 月移至县城西郊"水东烈士陵园"。

17. 穆青

穆青,原名穆亚才,回族,1921 年生,杞县城关人。幼年受祖父影响,喜爱读书写字。1932～1937 年先后就读于杞县私立大同小学、中学。由于天资聪敏,学习勤奋,成绩常名列榜首,尤其是他写的文章最出色,常被老师当做范文拿到班里读。学校创办《海鸥》刊物,他被推选为编辑成员。他在进步教师的指引下,阅读了许多进步书刊,启发了革命觉悟,参加了抗日救国大同盟、民族解放先锋队等组织,写标语、出墙报,开展抗日宣传,并担任学校文学艺术同盟会主席。七七事变后,他和同学们在县城举行反日游行,又自备干粮到河南大学演戏,宣传抗日。是年 9 月,他考入开封两河中学,于 11 月的一个夜晚在校友的帮助下只身逃出学校,与大同中学的几位同学到山西临汾参加了八路军,编入学兵队,并将原名穆亚才改为穆青,开始了漫长的革命生涯。

他在学兵队受训 3 个月后,被分配到八路军一二〇师贺龙部下,从事宣传、民运、敌工等工作,随军由晋西北到冀中,再由冀中回到晋西北,转战千里,备受锻炼。在部队剧团当文化教员时,他写过一些歌词、剧本和反映当时战争生活的通讯,分别发表在重庆《新华日报》和《八路军军政》杂志上。1939 年他加入中国共产党,1940 年 7 月,被部队选送到延安鲁迅艺术学院部队艺术干部训练班深造。翌年,又转到文学系,在茅盾、何其芳、周立波、严文井、陈荒煤等老师的指导下,刻苦学习,勤奋练笔,写作水平日益提高。1942 年在三八五旅实习时,他的特写《我看见了战士们的文化学习》发表在同年 8 月延安《解放日报》上,以其新鲜活泼的特色,引起了领导的注意,于是被调到延安解放日报社,开始了他的记者生涯。

在延安他与张铁夫合写了报告文学《工人的旗帜赵占魁》,把一个普通工人的劳动作为光荣豪迈的业绩来歌颂,使这个老工人的名字传遍陕甘宁边区和敌后抗日根据地,有力地推动了向赵占魁学习的运动。1943 年 8 月 22 日,延安《解放日报》文艺副刊发表了他的报告文学《雁翎队》,将白洋淀军民的抗日活动赋予传奇色彩,文辞俊逸清新,诗意盎然,是边区文艺首次描写水上斗争的名篇,新中国成立后一直作为大学新闻专业的教材。

1945 年日本投降后,穆青赴东北任《东北日报》记者和采访部主任。1946 年 3 月,在冰天雪地里采访原东北抗日联军负责人周保中将军,写出了《东北抗日联军十四年的斗争史略》,以铁的事实记述了中共及其领导下的东北抗日联军和人民坚持抗日、浴血斗争的光荣历史,揭露了国民党反动派发动内战、阴谋抢夺抗日胜利果实的无耻行径。

1949 年春,他作为新华社特派记者随第四野战军南下,参与了解放湖南的全过程。他不顾征途艰险疲累,在行军途中、在宿营地、在俘虏收容所以及新解放的城市里,写了大量的通讯特写,生动地记录了人民战争的历史进程,展现了人民革命斗争的历史画卷。

1951 年他奉命到上海,先后担任新华社华东总分社和上海分社的领导工作。1958 年调回北京,任新华总社国内部主任、副社长。1966 年年初,同新华社记者冯健、周原一起到河南重灾区兰考县,采写了《县委书记的榜样——焦裕禄》,记述了原兰考县委书记焦裕禄带领全县人民自力更生,艰苦奋斗,战胜洪水、内涝、盐碱三害,兴建家园的动人事迹。2 月,这篇报告文学通过广播、报纸,不胫而走,深入穷乡僻壤、茅屋草棚,使广大人民深受感动,在全国范围内掀起了向焦裕禄学习的热潮,提高了干部群众的精神境界,增强了抗击自然灾害的勇气和信心。

但是,3个月后,"文化大革命"开始了,《县委书记的榜样——焦裕禄》被诬为反党黑文,再加上穆青在新华社一贯强调深入人民群众写好新闻报道,要求记者编辑钻研业务等主张,他被打成"黑帮"和"走资本主义道路的当权派"隔离审查。对于"四人帮"的倒行逆施,他没有屈服,在1976年年初周恩来总理逝世的时候,"四人帮"设置重重关卡,竭力阻挠有关周总理的光辉业绩和人民悼念活动的报道发表。他却和广大新闻战士一起,千方百计通过各种渠道,甚至借助外国记者的报道,透露中国人民对周总理的崇敬和绵绵无尽的哀思。是年5月,他又和新华社社长朱穆之、记者李琴写信给毛泽东,反映江青1975年9月在第一次农业学大寨会议上肆意影射和攻击周总理及刚刚恢复工作的邓小平的罪恶行径。此事被"四人帮"知道,朱、穆、李被打成"反党小集团",再次被隔离审查。粉碎"四人帮"后党组织为他们平了反。

1978年,他当选为第五届全国人民代表大会代表。同年,他与新华社记者陆拂为、廖由滨合写了报告文学《为了周总理的嘱托——记农民科学家吴吉昌》,通过一个老农按照周总理的嘱托,在十年浩劫中不顾个人安危,坚持科学实验,探索棉花增产途径的事迹,表达了亿万人民对周总理的深切怀念,该文获1977~1980年全国优秀报告文学奖。1979年,他与陆拂为合写的《一篇没有写完的报道》,反映了1958年"大跃进"以来至十年动乱"左"的思潮和路线给国家、人民带来的灾难,以及人民群众渴望安定团结的心声,获得了全国林业好新闻一等奖。

1982年8月,他担任新华社社长。9月,在中共第十二次代表大会上当选为中央委员。

穆青在繁忙的工作之余,还努力从事散文写作。1981年、1983年先后出版了散文集《意大利散记》和《维也纳的旋律》。1984年人民文学出版社出版的《穆青散文集》收录了他40多年间写的通讯、报告文学和散文,以朴实无华的白描手法,使赵占魁、焦裕禄、吴吉昌、潘从正等工农形象走入千家万户,成为全国人民学习的榜样;他的国际题材散文笔调优美清新,写景状物舒卷自如,富有异国情趣,与他的通讯、报告文学那朴实庄重的风格迥然不同,表露了作者多方面的才华。

作为新闻岗位上的老战士、领导者,穆青为新华社几乎倾注了全部心血。他埋头苦干,不尚空谈,着意培养年轻记者,常常亲自动笔,字斟句酌地改稿、写稿。他提出新闻报道要学习散文不拘一格的写法的主张,并且身体力行,写出了《抢财神》、《谁有远见谁养牛》等短小精悍、活泼生动的系列报道。

新华社自 1931 年建社以来,一直是国家通讯社,在很长时间内,驻国内外的记者主要任务是向国内发稿,对国外宣传很不够,这与我国作为世界大国的国际地位极不相称。穆青自担任社长以来,不辞劳苦,远涉重洋,到欧、亚、美、非各国考察访问,为把新华社办成世界性的通讯社费尽心力。如今新华社的通讯稿已为世界几十个国家的报纸电台采用,在国际舆论上,新华社已成为世界八大通讯社之一。

附录

附录一
与杞忧相关的诗文

生于忧患、死于安乐

[战国]孟子

【原文】孟子曰："舜发于畎亩之中,傅说举于版筑之间,胶鬲举于鱼盐之中,管夷吾举于士,孙叔敖举于海,百里奚举于市。故天将降大任于是人也,必先苦其心志,劳其筋骨,饿其体肤,空 乏其身,行拂乱其所为,所以动心忍性,曾益其所不能。人恒过, 然后能改;困于心,衡于虑,而后作;征于色,发于声,而后 喻。入则无法家拂士,出则无敌国外患者,国恒亡。然后知生于忧患而死于安乐也。"

梁 甫 吟

[唐]李 白

长啸梁甫吟,何时见阳春。君不见朝歌屠叟辞棘津,
八十西来钓渭滨。宁羞白发照清水,逢时吐气思经纶。
广张三千六百钓,风期暗与文王亲。大贤虎变愚不测,
当年颇似寻常人。君不见高阳酒徒起草中,
长揖山东隆准公。入门不拜骋雄辩,两女辍洗来趋风。
东下齐城七十二,指挥楚汉如旋蓬。狂客落魄尚如此,
何况壮士当群雄。我欲攀龙见明主,雷公砰訇震天鼓。
帝傍投壶多玉女,三时大笑开电光。倏烁晦冥起风雨,

233

阊阖九门不可通。以额扣关阍者怒，白日不照吾精诚，
杞国无事忧天倾。猰貐磨牙竞人肉，驺虞不折生草茎。
手接飞猱搏雕虎，侧足焦原未言苦。智者可卷愚者豪，
世人见我轻鸿毛。力排南山三壮士，齐相杀之费二桃。
吴楚弄兵无剧孟，亚夫哈尔为徒劳。梁甫吟，梁甫吟，
声正悲。张公两龙剑，神物合有时。风云感会起屠钓，
大人山儿屼当安之。

次韵子瞻武昌西山

[唐]杜　甫

漫郎江南酒隐处，古木参天应手栽。
石坳为尊酌花鸟，自许作鼎调盐梅。
平生四海苏太史，酒浇不下胸崔嵬。
黄州副使坐闲散，谏疏无路通银台。
鹦鹉洲前弄明月，江妃起舞袜生埃。
次山醉魂招彷佛，步入寒溪金碧堆。
洗湔尘痕饮嘉客，笑倚武昌江作罍。
谁知文章照今古，野老争席渔争隈。
邓公勒铭留刻画，刳剔银钩洗绿苔。
琢磨十年烟两晦，摸索一读心眼开。
谪去长沙忧鵩人，归来杞国痛天摧。
玉堂却对邓公直，北门换仗听风雷。
山川悠远莫浪许，富贵峥嵘今鼎来。
万壑松声如在耳，意不及此文生哀。

奉别长史庾公太守徐公应召

[唐]储光羲

烈风起江汉，白浪忽如山。方伯骤勤王，杞人亦忧天。
酆镐顷霾晦，云龙召我贤。车骑北艰苦，舻艎西溯沿。

水灵静湍濑，猛兽趋后先。龙楼开新阳，万里出云间。
宇宙既焜耀，崇德济巨川。受命在神宗，振兵犹轩辕。
煌煌逾涿鹿，穆穆更坤元。明王朝太阶，远迩望嘉言。
游子淡何思，江湖将永年。

敬宗睿武昭愍孝皇帝挽歌三首

[唐]刘禹锡

宝历方无限，仙期忽有涯。事亲崇汉礼，传圣法殷家。
晚出芙蓉阙，春归棠棣华。玉轮今日动，不是画云车。
任贤劳梦寐，登位富春秋。欲遂东人幸，宁虞杞国忧。
长杨收羽骑，太液泊龙舟。惟有衣冠在，年年怆月游。
讲学金华殿，亲耕钩盾田。侍臣容谏猎，方士信求仙。
虹影俄侵日，龙髯不上天。空余水银海，长照夜灯前。

挽龚竹卿

[宋]陈　杰

同朝尚忆当时事，我去明朝公入台。
岳柱摧边忽英蕘，海尘扬处又蓬莱。
梦阑杞国忧天痛，世换辽东避地回。
似尔全归亦巡憾，贞元遗曲自生哀。

和答潘端叔见寄

[宋]孙应时

发白念少年，万事风雨过。
倦游得来归，一切付懒惰。
独抱杞天忧，傍徨意无奈。
濠鱼定何乐，幕燕渠敢贺。
叹君阳春词，激我巴里和。
古来奇特事，信是英雄作。

东山有晚遇,西山有终饿。

拭目须早著鞭,乞与高人北窗卧。

次韵朱万卿五首

〔宋〕陈　造

一雨动三日,沟塍皆怒流。

风凉欺酒力,喜色寄诗愁。

不待桑林祷,俄宽杞国忧。

丰登知有象,满听载涂讴。

云安玉虚观南轩感事偶书五首

〔宋〕杜柬之

二仪鼓炉鞴,四山塞气烟。

岂惟草木焦,坐恐土石然。

巴峡再不登,逡巡又无年。

流殍竟何归,卒死填沟渊。

哆吻魏佛狸,积粟窥淮壖。

侥幸一水旱,乘饥扰吾边。

小人不及夕,妄忧杞国天。

敢谓赫赫楚,而无薳贾贤。

次韵费梦得晚秋感怀三首

〔宋〕郭　印

摇落秋风晚,凄凉又一秋。

汉家元再造,杞国谩多忧。

七庙存馀泽,诸公合远谋。

痛心何日定,直待太平休。

上政府五首

［宋］郭　印

王室当年若缀旒，片言戡定出奇谋。
临机勇决千钧弩，济险优游万斛舟。
掌上回旋皆造化，毫端千黜是春秋。
虫鱼尽喜乾坤泰，宇县宁闻杞国忧。

甲申宁庙挽词

［宋］李曾伯

自听山东诏，甘泉息夜烟。
玺膺新玉帛，图贡旧山川。
望切尧民日，忧形杞国天。
中原尤感泣，不独老臣然。

悲　歌

［宋］刘应炎

悲矣乎，杞人忧兮天莫支，
权臣秉钧兮社稷危。外夷相侵民流离，
大厦将倾谁设施。悲矣乎，
吾将抱徐衍之石兮，歌箕子之黍离。

重过龙居寺

［宋］刘　政

重来旧游处，触目景添幽。
故墨犹余迹，忠魂已断头。
疏钟号暮雨，枯木响残秋。
欲诉愁人意，频怀杞国忧。

德寿宫古松太上爱之尝持御香醮酒祠土神以祈

[宋]马廷鸾

六龙亲御奠神州,甲子如今甫再周。
百世尚瞻虞帝祀,五传遽抱杞天忧。
臣民莫废瓜华敬,今古长悲禾黍秋。
叹息余生孤露甚,门弧弓棘总成愁。

乙 亥 冬

[宋]彭秋宇

祸乱方来苦不禁,此生谁料有如今。
四郊云扰旌旗影,诸闽风寒社稷心。
杞国有人忧凛凛,桃源无路入深深。
少陵野老怀忠愤,醉里攒眉强自吟。

和答潘端叔见寄

[宋]孙应时

发白念少年,万事风雨过。
倦游得来归,一切付懒惰。
独抱杞天忧,傍徨意无奈。
濠鱼定何乐,幕燕渠敢贺。
叹君阳春词,激我巴里和。
古来奇特事,信是英雄作。
东山有晚遇,西山有终饿。
拭目须早著鞭,乞与高人北窗卧。

古代杞人的忧思——杞人忧天民俗文化研究

萧 相 楼

［宋］王　鞏

卢杞奸邪四海忧，相君邦国自同休。
分符朝去云中阙，开府现来江上洲。
百尺楼高瞻故国，九华山色倚晴眸。
定知直道传千古，杜牧文章在上头。

送和斜川诗二首

［宋］王　铚

两脚垂天际，愁云惨不休。
寻幽抱奇癖，欲继斜川游。
中原苦兵革，谁能障倒流。
野老且吞声，踪迹逐闲鸥。
策杖过短壑，蜡屐登高邱。
临风一长啸，慨然伊吕俦。
神交溯二子，新诗远寄酬。
鱼缄生春色，风流似旧否。
恰喜心期合，且缓杞人忧。
我曹非天厄，伐木友声求。

咏 史 二 首

［宋］吴名扬

读书慕圣贤，禔躬凛苍昊。
世事重且艰，一一萦怀抱。
白日忽西颓，山枯山木槁，
鲁阳漫挥戈，杞国忧如捣。
人或诿气数，我独伤伦道，
海羽知{左口右御}石，冥魂能结草。

239

昂藏美衣冠，岂忍同屠保。
成改难逆料，死生任常造。
天心倘未厌，努力书勋考。

仁宗皇帝挽诗十首

[宋]文　同

史祝周坛日，人忧杞国时。
饮池无善效，頹水有遗辞。
仙伏朝三后，蕃仪集四夷。
从今河与洛，长泻凤台悲。

天　柱　峰

[宋]吴　某

孤峰斗绝蠧云浮，俯视群山若蚁丘。
倚住东南天一角，笑它杞国谩多忧。

喜钱申伯病起二首

[宋]张元干

一室维摩老，长年法喜游。
苦心翻贝叶，痴坐写蝇头。
可是文园病，何堪杞国忧。
我知公健在，骨相合封侯。

岳阳楼记

[宋]范仲淹

　　庆历四年春，滕子京谪守巴陵郡。越明年，政通人和，百废具兴，乃重修岳阳楼，增其旧制，刻唐贤今人诗赋于其上，属予作文以记之。
　　予观夫巴陵胜状，在洞庭一湖。衔远山，吞长江，浩浩汤汤，横无际涯;朝晖夕阴,气象万千;此则岳阳楼之大观也,前人之述备矣。然则北通巫峡,南极潇湘,迁客骚人,多会于此,览物之情,得无异乎?

若夫霪雨霏霏,连月不开;阴风怒号,浊浪排空;日星隐耀,山岳潜形;商旅不行,樯倾楫摧;薄暮冥冥,虎啸猿啼;登斯楼也,则有去国怀乡,忧谗畏讥,满目萧然,感极而悲者矣!

至若春和景明,波澜不惊,上下天光,一碧万顷;沙鸥翔集,锦鳞游泳,岸芷汀兰,郁郁青青。而或长烟一空,皓月千里,浮光跃金,静影沈璧,渔歌互答,此乐何极!登斯楼也,则有心旷神怡,宠辱偕忘、把酒临风,其喜洋洋者矣!

嗟夫!予尝求古仁人之心,或异二者之为,何哉?不以物喜,不以己悲,居庙堂之高,则忧其民;处江湖之远,则忧其君。是进亦忧,退亦忧;然则何时而乐耶?其必曰:"先天下之忧而忧,后天下之乐而乐矣!"噫!微斯人,吾谁与归!时六年九月十五日。

赴　阙

[宋]文天祥

楚月穿春袖,吴霜透晓鞲。
壮心欲填海,苦胆为忧天。
役役惭金注,悠悠欢瓦全。
丈夫竟何事,一日定千年。

偕诸将游海岛

[明]袁崇焕

战守逶迤不自由,偏因胜地重深愁。
荣华我已知庄梦,忠愤人将谓杞忧。
边衅久开终是定,室戈方操几时休?
片云孤月应肠断,桩树凋零又一秋。

永　平

[明]沈德符

蜂虿虽微毒尾存，妖氛左辅尚游魂。
童谣已应临瓜步，儿戏何烦劳棘门。
清野后时姑避地，量沙难饱又移屯。
杞忧倍念昌平镇，弓剑先朝列寝园。

冬至月下即事

[明]程嘉燧

去秋寒早天多雪，今夕冬暄月似春。
淡境味长堪送老，醉乡户小恰容身。
客中两度逢南至，酒后终宵向北辰。
莫笑杞人忧国泪，时看云物一沾巾。

感事（正德丁卯）

[明]韩邦靖

落落乾坤一病身，偶闻时事倍伤神。
内批时复传中旨，故里尤多赐老臣。
敢谓履霜忧杞国，已从人日验今春。
匡扶未有纤毫力，名位谁居第一人。

缺　题

[明]李东阳

圣道通三极，王言似六经。
面开天日表，书作虎龙形。
杞国忧方剧，华胥梦不醒。
万年金匮在，遗训炳丹青。

古代杞人的忧思——杞人忧天民俗文化研究

次韵高则诚雨中(三首)

［明］刘　基

短棹孤篷访昔游,冷风凄雨不胜愁。
江湖满地蛟螭浪,粳稻连天鼠雀秋。
莫怪贾生偏善哭,从来杞国最多忧。
绝怜窗外如珪月,只为离人照白头。

寄怀张圣标金吾

［明］刘荣嗣

谁将空谷贮闲身,念子悠悠白发新。
调募累年兵愈弱,征输满地国方贫。
可能高卧吟《梁父》,仍恐私忧累杞人。
若问近来朋友事,依然骑马踏京尘。

附录二
主要参考书目

1. 吴天明:《中国神话研究》,1990 年 1 月。

2. 颜繁江:《创世神话研究》,2007 年硕士研究生论文。

3. 郑州大学文博学院、开封市文物工作队《豫东杞县发掘报告》,科学出版社,2000 年 7 月。

4. 丘岗、李合群、刘春迎:《开封考古发现与研究》,中州古籍出版社,1998 年 9 月。

5. 杨善群、郑嘉融:《创世在东方——200 万年前至公元前 1046 年的中国故事》,上海文艺出版社,2003 年 9 月。

6. 政协河南省杞县委员会文史资料研究委员会:《杞县文史资料》(第 3 辑 1988 年 4 月,第 4 辑 1989 年 6 月,第 8 辑 1995 年 12 月,第 12 辑 2005 年 10 月)。

7. 王先胜:《鹿台岗原始天文台遗址及其启示》,《武汉文博》。

8. 赵济、陈传康:《中国地理》,高等教育出版社,1999 年 7 月。

9. 李泽厚:《论语今读》,生活·读书·新知三联书店,2004 年 3 月。

10. 王星光、李秋芳:《郑州与黄河文明》,河南人民出版社,2008 年 12 月。

11. 朱绍侯、张海鹏、齐涛:《中国古代史》(上),福建人民出版社,2004 年 7 月。

12. 刘玉亮:《中国民间文学集成·河南杞县故事卷》,中原农民出版社,1990 年 5 月。

13. 杞县地方史志编纂委员会:《杞县志》,中州古籍出版社,1998 年 10 月。

14. 杨荣国:《中国古代思想史》,人民出版社,1973 年 7 月。

后　记

　　《古代杞人的忧思——杞人忧天民俗文化研究》就要付梓出版了，看着眼前这厚厚的草稿，我们两位作者有许许多多的感慨。回想起这本书从无到有的过程，我们的感触是：只要你用辛勤的汗水去浇灌花朵，你就会得到一个百花烂漫的春天。对"杞人忧天"传说进行深度挖掘、整理、编纂成一部厚厚的理论专著，主要缘于两件事。第一件事是：2009年6月，原本计划对"杞人忧天"进行投资开发的北京一文化投资公司中断了这个项目的意向。原因是杞县缺乏对"杞人忧天"传说进行深度的研究，没有这方面的研究成果，没有相应的文化创意，该公司对该项目心里没底。第二件事是：2010年"杞人忧天"传说在申报国家级非物质化遗产名录中未能入选。后来，在和省里的一位民俗专家探讨时，他说，"杞人忧天"之所以没有申报成功，原因是"杞人忧天"传说缺乏相关的理论研究，没有这方面的研究书籍。通过这两件事，我们深深地认识到，文化研究成果在经济建设和文化建设中的重要性。搞好文化产业不仅需要文化资源、基础设施等方面的硬件建设，更需要诸如对文化资源的研究、探索等方面的文化软实力，没有这些文化软实力的支撑，文化产业是做不大，做不强的。于是，我们就暗下决心，一定要把"杞人忧天"传说的挖掘深、整理全、研究透。

　　豪言壮语谁都会说，可是面对实际问题我们心里都没底。当时，摆在我们面前的还只是收录在《河南民间文学集成·杞县故事卷》里的那几篇传说、《列子》里的寓言故事"杞人忧天"和周清怀先生发表在《汴梁晚报·品读开封》栏目中的《"杞人忧天"揭秘》一文。将"杞人忧天"民俗文化研究出来谈何容易。而我们面临的首要问题是"杞人忧天"传说的研究方向问题，也就是说怎样去研究"杞人忧天"传说，从哪里入手研究。再则就是史料问题，非常匮乏。在困难面前，我们没有灰心、退缩,而是带着这些问题,多次到郑州的一些大学院校里找民俗专家请教,解决"杞人忧天"的研究方向问题,又泡在省、市的图书馆里研读了《中国神话研究》、《创世神话研究》、《史记》、《战国策》、《春秋》、《左传》、《杞纪》、《杞县考古发掘报告》等相关书籍。经过近一年的探索,最后形成如下思路:结合杞部族和夏、商、周杞国时期的历史发展,从历史、民俗、气候、宗教等方面对"杞人忧天"传说进行全方位的研究。此项工作才从死胡同里走了出来,出现了"柳暗花明又一村"的局面。2011 年 5 月,我们将思路和收集的史料又进行了归纳、梳理,开始动笔撰写此书,历时 4 个多月,2011 年 9 月,这部书终于脱稿。虽然我们觉得该书还有许多不尽人意的地方,但是我们却深深地松了一口气,因为压在我们心上的石头终于搬开了。

本书分为文字、图片两大部分:

文字部分,多是我们自己的思维,尤其是对"杞人忧天"传说的历史考察,"杞人忧天"传说的文化内涵,与"杞人忧天"传说相关的文化遗存,"杞人忧天"传说源发地杞国的基本情况等部分,是我们借助历史文献和考古资料,从历史、民俗、气候、宗教等多方面、多视角地进行了论述,这方面的研究在其他书籍中是没有的。

图片部分,大部分是文物古迹的拍摄,个别的是从有关书籍中扫描下来的,还有的是省、市美术界人士创作的。直接引用的,注有出处,没有注明出处的是引用中国古典文化文库《四书·五经》和赵孝斌先生编著的《开封成语典故故事》,在此表示感谢。

开封市美术家协会主席、著名美术家、书法家、开封市人民政府副市长陈国桢题写了封面书名;北京北方工业大学教授、工艺美术专家、香港、澳门会旗、会徽的设计者肖红教授设计了封面;河南省科学院历史学考古研究所所长、中国先秦史学会常务理事、河南省历史学会副会长、研究员张新斌先生,郑州大学教授、人文学者、民俗专家高天星先生,开封市文物公园局局长、文博研究员刘顺安老师,杞县高中校长、河南省优秀高级教师、教育专家乔幼轩校长等为该书作了序言和专家导言。河南人民出版社文史处副处长、责任编辑杨光女士为该书写了书评。北京中天艺圣广告有限公司董事长、中国书法家协会会员晏海涛题写了扉页书名。以上专家学者治学严谨,一丝不苟,表现出了大家治学的风范,令我们感动并油生钦佩之情。他们的精美设计,独到的墨宝及深邃的思想,优美的文字为本书增辉不少,我们非常感激。

中共杞县县委书记郊晓峰、杞县人民政府县长李明哲为该书题词并对该书的文字语言、封面设计、书的装帧多次指示。宗家桢、金和平、王占超、魏培林、张杰、尚文彦、徐莉、何万峰、陈连富、张成修、于庆、郭宝红、李艺玲等县领导给了我们关心和支持。领导的指示和关怀增强了我们的信心,我们决心把这本书打造成高品位、高质量的书,不辜负领导的厚望。

本书在撰写的过程中文化广电新闻出版局局长王宏博、县政府驻郑州办事处主任白世福、党史办副主任常峰以及李发扬、陈国强、李金轩、张春江等对该书提出了许多修改意见,袁清涛、周良栋、宋开亮等负责拍摄书中插图,马松涛、杨凤成、刘孝广、朱远征、李乾、侯彦军、李莉、朱伟、尚咏梅等做了大量工作,在此深表谢意。

衷心感谢河南长通物流有限公司董事长杨志萍女士、河南金溢建筑安装公司总经理王玉清先生的鼎力相助。

由于我们学识浅薄,水平有限,再加上可参考的资料不多,书中定有许多不当之处,请专家和学者们多提宝贵意见。

周清怀　吕存伟
2012 年 4 月 18 日

编后：
探佚古杞文化　传承华夏文明

　　若把中华文明、文化比作一条历史长河的话，那么不同区域的文化则是这条长河的支流，对每个地区文化的探讨研究，才能使我们认识到中华文明的多样性与丰富性，只有在差异性的基础上，互相借鉴、互相渗透才能使中华文化更加灿烂辉煌。

　　杞县，因"杞人忧天"的故事和名"雍丘"（县）而妇孺皆知，又因"杞氏方国"和名"金杞"（县）而天下闻名。她有着悠久的历史、厚重的文化和独特的人文理念，是中华文明尤其是中原地区华夏文化的重要组成部分。周清怀、吕存伟先生编著的《古代杞人的忧思——杞人忧天民俗文化研究》（由河南人民出版社出版）一书通过对杞县历史文化、风俗人情等全方位的探讨，对那个流传了千年的成语"杞人忧天"的重新解读，使我们对之有了较为真实、详尽的认识。此书的出版对于今人较全面地认识华夏文明，助推杞县社会经济发展、建设文化强县，具有重大意义。

　　一、揭秘杞人忧天的产生根源及真正内涵

　　当人们说起杞人忧天时，流露出来的多为嘲讽的情态，多理解为"天下本无事，庸人自扰之"。其实人们只知其表，不知其里。《古代杞人忧思——杞人忧天民俗文化研究》一书校正了千百年来人们对它的误读，揭秘它真正的含义和产生的根源。"杞人忧天"传说有杞人忧天民间神话传说、杞人忧天历史传说和杞人忧天寓言传说三种民间文学形态。作者首先对这三种文学形态进行了历史的考察，分析了它们产生的人文历史环境和自然地理环境，从而推衍出"杞人忧天"中"忧"的根源。

　　在对杞人忧天的民间神话传说考察分析时，作者把它放在我国神

古代杞人的忧思——杞人忧天民俗文化研究

话传说,尤其是中原神话传说这一大背景下进行考察,"大约在距今4000多年至5000多年的1000年间,我国从黄河流域到长江流域的先民大都进入部落、部落联盟的'英雄时代'",而位居黄河中下游一带的杞县,部落之间的征战非常剧烈,对百姓的生活造成了很大的影响,"于是他们渴望上天神灵尽快结束部落之间的征伐,让人们过上幸福安稳的日子",杞人忧天的民间神话传说就是在这样的背景下产生的,无论是杞人忧天中的杞人、启人还是气人,他们都能代表古杞这一地区人们的心思和渴望,他们对天能否塌下来的忧虑不是空穴来风。

杞人忧天的历史传说是以杞人、杞国生存的历史环境为主要内容的传说。它所处的时代背景是在西周末至春秋时期,这一时期战乱频仍,以强凌弱,杞国作为一个弱小国家,为了生存只能在大国之间周旋,其中有着屈辱、忍让、负重。在这些大国之间的争霸战争中,"杞国国君和杞人过着朝不保夕的日子,整天胆战心惊",天长日久,他们的忧惧就会渐增,担心天塌下来的忧虑也在所难免。

杞人忧天的寓言传说一言以蔽之就是列子的政治思想和主张,一定程度上反映了"春秋战国时期杞国等诸侯小国对自己的国家和人民生存环境的忧思以及对小国寡民理想社会的渴盼",只是杞人忧天这则寓言的主人公"杞人"是列子罢了。列子也成了"庸人自扰"的典型化身。

缘于此,作者用三种精神概括了杞人忧天的真正内涵:一是造福于民、泽被后世的无私奉献精神;二是积极进取、勇于探索的追求精神;三是对生存的自然和社会环境的忧患精神。从而看出"杞人忧天"之忧的真正内涵。

二、解读杞县的历史、民俗、科技等文化诸项

在对杞人忧天的揭秘中,也使我们了解了杞县的历史、民俗、地貌、建筑、科技等,而我们对杞县的历史、文化的了解和研究也让我们进一步理解杞人忧天的文化内涵,二者是互相印证,相辅相成的。书中记述了杞国不同时期的历史发展,政治、经济情况,写到了杞人在建国之时的艰难以及在后来的发展中所出现的困厄,分析了杞人积贫积弱的原因,让我们明白一个道理,落后就要被欺负,只有强大起来才能被认可,直至而今这也是国家生存之道。作者在对杞县历史发展的分析中有着自己独特的认识,比如,他认为杞县落后的原因是生产力的

落后:"春秋时期的诸侯大国,已开始使用铁器工具,使用牛耕并推动水利事业的发展,而杞国等一些诸侯小国还依然沿袭周王统治下的生产生活模式。"进而对杞国生产力落后的原因进行分析:客观上有三个方面的原因:一是杞国在夏时期卷入夏王朝和东夷等军事集团的战争,二是在商时期受着商王朝的制约,三是在西周时期杞国这一带气候变得恶劣,人类生存环境面临挑战。表现在主观上则是感恩戴德的心理和安贫乐道、墨守成规的心理。

杞人在创造自己历史的同时,也创造了自己的文明、文化,作者用了一章介绍杞人忧天传说发源地杞国的基本情况,在这一章节里,由于夏、商时期有关杞国的历史文献非常匮乏,作者运用了大量的考古资料。作者根据古文献有关夏代杞人、商代杞人活动区域的记载,对这些区域内夏、商时期的考古资料进行比较分析,从而得出夏、商、周时期杞国的政治(国家的建立和灭亡)、经济(生产力、生活方式)和文化科技(古代天文台遗址、天文历法专著《夏小正》)等方面的基本信息,进而梳理出了杞国文化的主要特点。正如作者所总结的:杞文化在长期的传承中,与儒家思想相融合,形成了杞地民众的文化性格。这种文化性格就是求实入世的生活态度。作者又通过现今杞县所遗存的物质文化遗产和非物质文化遗产,如姓氏文化、一些尚存的建筑物等真实再现杞地曾有的繁华和文明。这些文明成果都体现了杞人的智慧、积极向上,勤思考、肯努力,具有忧患意识,善于担当。这些精神也构成了中华民族坚韧、勤劳、聪慧等优秀品质的一部分。

三、传承"杞人忧天"的精神,建构杞县的明天

杞人忧天传说是在人们的生活、社会历史的发展中产生的,会对人们的思想、文化心理方式产生重大的影响。从古至今,杞县出现了那么多的历史文化名人,他们在不同的领域为人类的发展、社会的进步作出了贡献(参看"杞人忧天传说对后世杞人的影响"一章)"杞人已成当地人民群众的精神文化符号。杞县也成了杞人忧天传说的文化地理标志,具有鲜明的地域文化特征"。在现代化进程的步伐中,如何保护这一古老的文化,作者也提出了一些合理的建议,比如成立研究会、编写剧本、建一些文化园等等。正如现任中共杞县县委书记郅晓峰、杞县人民政府县长李明哲在本书的题词中所说:杞人忧天传说是中原地区远古史实的"活化石",是华夏民族思想文化的源头之一,

我们应该珍爱它、保护它、利用它，让它成为杞县对外宣传的一张名片。相信不久的将来，杞县人在这一思想指导下，会对一些历史文化景观进行重新打造，会再现古代历史文化景观的辉煌，会有一个充满历史文化底蕴、充满现代气息、现代文明的杞县走进新的历史进程。

而今提倡传承华夏文明，不但是要对原有文明的传承，更要在新的历史条件下加以创新，这样才能使文明不断走向新的辉煌。作者通过历史的、民间的、文学的三种形态，对"杞人忧天"重新认识，他的这一认识与中华民族千百年来所形成的民族精神、民族智慧相吻合，对"杞人忧天"的考察是能接近原貌的，不但破译了人们对它的误读，更重要的是要用杞人这种忧患意识重新铸造民族文化，塑造健康积极的民族心理。

《古代杞人的忧思——杞人忧天民俗文化研究》虽是对杞县这一文化个案的研究，但对乡梓也是本书作者周清怀、吕存伟先生也颇有几分敬意，一是他们能把这一千古流传阐释得这样清楚、合理，撩开了蒙在"杞人忧天"脸上的真实面纱。二是他们功力甚深，博览群书，书中涉及面较为宽泛，有文献学、建筑学、气象学、神话、寓言、民俗风情等。三是他们能勤恳耙梳，条分缕析，在占有第一手材料的基础上，通过对一些原始文本的解读、分析，对杞县的历史有一个客观、真实的认识，让人们对杞县有一个立体的认识，真正让杞县人扬眉吐气，为自己是一个杞县人而感到骄傲。本书可作为研究区域文化的范本。而周清怀、吕存伟先生有着开辟草莱之功。